基本からわかる財産評価基本通達

土地評価実務ガイド

〔改訂版〕

ここが相続税調査で指摘される

武田秀和 著

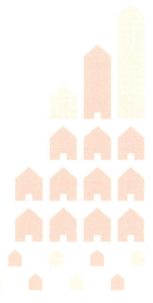

税務経理協会

はじめに

　相続税の申告までには，大きな山が三つあります。

　一つは，被相続人の「財産の確定」です。被相続人に帰属した財産であることを確定しなければ，そもそも遺産分割協議が始まりません。

　二つ目は「財産の評価」です。相続税の申告のためには財産評価基本通達に基づいた価額を算出します。また，遺産分割の資とするには相続人の納得できる価額，いわゆる時価を算定しなければなりません。

　三つ目は「財産の分配」です。遺言に基づく分配もありますが，多くは遺産分割協議によります。相続人が複数の場合，遺産分割協議が無事成立することで大きな山を越えることになります。相続税の対象とならない相続であっても，ここまでは同様の手続きを行います。一方，相続財産の額が基礎控除額を超える場合は，相続税の申告と納税の手続きに入ります。

　ところが，相続税が苦手という税理士さんもいるようです。相続税は，死亡者数に対する課税割合が低い税目です。実際に申告手続きを経験する割合は，他の税目に比べて高くはないでしょう。その結果，相続税法に馴染みが薄く仕組みが今ひとつ理解できない，ということもあるかもしれません。

　しかし，最大の理由は，財産の評価が難しく厄介であること，すなわち二つ目の山にあるのではないでしょうか。相続財産とは，金銭に見積もることができるもの全てであることから，現金以外の財産をひとつひとつ相続開始日現在の価額を算定しなければなりません。とりわけ相続財産に占める割合が約50％となる，土地等の価額の算定の重要性は言を俟たず，です。

　相続税の申告において「最も重要な割に最も苦手」なのが，土地等を中心とした財産評価であると言われます。これによって相続税を敬遠することになり，さらに学ぶ機会を失っていくという悪循環を招くことにもなります。確かに，複雑な形状や権利関係が絡む土地についての評価は悩むことがあります。しかし，相続財産として申告される土地の大半は，財産評価の基本がわかっていれ

ば難しいものではありません。

　相続税や贈与税の財産評価のベースは，財産評価基本通達です。この通達による土地の評価は，よく読んでみると，正面路線価より単価が高くなるのは側方路線影響加算等のわずか３つのケースだけです。あとは不整形地評価，セットバック，奥行価格補正等々，いかに評価額を減額できるかという情報が満載されています。単に路線価に面積を乗じるだけの評価をする事例もあります。この通達に馴染み，身に付けて，適切な財産評価を行ってください。

　筆者は，相続税や財産評価のセミナー講師を依頼される機会が多く，全国各地で先生方から様々な質問を受けます。その経験から，まずは財産評価の基本的な知識を涵養することが大事であると感じています。

　本書は，財産評価の中でも重要な位置づけである土地等の評価について解説したものです。土地評価については多くの解説書がありますが，本書は財産評価をこれからしっかり学ぼうという若手の税理士さん及びベテランの職員さんが理解・活用しやすいようにセミナーを受講している方々に対する話し振りをできるだけ再現するようにしています。いわばセミナーの臨場感があるように書いたものです。比較的軽く読めるようにしましたが，長い税務経験で培った知識を基に，財産評価をする上での必要不可欠な知識は濃く詰め込んでいます。本書の題名は「基本からわかる」ですが，最終確認として読んでも納得できるように書いたつもりです。

　なお，税法・通達の解説で意見にわたる部分は筆者の意見です。

2015年冬
税理士　武田秀和

目次

はじめに

第Ⅰ章　財産評価の原則

1　財産評価の通則　*3*
2　評価の原則　*12*
　事例　固定資産評価額の下落分を反映させることができるか
3　基準年利率　*17*
4　国外財産の評価　*19*

第Ⅱ章　土地等の評価の原則

1　土地評価の重要性　*25*
2　土地評価の具体的手順　*29*
　事例　現地確認の重要性
3　土地及び土地の上に存する権利の区分　*34*
　事例　資材置き場として貸している農地の評価／抵当権が設定されている宅地の価額／庭内神しの敷地
4　評価の単位と面積　*44*
　事例　相続した土地を譲渡した場合／公団等の分譲マンションの敷地に広い道路や公園等がある場合
5　不合理分割　*52*
　事例　不合理分割の計算例／贈与の場合の不合理分割

第Ⅲ章　宅地の評価

1　路線価方式と倍率方式　*61*
　事例　倍率方式でも貸家建付地評価ができるか
2　路線価図の具体的見方　*68*
3　評価倍率表の具体的見方　*78*

4　宅地の評価単位　*82*

　　事例　他人の宅地を借りて建物を所有している場合／相続した土地の隣接地を取得者が所有している場合／遺産分割協議が確定した場合／借地権者が複数の貸家を所有している場合／複数の貸家がある場合の1画地／宅地と農地が隣接している場合の評価／1画地として評価した宅地の一部を物納した場合

5　正面路線価　*95*

　　事例　側方路線があり，路線価が同じ場合／二つの路線価が付されている場合

6　特定路線価　*101*

　　事例　特定路線が付された私道の評価／特定路線価と異なった評価／自宅敷地が広く，一部道路となっている場合

7　奥行価格補正　*108*

　　事例　奥行距離の求め方

8　側方路線影響加算　*113*

　　事例　路線価の高い方が接する距離が短い場合／不整形地の場合の側方路線影響加算／側方が川の場合

9　二方路線影響加算　*119*

　　事例　裏面に出入り口がない場合／裏面道路にも路線価が付されているが利用できない場合

10　三方又は四方路線影響加算　*123*

11　側方・二方路線の影響が少ない場合　*125*

　　事例　角地が欠けている場合の評価

12　不整形地の評価　*129*

　　事例　不整形割合が僅少な宅地の不整形地評価／倍率地区の不整形地評価

13　地積規模の大きな宅地の評価　*137*

　　事例　地区区分が中小工場地区にある宅地への適用／正面路線が2以上の地区にわたる場合の地区の判定

14　無道路地　*148*

　　事例　川で隔てられている場合

15　間口が狭小な宅地等の評価　*154*

　　事例　隅切りがある場合の間口距離／私道の間口が隅切りで広がっている場合の間口距離／奥行長大の実際の距離が短い場合

16　がけ地等を有する宅地の評価　*161*

　　事例　がけ地の向きが南西方向の場合

17　土砂災害特別警戒区域内にある宅地の評価　*166*

18　容積率の異なる2以上の地域にわたる宅地の評価　*172*

　　事例　同一路線で容積率が異なる場合

第Ⅳ章　特殊な土地の評価

1　大規模工場用地の評価　*179*
　　事例　大規模工場用地の利用区分
2　余剰容積率の移転がある場合の宅地の評価　*183*
3　私道の用に供されている宅地の評価　*187*
　　事例　私道に接している宅地全体が貸付地である場合の私道の評価／固定資産税評価で公衆用道路と表示された宅地／マンションの敷地にある，歩道状空地は私道として評価できる場合がある
4　土地区画整理事業施行中の宅地の評価　*194*
　　事例　清算金の授受がある場合
5　造成中の宅地の評価　*204*
6　農業用施設用地の評価　*206*
　　事例　農用地区域内等以外の地域にある農業用施設用地の評価
7　セットバックを必要とする宅地の評価　*210*
　　事例　セットバックした宅地の場合／市街地農地のセットバック／市街地農地のセットバックと宅地造成費
8　都市計画道路予定地の区域内にある宅地の評価　*215*
9　文化財建造物である家屋の敷地の用に供されている宅地の評価　*217*
　　事例　景観重要建造物の家屋と敷地の評価／歴史的風致形成建造物の家屋と敷地の評価
10　利用価値の著しく低下している宅地の評価　*224*
　　事例　その宅地だけ低い位置にある場合／周囲に寺院が多い場合
11　短期間の賃貸借契約のある土地等の評価　*228*
　　事例　一時利用のための建物等の権利
12　負担付贈与又は対価を伴う取引により取得した土地等及び家屋等の評価　*230*
　　事例　時価より低額で購入した場合
13　土壌汚染地の評価　*234*
14　原子力発電所周辺の避難指示区域内に存する土地等の評価　*240*
15　売買契約中の土地の評価　*244*
　　事例　相続後に相続人が売買契約を解除した場合
16　使用貸借により貸し付けている土地等の評価　*247*

第Ⅴ章　宅地の上に存する権利及びその権利がある宅地の評価

1 　地上権の評価　*253*
2 　区分地上権及び区分地上権に準ずる地役権の評価　*256*
3 　貸家建付地の評価　*259*
   - **事例**　従業員の社宅の土地の評価／貸家の目的で建築中の家屋の敷地／貸家が空き家であった場合／使用貸借で貸家を所有している場合の敷地／貸家のみを贈与した場合の敷地／アパートの駐車場の評価／借家人が長期間不在である場合の，家屋の敷地の評価
4 　借地権の評価　*267*
   - **事例**　構築物の所有を目的とする賃借権等の場合／借地権の及ぶ範囲
5 　貸家建付借地権の評価　*271*
6 　転貸借地権の評価　*273*
7 　転借権の評価　*276*
   - **事例**　転借権の上に貸家がある場合
8 　貸宅地の評価　*279*
   - **事例**　借地権の取引の慣行がない場合／底地所有者が複数いる場合の評価
9 　相当の地代を収受している貸宅地の評価　*283*
10　地上権等の目的となっている宅地の評価　*286*
   - **事例**　地上権を設定している土地の評価
11　倍率地域にある区分地上権等の目的となっている宅地の自用地としての価額　*290*
12　土地の上に存する権利が競合する場合の宅地及び権利の評価　*292*
13　借家権及び借家人の有する宅地等に対する権利の評価　*297*
   - **事例**　構築物の賃借人の権利
14　定期借地権等の評価　*300*
   - **事例**　定期借地権上に賃貸物件がある場合
15　定期借地権等の目的となっている宅地の評価　*309*

第Ⅵ章　宅地以外の土地の評価

1 　農地の評価　*319*
   - **事例**　農転許可を受けた土地の評価／乾田は地盤改良費を控除できるか／複数の地目がある場合の，造成費の適用／農地を複数の相続人が取得した場合の土止費の適用

2	生産緑地の評価	335
3	貸付けられている農地の評価	341

事例 ヤミ小作の農地の評価／10年以上の期間の定めのある賃貸借による貸付け農地の評価

4	農地の上に存する権利の評価	346
5	山林の評価	354

事例 宅地転用が見込めない市街地山林の評価／特別緑地保全地区にある宅地及び農地の評価

6	原野の評価	378
7	牧場，池沼及びこれらの上に存する権利の評価	388
8	鉱泉地及び鉱泉地の上に存する権利の評価	389
9	雑種地の評価	396
10	ゴルフ場の用に供されている土地の評価	401

事例 ミニゴルフ場の土地の場合／ゴルフ場運営会社に貸している土地

11	遊園地等の用に供されている土地の評価	407
12	鉄軌道用地の評価	409
13	雑種地の賃貸借	411

事例 青空駐車地の評価／契約期間1年以下の雑種地の評価／都市公園の用地として貸し付けられている土地の評価

14	占有権の評価	424

本書は2019年1月1日現在の法令等に基づいています．

第 I 章

財産評価の原則

　この章では財産評価全般に関する基本を概説します。相続や贈与により取得する財産の価額は時価が原則ですが、この時価をどう捉えるかにより課税価格が大きく異なります。納税義務者である相続人や受贈者が時価を算定することになりますが、独自に算定した場合、恣意的な価額になりかねません。同じ土地にいくつもの価額が算出された場合、課税上の不公平となり、また、課税の安定性に欠けることになります。そのため、統一的に財産を評価するべく財産評価基本通達が発遣されています。実務的にはこの通達に基づいて財産を評価することになります。

　何事もそうですが、財産評価についても基本が大事です。評価を行う上で判断に迷うことがあったら基本に立ち返ります。

1
財産評価の通則

1　財産の価額

　相続税及び贈与税の申告において，最初に着手することは被相続人に帰属した財産の確定です。その次は，財産の価額を決定することです。

　財産の価額については，相続税法第22条において「この章で特別の定めのあるものを除くほか，相続，遺贈又は贈与（以下「相続等」といいます）により取得した財産の価額は，当該財産の取得の時における時価により，当該財産の価額から控除すべき債務の金額は，その時の現況による。」として，財産を取得した時における時価と規定しています。この章とは相続税法第3章（財産の評価）を指し，特別の定めとは地上権，永小作権，立木等の財産の評価のことを指します。しかし，地上権，永小作権又は立木についても具体的な価額の算出方法は定められておらず，基本的には時価を基として計算します。

【相続税法における「特別の定め」】

第23条	地上権及び永小作権
第24条	定期金に関する権利（給付事由が発生しているもの）
第25条	定期金に関する権利（給付事由が発生していないもの）
第26条	立木

2　時価評価の原則

　さて，その時価ですが，一体誰がどのように決めるのでしょうか。通常は財産の価額についてはその所有者がよく知っていると考えられます。しかし，財

産の価額を取得者の判断に任せるとすると，恣意的な価額を算出することが十分予想されます。

時価とは市場価額をいい，第三者間で取引される価額のことをいいます。課税の公平のためには，納税者や課税当局が納得できる価額であるべきです。また，その価額の算出方法や算出根拠が，税法知識の薄い納税者にも理解でき，かつ，納得できるものでなくてはなりません。

3　財産評価基本通達の存在意義

(1) 財産評価基本通達の意義

財産の価額は時価によります。そして，相続税では相続人の取得した財産の価額を，公平に評価することが大前提です。相続人自身による時価の算定も，不可能ではありません。しかしそのためには専門的な知識が必要となりますし，財産の種類や個数が多い場合は，多大な時間を要することにもなります。また，相続等で取得した財産を相続人自身が評価することは，納税者としての立場からは，その価額に恣意的な判断が働くことにもなりかねず，相続人により同一財産の価額が異なることもあります。価額の相違は，課税の安定性を損ねることになり，納税者にとっても決して得になることではありません。そこで，財産の価額を一律に評価する手段が求められます。

財産の時価を算定することは大変困難です。一物一価という言葉がありますが，現実社会では，物の価格は売りたい側，買いたい側，数量等で異なります。とりわけ土地には公示価格，基準値価格，路線価等のほか様々な評価方法があり，一物多価ともいわれるくらい錯綜しています。その土地に関与する立場によって，おおよそこのくらいという相場の中でのせめぎあいではありますが，いくらでも変化します。しかし，相続税及び贈与税（以下「相続税等」といいます）など，具体的な税金を納めるための算定根拠として，おおよその価額を採用することはできません。そこで，統一的な取扱いとして財産評価基本通達（以下「評基通」ともいいます）があります。財産評価基本通達は，このような課税庁や納税者のニーズに応えるべくしてできたものといえます。

通達は本来，上級行政庁が下級行政庁に対して，法令の解釈，運用や事務処理方法を指示するものです。相続税の申告実務上の問題として，相続開始の日から10か月以内に，ありとあらゆる財産を時価評価することは大変困難です。財産の価額を公平に算定する統一的な指標はありませんので，現在では財産評価基本通達に依拠して評価せざるを得ません。相続税等の課税標準の確定は本来法律によるべきでしょうが，法定化されると改正改訂が国会の議決を要することになり，柔軟性に欠けることになります。財産評価基本通達は長年，課税庁職員の執務の指針であると同時に，相続税の申告に携わる者の実務の指針として認められています。また，財産評価基本通達は，時代に合わせて評価の方法を見直してきており，利用価値が高く，現在のところあえて他の評価の方法を探す必要はないようです。

(2) 財産評価基本通達の活用

　財産評価基本通達は，土地の価額を膨らませるためにあるのではなく，基本的に減額するためにあると考えてもいいでしょう。例えば，宅地を評価するためには正面路線価が基本になりますが，評価額がこの正面路線価より高くなるケースはわずか3パターンです。側方路線影響加算，二方路線影響加算，三方路線影響加算です。この3つの加算を除くと，他はみな正面路線価よりいくら減額できるかという取扱いです。適切な財産評価を行うためにはこの通達を熟知し，活用する必要があります。

　基本的に，財産評価基本通達は次の実務的な観点から活用されています。

①納税者利便のため	簡便であり負担が少ない手段による評価方法である。課税庁の利便のためでもある。
②課税の公平のため	多様な評価方法がある場合のリスクの回避となる。立場が異なっても納得できる評価方法である。
③法的安定性のため	全国統一的な評価方法が行われていることによる安定性がある。

4　財産評価基本通達上の時価

(1)　時価の意義

　財産評価基本通達では，時価について「財産の価額は，時価によるものとし，時価とは，課税時期において，それぞれの財産の現況に応じ，不特定多数の当事者間で自由な取引が行われる場合に通常成立すると認められる価額をいい，その価額は，この通達の定めによって評価した価額による。」（評基通1(2)）として，この通達の定めによって評価した価額であるとしています。その判定基準は，不特定多数の当事者が自由な取引が行われる場合に，通常成立すると認められる価額であるとしています。

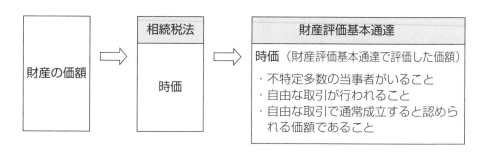

(2)　価額に及ぼす影響

　現金以外の財産は全てその価額を算出しなければなりません。価額の算定がもっとも単純なようである定期預金ひとつとっても，預金の元本に相続開始日現在の既経過利息から，源泉徴収される金額を控除した金額を加算した価額で評価します。

　財産はそのものがあるべき本来の姿の価額だけではなく，その財産の形状（不整形等），付加価値（側方路線影響加算等），その財産に対する他人の権利（借地権等）等々を十分に加味した価額で評価します。また，簡便に評価するため財産評価基本通達では，類型的な加算や減算を統一的に行うことができるように定められています（評基通1(3)）。

5　財産の評価時点

(1) 財産の評価時点

　財産の価額は常に変動しています。上場株式のように時々刻々価格が上昇下落するものもあれば，土地のように年を通してじんわり変化するものもあります。相続税等の対象となる財産を評価する時点は「財産の取得の時」（相法22）です。財産評価基本通達ではさらに「相続，遺贈若しくは贈与により財産を取得した日若しくは相続税法の規定により相続，遺贈若しくは贈与により取得したものとみなされた財産のその取得の日」（評基通1(2)）を財産の取得の日としています。

　具体的には，相続又は遺贈では被相続人の死亡の日，贈与では書面によらない贈与は履行のあった時，書面による贈与は贈与契約の効力の発生した時がそれぞれ財産の取得の時となります（相基通1の3，1の4共8(2)）。それが相続税及び贈与税の課税時期であり，納税義務の成立の時です。

(2) 財産の評価時点から申告の時までの価額の変動

　財産の取得の時から申告書の提出期限日まで，相続税では10か月，贈与税では最長1年3か月と15日の時が経過します。その間，経済情勢は常に動いており，財産価値は変動しています。しかし，財産の価額は，その財産を取得した時によりますから，取得後にその財産価額に変動があったとしても，変動による差益差損については考慮されません。課税時期には順調に稼働していた会社が，申告期限までに業績不振等で株価が急落したとしても，その価額は課税時期において評価されます。逆に申告書の提出期限日まで株価が上昇していたとしても，その上昇分については課税の対象になりません。

　財産の評価の時を課税時期一点に絞るのは，次の理由からと考えられます。
① 　申告期限直前までの価額変動を考慮できるとすると，申告時期により価額の変動が大きくなる場合があり，課税の安定が保たれなくなること。
② 　長期間課税価額が決まらないことによる納税者の精神的負担が生じるこ

と。
③　相続税の場合は，相続人は相続開始の時から一切の権利義務を承継し，複数の相続人がいる場合，遺産分割協議の効力は相続開始の時に遡って生じること（民法909）。
④　贈与税の場合は，贈与契約の効力が発生した後は，贈与物件の価額変動リスクは受贈者が負うべきであること。

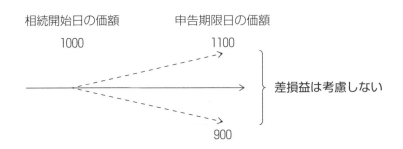

　また，相続後の相続人等（財産取得者）の判断や事情は考慮されないことに留意してください。相続税の申告期限前や後に，相続財産が災害にあって，滅失等したような場合は別として（この場合は「災害被害者に対する租税の減免，徴収猶予等に関する法律」の適用があります），相続により取得した財産を処分した場合や，相続時点で存在した債権を放棄したとしても，原則として，それは相続人の行為とみなされます。相続人の行為による相続財産の価額の変動は，相続開始日現在の相続財産としての価額に影響を及ぼしません。

6　財産の評価と取得者

(1)　財産の取得者に対する課税

　相続税・贈与税の大原則は「取得者課税」です。相続税の納税義務者は「相続又は遺贈により財産を取得した個人」（相法1の3）であり，贈与税の納税義務者は「贈与により財産を取得した個人」（相法1の4）です。つまり納税義務者が取得した財産の価額を評価することになります。被相続人が相続開始日に所有していた財産を評価するのではないことに注意してください。財産を

取得した者,及びその取得した財産に対して課税されるのが,相続税の基本です。そして,財産の評価は,それぞれ財産評価基本通達に記載されている評価方法に基づいて行います。

(2) **財産の取得者ごとの評価**

　財産は,個々の評価単位ごとに評価すると同時に,取得者ごとに評価します。例えば宅地は1画地の単位で評価しますが,その宅地を取得した相続人が複数いる場合には,取得した相続人ごとに評価することに注意してください。

　相続税の場合,財産の所有者が被相続人であったことから,被相続人が所有していた状態で一括で評価する誤りがよく見受けられます。

　また,複数の相続人がいて未分割である財産は,取得する相続人が確定していないため一括で評価せざるを得ません。しかし,後日分割協議が確定して,土地を数人の相続人が分割して相続するということになった場合などは,改めて取得者ごとに評価します。そのため,当初未分割として申告した価額と,分割により取得した財産の価額の合計額が相違することもあります。

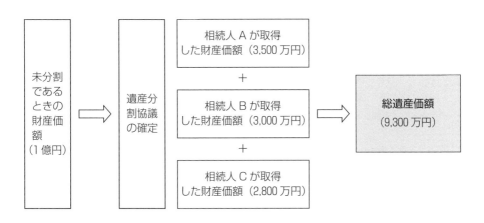

7　財産評価基本通達で評価できない場合

　個人の所有する財産を網羅して評価することは,非常に難しいことです。ま

た，財産内容は経済情勢の変化によって次第に変化していきます。近年は財産評価基本通達で律しきれない新しい商品が出てきていることや，土地や非上場会社株式等に代表されるように，財産価額の算定について様々な方法が開発・検討されていることもあり，財産評価基本通達が唯一絶対のものではありません。

しかし，この通達は評価の客観的な指針を示すと同時に，長年の運用により一定の信頼を得ています。統一的評価指針を示すことにより評価の簡便性，課税の公平性，安定性を図っており，この通達により算出された価額は，納税者や課税庁の主観的，恣意的な価額ではないと考えられます。

どのような資産であっても，まずは財産評価基本通達に則った評価方法で解決することが求められています（評基通5）。

また，財産評価基本通達によっても評価が困難な財産は，課税庁が国税庁長官の指示を受けて評価することとなっています（評基通6）。

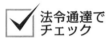
法令通達でチェック

相続税法
（評価の原則）
第22条　この章で特別の定めのあるものを除くほか，相続，遺贈又は贈与により取得した財産の価額は，当該財産の取得の時における時価により，当該財産の価額から控除すべき債務の金額は，その時の現況による。

相続税法基本通達
（財産取得の時期の原則）
1の3・1の4共－8　相続若しくは遺贈又は贈与による財産取得の時期は，次に掲げる場合の区分に応じ，それぞれ次によるものとする。
（1）　相続又は遺贈の場合　相続の開始の時（失踪の宣告を相続開始原因とする相続については，民法第31条《失踪の宣告の効力》に規定する期間満了の時又は危難の去りたる時）

（2）贈与の場合　書面によるものについてはその契約の効力の発生した時，書面によらないものについてはその履行の時

財産評価基本通達
(評価の原則)
1　財産の評価については，次による。
　(1)　評価単位
　　財産の価額は，第2章以下に定める評価単位ごとに評価する。
　(2)　時価の意義
　　財産の価額は，時価によるものとし，時価とは，課税時期（相続，遺贈若しくは贈与により財産を取得した日若しくは相続税法の規定により相続，遺贈若しくは贈与により取得したものとみなされた財産のその取得の日又は地価税法第2条《定義》第4号に規定する課税時期をいう。以下同じ。）において，それぞれの財産の現況に応じ，不特定多数の当事者間で自由な取引が行われる場合に通常成立すると認められる価額をいい，その価額は，この通達の定めによって評価した価額による。
　(3)　財産の評価
　　財産の評価に当たっては，その財産の価額に影響を及ぼすべきすべての事情を考慮する。
(評価方法の定めのない財産の評価)
5　この通達に評価方法の定めのない財産の価額は，この通達に定める評価方法に準じて評価する。
(この通達の定めにより難い場合の評価)
6　この通達の定めによって評価することが著しく不適当と認められる財産の価額は，国税庁長官の指示を受けて評価する。

2
評価の原則

1　共有財産の評価

　共有とは，ある財産に対する所有権などの権利が複数の者（共有者）によって支配・利用されている状態のことをいいます。共有者は共有物の全部についてその持分に応じて使用することができます（民法249）。また，持分について特に取決めがない場合は，その共有割合は等しいものとみなされます。遺産分割は相続開始の時に遡って効力が発生しますが（民法909），遺産分割が行われるまでは相続財産は法定相続分で共有の状態にあります（民法898，899）。分割が確定した財産は，取得者ごとに評価します。共有で取得した財産又は未分割であるために共有状態にある財産の価額は，その財産全体を一括評価し，その価額を共有者の持分に応じて按分した価額によって評価します（評基通2）。

共有財産の価額＝財産の価額×共有持分

　例えば宅地の場合，奥行価額補正等画地調整はその土地全体を基に評価します。よって，共有者が取得した土地の単価は等しくなります。
　路線価20万円の路線に面した宅地300㎡を，Aが3分の2，Bが3分の1の割合で共有している場合，Aの財産価額は次のとおりです。

$$20万円 \times 300㎡ \times \frac{2}{3} = 4,000万円$$

　この300㎡の宅地をAが200㎡所有し，Bが100㎡所有しているとした場合，

路線価×地積では結果は同じになりますが、奥行価格補正や側方路線影響加算等画地調整により価額が異なることがあります。

また、共有で所有している土地の共有持分に対する価額を算出する場合、その者の使用している部分、又は主張している部分を取り上げて計算するのではないことに留意してください。

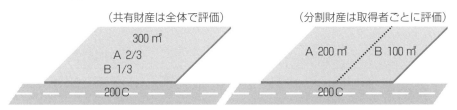

2　区分所有財産の評価

区分所有とは、1棟の建物が構造上区分された数個の部分で、それぞれ独立して住居・店舗・事務所などに利用できる場合、区分された各部分について所有の目的とすることができるものをいいます（建物の区分所有等に関する法律1）。

区分所有財産の各部分の価額は、財産評価基本通達の定めによって評価したその財産全体の価額を基として、各部分の使用収益等の状況を勘案した各部分に対応する価額によって評価します（評基通3）。

区分所有財産の典型的な例がマンションです。建物の価額はその建物全体の固定資産税評価額を算出し、所有者の専用部分・共有部分の持分に応じて、各所有権の価額を出します。その敷地の価額は、財産評価基本通達に基づいて評価した金額に、その敷地に対する持分を乗じて計算します。

3　元物と果実

果実とは物から生じる収益のことをいいます。この収益（果実）を生じる元となる物のことを元物といいます。相続税等の課税の対象となる財産は、元物のみならずそこから生じている果実も含みます。

果実はそのありようにより天然果実と法定果実に区分されます（民法89）。

果実は天然果実と法定果実の別により，次のとおり，天然果実の価額は元物の価額に含めて評価し，法定果実の価額は元物とは別に評価します。ここでいう法定果実とは，課税時期現在に支払期限が到来しており，未収となっているものをいいます。ただし，これと異なる取引の慣行がある場合又は特別の定めがある場合は，その慣行又はその定めによって評価します（評基通4）。

果実	果実の内容	果実の評価方法
天然果実	物の用法に従い収取する産出物のことをいいます。例えばリンゴやミカンの果実等があります。この場合の元物とはリンゴやミカンの木です。	元物（リンゴの木）の価額に含めて評価します。
法定果実	物の使用の対価として受けるべき金銭その他の物のことをいいます。例えば貸家の家賃や貸付利息等があります。この場合の元物とは貸家が貸付元本です。	元物（貸家・貸付元本）とは別に評価します。
例外	未収法定果実，未収天然果実の評価については別途定められています（評基通208，209）。	

4　不動産のうちたな卸資産に該当するものの評価

たな卸資産に該当する土地や家屋の価額は，たな卸商品等の定めに準じて評価します。なお，たな卸資産の評価は財産評価基本通達133を確認してください。

5　財産の種類による評価の方法

財産はその種類によって評価の方法が異なります。国税庁があらかじめ道路に価格を定めているもの（路線価による土地等の評価），地方自治体が付した

固定資産税評価額を借用して評価するもの（家屋の評価），過去の収入を基に将来の収入を予測して課税時期現在の価値を判定するもの（著作権の評価）等，財産の特性に応じた評価方法があります。また，その種類においてもさらに評価方法が細分化されます。

財産評価基本通達では，財産の特性に応じて次のように区分されています。

評価の区分	財産の例	通達番号
総則	財産評価の原則	1〜6
土地及び土地の上に存する権利	宅地・農地・山林・原野等	7〜87-7
家屋及び家屋の上に存する権利	貸家・建築中の家屋・借家権等	88〜94
構築物	広告塔・舗装・プール等	96〜97-2
果樹等及び立竹木	梅・桃・立木等	98〜127
動産	一般動産・たな卸商品・書画骨とう品・船舶等	128〜136
無体財産権	特許権・著作権・採石権・営業権等	140〜166
その他の財産	株式・出資・定期金に関する権利等	168〜214

事例でチェック

固定資産評価額の下落分を反映させることができるか

X年に固定資産税評価の見直しで土地価額が大幅に下落しました。その前年12月に相続がありましたが，土地を評価するに際して下落した価額を何らかの形で反映させることができるでしょうか。

——固定資産税評価額は，地価公示価格に対して70％の水準で評価しています。これは財産評価の原則である時価評価の水準の公示価格に対して，評

第Ⅰ章　財産評価の原則　15

価の安全性を考慮したものといえます。そのため，その土地が明らかに時価より評価額が高額になるような場合は別として，原則として固定資産税評価額の調整はできないと考えます。

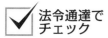
法令通達でチェック

財産評価基本通達
（共有財産）
2　共有財産の持分の価額は，その財産の価額をその共有者の持分に応じてあん分した価額によって評価する。
（区分所有財産）
3　区分所有に係る財産の各部分の価額は，この通達の定めによって評価したその財産の価額を基とし，各部分の使用収益等の状況を勘案して計算した各部分に対応する価額によって評価する。
（元物と果実）
4　天然果実の価額は，元物の価額に含めて評価し，法定果実の価額は，元物とは別に評価する。ただし，これと異なる取引の慣行がある場合又は第2章以下に特別の定めのある場合においては，その慣行又はその定めによって評価する。
（不動産のうちたな卸資産に該当するものの評価）
4－2　土地，家屋その他の不動産のうちたな卸資産に該当するものの価額は，地価税の課税価格計算の基礎となる土地等の価額を評価する場合を除き，第6章《動産》第2節《たな卸商品等》の定めに準じて評価する。

建物の区分所有等に関する法律
（建物の区分所有）
第1条　一棟の建物に構造上区分された数個の部分で独立して住居，店舗，事務所又は倉庫その他建物としての用途に供することができるものがあるときは，その各部分は，この法律の定めるところにより，それぞれ所有権の目的とすることができる。

3
基準年利率

　基準年利率は，市場性がない財産の現在価値を求めるときに使用される利率のことをいいます。営業権や著作権のように評価日現在に確定的な評価ができず，将来得べかりし利益を推定せざるを得ないような財産の評価に適用します。

　財産評価基本通達において適用する年利率は，別に定めるものを除き，年数又は期間に応じ日本証券業協会において売買参考統計値が公表される，利付国債に係る複利利回りを基に計算した年利率（基準年利率）によります。その基準年利率は短期（3年未満），中期（3年以上7年未満）及び長期（7年以上）に区分し，各月ごとに定められます（評基通4-4）。各年分の基準年利率は国税庁ホームページで確認できます。

　基準年利率の公表は次のとおりです。

各年の6月分まで	各年の7月初め
各年の9月分まで	各年の10月初め
各年の12月分まで	翌年の1月初め

　基準年利率を適用して評価する主な財産は下記のとおりです。

基準年利率	内容	適用財産
①複利年金現価率	営業権のように、一定期間の年平均利益が推定できる場合に、その元本ないし権利の価額を評価する際に用いられる。	定期借地権の評価（評基通27-2）、著作権の評価（評基通148）、営業権の評価（評基通165）
②複利現価率	特許権のように、権利を所有することにより補償金の収入が何年か約束され、時間の経過とともに消滅してゆく権利の評価に用いられる。	特許権の評価（評基通140）、清算中の会社の評価（評基通189-6）、信託受益権の評価（評基通202）
③年賦償還率	借入金の返済に用いられる元利均等償還を前提に、将来のある時点で元本1円を返済するための各年末の額を求める際に用いられる。	定期借地権等の設定の時における借地権者に帰属する経済的利益の総額の計算（評基通27-3）
④複利終価率	定期預金の利息計算のように、一定期間後の価値を求める際に用いられる。	標準伐期を超える立木の評価（評基通115）

法令通達でチェック

財産評価基本通達

（基準年利率）

4-4　第2章以下に定める財産の評価において適用する年利率は、別に定めるものを除き、年数又は期間に応じ、日本証券業協会において売買参考統計値が公表される利付国債に係る複利利回りを基に計算した年利率（以下「基準年利率」という。）によることとし、その基準年利率は、短期（3年未満）、中期（3年以上7年未満）及び長期（7年以上）に区分し、各月ごとに別に定める。

4 国外財産の評価

1 邦貨換算

　国外財産のうち外貨預金等を円換算する場合には，その預けている金融機関の公表する課税時期における最終の外国為替相場によります。この場合の為替レートは対顧客直物電信買相場（TTB）又はこれに準ずる相場によります（評基通4-3）。

　ただし，先物外国為替契約を締結して，為替相場が確定している場合には，対顧客直物電信売相場（TTS）によります。

対顧客直物電信買相場 (Telegraphic Transfer Buying Rate)	銀行が円を外貨に交換するときのレート
対顧客直物電信売相場 (Telegraphic Transfer Selling Rate)	銀行が外貨を円に交換するときのレート

2 国外財産の評価

(1) 国外財産

　近年は，海外に土地，建物や金融資産を所有していることは珍しいことではありません。それは，課税庁が海外資産の申告漏れを把握することに躍起になっている現状からもうかがえます。相続税調査のメインターゲットと言っても過言ではありません。被相続人が海外資産を所有していることが判明した場合，

その価額をどのように評価するかが問題となります。評価の原則は時価であり，その時価を適切に算出しなければなりません。

金融資産の場合は，時価が比較的わかりやすいようです。悩むのは土地建物等の不動産です。国外にある不動産についても，原則として財産評価基本通達に基づいた評価を行います。

(2) 実務的な評価方法

国外にある財産について，財産評価基本通達に基づいて，奥行価額補正等々の様々な画地調整を行うことは実務的には無理です。財産評価基本通達によることが困難な場合には，それに準じた方法で評価する，又は売買実例価額，精通者意見価格等を参酌することができます。

しかし，国外財産を短期間にしかも適切に評価することは，相続人にとっては非常に大きな負担となります。そこで，「課税上弊害がない限り」という制限が付いてはいますが，その資産と同種の資産の一般的な価格動向を参考に時点修正して評価する，又は課税時期後に譲渡した場合にその譲渡価額を基に現在価値に修正して評価してもよいことになっています（評基通5-2）。

国外財産の評価はおおむね次の手順によります。

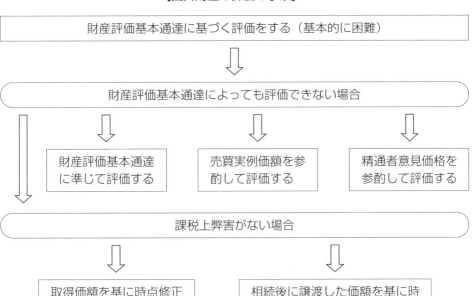

(3) 国外財産調書

2014年（平成26年）に国外財産調書制度が始まりました。これは各年12月31日現在に所有する国外財産の時価が5,000万円を超える場合に，翌年3月15日までに種類・数量・価額を税務署長に届け出る制度です。この時に時価の算定を行いますので，今後この価額がひとつの参考となります。

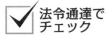法令通達でチェック

財産評価基本通達
（邦貨換算）
4-3 外貨建てによる財産及び国外にある財産の邦貨換算は，原則として，納税義務者の取引金融機関（外貨預金等，取引金融機関が特定されている場合は，その取引金融機

関)が公表する課税時期における最終の為替相場(邦貨換算を行なう場合の外国為替の売買相場のうち,いわゆる対顧客直物電信買相場又はこれに準ずる相場をいう。また,課税時期に当該相場がない場合には,課税時期前の当該相場のうち,課税時期に最も近い日の当該相場とする。)による。

なお,先物外国為替契約(課税時期において選択権を行使していない選択権付為替予約を除く。)を締結していることによりその財産についての為替相場が確定している場合には,当該先物外国為替契約により確定している為替相場による。

(注) 外貨建てによる債務を邦貨換算する場合には,この項の「対顧客直物電信買相場」を「対顧客直物電信売相場」と読み替えて適用することに留意する。

(国外財産の評価)

5-2 国外にある財産の価額についても,この通達に定める評価方法により評価することに留意する。なお,この通達の定めによって評価することができない財産については,この通達に定める評価方法に準じて,又は売買実例価額,精通者意見価格等を参酌して評価するものとする。

(注) この通達の定めによって評価することができない財産については,課税上弊害がない限り,その財産の取得価額を基にその財産が所在する地域若しくは国におけるその財産と同一種類の財産の一般的な価格動向に基づき時点修正して求めた価額又は課税時期後にその財産を譲渡した場合における譲渡価額を基に課税時期現在の価額として算出した価額により評価することができる。

第 II 章

土地等の評価の原則

　この章では，土地及び借地権を中心とした土地の上に存する権利（以下土地及び土地の上に存する権利を合わせて「土地等」といいます）の原則を解説します。「土地等の区分」「評価の単位」「1画地の判定」等，土地等を評価する上で必ず知っておかなければならない知識です。この原則を知らないままで，土地等の評価をすることはできません。

1 土地評価の重要性

1　相続財産に占める土地等の割合

　国税庁が公表した2016年（平成28年）分相続税の申告財産種類別表によると，相続財産に占める土地等の割合は37.8％であり，家屋等を含めたいわゆる不動産の割合は約44％となっています。贈与税の申告における財産構成についても，同様に土地等及び家屋の割合が約29％と非常に高くなっています。このことは，とりもなおさず土地等の評価がいかに重要であるかを示しています。なお，バブル絶頂期であった1992年（平成4年）分の相続財産に占める土地等及び家屋の割合は80.2％でした。この数値は全国平均ですから，都市部では土地等の割合はすさまじいものであったことが想像されます。

【相続財産に占める各資産の割合】

（単位：億円・％）

年分	土地	家屋	有価証券	現金・預貯金等	その他	合計
1956年（昭和31年）	253 (45.1)	100 (17.8)	47 (8.2)	30 (5.3)	131 (23.6)	561 (100.0)
1975年（昭和50年）	11,210 (70.4)	444 (2.8)	1,698 (10.7)	1,384 (8.7)	1,191 (7.4)	15,927 (100.0)
1992年（平成4年）	154,701 (75.9)	8,817 (4.3)	14,637 (7.2)	15,051 (7.4)	25,550 (5.2)	203,703 (100.0)
2016年（平成28年）	67,167 (37.8)	10,495 (5.9)	24,497 (13.8)	55,346 (31.2)	19,966 (11.3)	177,471 (100.0)

（国税庁統計情報資料を基に作成）

2　土地等の価額

　土地等の価額は決定的なものがなく，実経済の上でも，取引価額のほか取引価額を決定するための鑑定価額があり，その鑑定評価の方法にも収益還元法や取引事例比較法等があり，といったように，多種類の価額が飛び交っているのが実態です。

　また，取引価額の他に公的機関が公表する価額があり，それぞれ目的や評価時点等が相違するため，評価水準が異なるものとなっています。実際のところ，ある土地の価額を正しく評価するためには，どの価額が最適であるかの判断ができない状況です。

　相続等により取得した土地等の価額は，相続税法第22条に規定されているとおり時価によります。この場合の時価とは，国税庁が定める財産評価基本通達に基づいた価額によることとなっています（評基通1(2)）。多種多様な価額が飛び交っていたとしても，相続税等の課税価額の算定のためには，全国一律統一的な水準で財産を評価しなければならないため，財産評価基本通達による評価がまず求められます。

3　公的評価の種類

(1)　公的評価

　土地の価額は，一般的に時価を表しているといわれる公示地価のほか，基準地標準価格，固定資産税評価額，相続税評価額があります。これらの価額は，国又は地方公共団体等がそれぞれの目的によって査定し公表しているものです。

　公的機関が4種類もの価額を査定して公表することに非常に煩雑さを感じます。固定資産税評価や相続税評価を策定する場合は，公示価格や基準地標準価格を基に時点修正やその他の修正を行っています。このことを踏まえると，国土評価庁のような土地価額を専門に査定する組織を立ち上げ，評価額を一本に絞り，課税目的やその他の目的のそれぞれの態様に応じた水準差を設けるなどしたほうが，費用やスピードの点で勝るのではないかと考えます。

(2) 公的評価の種類とその概要

① 財産評価基準（相続税評価額）

相続税評価額とは，相続税等の課税のために策定される価額です。評定時点は毎年1月1日で，相続税等の課税価格の資として1年を通して適用される価額となっています。つまり，1月1日の相続開始であっても同じ年の12月31日の相続開始であっても，その年中の相続財産としての土地の価格は同額となります。当然，贈与税の場合も同様です。

相続税評価額は，「課税時期現在において，不特定多数の当事者間で自由な取引が行われる場合に通常成立すると認められる価額」です。

1991年（平成3年）以前は，前年の7月1日時点を評定の基準日として，地価公示価格の70%程度を目安に定められていました。ただし，この割合は厳然としたものではありませんでした。1992年（平成4年）以降は，公示価格の80%の水準により評定されています。実務的には公示地点として公表されている場所の路線価格を80%で割り戻せば公示価格となりますので，他の場所でも路線価から公示価格水準の価額を割り出すことができます。

② 固定資産税評価基準

固定資産税評価基準とは，固定資産税を賦課するための評価基準であり，評定時点は1月1日ですが，3年毎に見直しが行われ公表されます。

固定資産評価基準は「正常な条件の下における取引価格」を水準としています。公示価格を基に策定されるため，1994年（平成6年）以降は，公示価格の70%の水準により評定されています。

③ 地価公示価格

地価公示価格とは，通称として公示価格といわれるもので，国土交通省から毎年3月頃に公表されます。公示価格の評定時点は毎年1月1日です。

公示地価は，都市及びその周辺の地域等に生きる標準地を選定し，その正常な価格を公示することにより，一般の土地の取引価格に対して指標を与え，公共の利益となる事業の用に供する土地に対する適正な補償金の額の算定等に資し，適正な地価の形成に寄与することを目的とします（地価公示法1）。

ここでいう「正常な価格」とは，土地について，自由な取引が行われるとした場合において，その取引において通常成立すると認められる価格をいいます（地価公示法2）。

④ **基準地標準価格**

基準地標準価格は，通称として基準地価といわれるもので，ほぼ全市区町村において調査が行われ，毎年9月頃に公表されます。基準地標準価格の評定時点は7月1日です。

基準地標準価格は，自由な取引が行われるとした場合において通常成立すると認められる価格であり，時価に最も近い価格といわれ，公示価格と同水準です。

【公的土地評価の概要】

公的評価の区分	所轄官庁	評定時点	根拠法令
財産評価基準 （相続税評価額）	国税局長	1月1日	相続税法第22条
固定資産税評価基準	市区町村長	1月1日	地方税法第341条
地価公示価格	国土交通省	1月1日	地価公示法第2条
基準地標準価格	都道府県知事	7月1日	国土利用計画法施行令第9条

2
土地評価の具体的手順

1　評価に取りかかる前に

　土地を評価する前に，その土地に関するできるだけ多くの情報を集めます。
　土地等の評価の必須のアイテムが二つあります。一つはちょっと大きめの三角定規二つです。土地は不整形であることが多く，不整形地評価は必ず行うべき作業です。実測図はその土地の位置や距離のきわめて精度の高い情報ですが，形状のゆがみまでは表現していません。そこで想定整形地を作図するために三角定規の出番です。不整形地の計算のためのソフトもありますが，数多く評価する場合は別として，邪魔にならず費用もかからず，簡単な三角定規が二つあれば土地の価額を大幅に下げられるのです。
　もう一つはメジャーです。30m あれば十分でしょう。間口距離や奥行距離を計測するために必要です。現地に行ったら，ただ土地を眺めてくるのではなく，評価に必要なデータを収集します。間口狭小補正率や奥行価格補正率を適用すれば，結構，評価額は下がります。
　評価に取りかかる前に，次の点を確認しておきます。

(1)　登記情報
　登記や測量図に関する情報は，一般社団法人民事法務協会の「登記情報サービス」を活用します。次の情報の多くは，登記情報サービスで入手できます。

①　登記簿謄本（登記事項証明書）
　登記事項証明書（登記簿謄本を電子データ化したもの）で被相続人等に確実に所有権があるかどうかを確認します。また，共有者の有無，抵当権の有

無等，得られる情報は多くあります。

② 14条地図・公図

14条地図とは，不動産登記法第14条の規定により登記所に備え付けることとなっている地図で，精度の高い測量に基づいて作成されたものです。ただし測量が未達の地域も多くあります。

③ 実測図等，土地の形状や実測面積のわかる書類

図面で土地の形状を確認します。また，実測の有無は必ず確認します。実測図の検討で不整形地等の評価作業が格段に楽になります。

(2) 都市計画図

市町村の都市計画課で入手できます。自治体によってはホームページで公開しているところもあります。

(3) 全国地価マップ

全国地価マップは，一般社団法人資産評価システム研究センターが，インターネットで公開している地価情報です。ここでは全国の「固定資産税路線価等」「相続税路線価等」「地価公示価格」「都道府県地価調査価格」を調べることができます。

2 物件の実地確認

土地は，被相続人等が所有していたものを，一括で闇雲に評価するわけではありません。自然のまま放置されているもの，いったんは人の手にかかっているが多少有効利用に劣るもの，居住用宅地として活用されているもの等々，様々なものがあります。

不動産登記事務取扱手続準則第68条には23の地目が列記されており，国内の土地はこのどれかに属するように登記されています。この地目は土地の形状や利用状況等その形質の特性に応じて付されています。財産評価においては，その地目のうち7つに区分された単位で評価することとなっています。とこ

ろが，この地目区分は必ずしも土地評価の区分と一致するとは限りません。登記上の地目区分は，過去のある時の状況で設定されています。その後の形姿の変化はほとんど反映されていません。土地の現況は少しずつ変化しています。相続税等においては，その変化した姿で財産としての価値を判断します。

　評価対象物件を実際に現地に赴いて確認することはとても大事で，不整形地，利用価値の減少している土地，借家人の存在等々，机上では見えなかった情報が手に入ります。税務調査により評価誤りを指摘される中に，申告と実際の土地の状況が異なっていることが多くあります。こういったことが起こるのは，評価するにあたって現地をよく確認しなかったからです。土地の計測や，事実確認のために，現地は，できれば2人で確認したほうが良いでしょう。

① 現地に赴き，物件のありようを確認します。
② 間口や奥行等必要なところは計測します。間口，奥行等の距離は減額要素です。

3　宅地の評価手順

　宅地を評価するための具体的な手順はおおむね次のとおりです。宅地に限らずどの土地の評価も同様です。

【宅地の評価手順】

- STEP 1　利用状況及び宅地の上に存する権利の確定
  - ①自用宅地，②貸宅地，③貸家建付地，④借地権，⑤貸家建付借地権⑥転貸借地権，⑦転借権，⑧私道

- STEP 2　面積の確認
  - ①登記簿謄本（全部事項証明書），②実測図，③地積測量図

- STEP 3　路線価地域又は倍率地域の確認

- STEP 4　地区区分の確認
  - ①ビル街地区，②高度商業地区，③繁華街地区，④普通商業地区，⑤普通商業・併用住宅地区，⑥普通住宅地区，⑦中小工場地区，⑧大工場地区

- STEP 5　現地の確認
  - 利用状況，路線の状況等，評価に影響を及ぼす事項の確認
  - （高圧架空電線，埋設ケーブル，高低差等）

- STEP 6　形状の確認と調整率の適用
  - ①側方路線影響加算，②二方路線影響加算等，③奥行価格補正，④間口狭小補正，⑤奥行長大補正，⑥がけ地補正，⑦不整形地補正，⑧無道路地補正

- STEP 7　その他の補正
  - ①地積規模の大きな宅地，②セットバックの要否，③利用価値が著しく低下している宅地

- STEP 8　宅地の評価

現地確認の重要性

土地を評価する場合，現地を見ることが大切とのことですが，現地を確認しないで評価してデメリットが生じるのはどのようなケースですか。

——本文にも書きましたが，間口距離や奥行距離がわからないと評価減ができません。その他に次のような事例があります。

① 山林として評価したが，現地に行って確認したら広大な駐車場となっていた。雑種地として評価をし直したら，大幅に評価額が増加した。さらに，駐車場収入が申告漏れとなっており，収入の蓄積が親族名義の預金となっていた。

② 遠隔地だったので公図を基に不整形地評価をした。たまたま，近辺に行く機会があったので，現地を確認したらほぼ整形な土地であった。なお，その逆の事例もある。

③ 一方の路線にしか面していないとの説明だったので，それを基に評価したが，後日現地に行ったら裏面にも道路があった。相続人は，裏面道路は使っていないので，一方の路線にしか面していないという説明をしていた。

3

土地及び土地の上に存する権利の区分

1 土地等の区分

　一口に土地といっても，その在り様，利用状況は様々です。住宅地として活用できる土地，耕作地として活用できる土地や原野又は雑種地として放置されている土地があります。セットバックを必要とする宅地や都市計画道路予定地などのように，一定の規制を予定されている土地については，類似する土地ごとに区分する必要があります。不動産登記法では，土地の用途による分類として地目の種類を定めています。農耕を目的とする田，畑，建物の敷地としての宅地から雑種地まで，なんと23種類の地目があります。これらの地目の区分と地目の認定区分の詳細については，40頁の「法令通達でチェック」に掲載しましたので参照してください（不動産登記事務取扱手続準則）。財産評価の上では，これらの地目を全て異なる評価の対象とするのは意味のないことなので，代表的な地目を8つほどピックアップしています。その他の地目については雑種地としてのくくりで評価することとなっています。主たる地目は次のとおりです。

【主たる地目と評価方法】

地 目	地 目 の 基 準	評価方法
宅 地	建物の敷地及びその維持若しくは効用を果すために必要な土地	路線価方式又は倍率方式
田	農耕地で用水を利用して耕作する土地	倍率方式又は宅地比準方式
畑	農耕地で用水を利用しないで耕作する土地	
山 林	耕作の方法によらないで竹木の生育する土地	
原 野	耕作の方法によらないで雑草,灌木類の生育する土地	
牧 場	家畜を放牧する土地	
池 沼	灌漑用水でない水の貯溜池	
鉱泉地	鉱泉(温泉を含みます)の湧出口及びその維持に必要な土地	
雑種地	以上のいずれにも該当しない土地 駐車場(宅地に該当するものを除きます),ゴルフ場,遊園地,運動場,鉄軌道等の用地	

※地目の基準は「不動産登記事務取扱手続準則第68条」による。

2 地目の判定

(1) 地目の判定

　財産評価を行う上での地目は,課税時期の現況によって判定します。登記上の地目は当然十分に検討しますが,現況が異なれば現況地目により判断することになっています。地目が畑となっていても,駐車場として利用されていれば雑種地として評価し,地目が公衆用道路として固定資産税が賦課されていない土地であっても,現況が私道と認められれば私道として評価します。

　現況を判断するためには現地の確認が必須です。土地の利用状況を確認せず評価を行い,税務調査により,現況との相違を指摘される事例は多くあります。

(2) **複数の地目を一体として利用している場合**

　いったん地目が登記されてしまうと，特別な理由がない限り，地目を現況に合わせて変更することはありません。また，地目により価格の形成要因が異なります。しかし，所有者の事情やその土地周辺の環境の変化により地目とは異なって利用されることは多くあります。複数の地目にまたがって一体として利用するような場合です。厳格に区分して評価すると，実態に則さない場合があります。

　このような，一体として利用されている一団の土地が2以上の地目からなる場合には，その一団の土地は，そのうちの主たる地目からなるものとして，その一団の土地ごとに評価します（評基通7）。

　一体として利用されている一団の土地とは，ゴルフ練習場をイメージするとわかりやすいかも知れません。ゴルフ練習場にはクラブハウスがありますが，本来は練習場の敷地を利用することが目的なわけですから，全体を雑種地の評価に準じて評価することになります。なお，下図駐車場Bのように，不特定多数の者の通行の用に供される道路で区分されている土地は別途評価します。

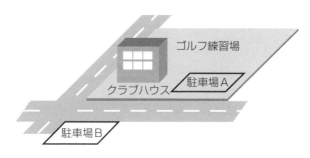

3　土地の上に存する権利の区分

　土地は自用として活用するだけではなく，遊休地を有効活用をするために他人に貸し付けることが一般的に行われています。使用貸借による貸付けの場合はほとんど問題になりませんが，貸し付けるにあたって金銭の授受がある場合や長期間にわたって使用することにより，自然発生的に借地人の権利が生じて

しまうことがあります。このような他人の権利がある土地は，その権利者の権利の価額及び権利が設定された土地の価額を，それぞれ算定する必要があります。財産評価基本通達では，土地の上に存する権利の価額を次の10に区分しています（評基通9）。各権利の詳細は第Ⅴ章以降で解説します。

土地の上に存する権利	権利の概要	根拠法令	土地の上に存する権利の評価	土地の上に存する権利の目的となっている土地（底地）の評価
1 地上権	他人の土地において工作物又は竹木を所有するため，その土地を使用する権利。ただし区分地上権および借地権を除く。	民法265	相法23	評基通25(3), 51(2), 59(2)他
2 区分地上権	工作物の所有を目的とした地下又は空間に対する権利	民法269の2	評基通27-4他	評基通25(4), 41(3), 51(3)他
3 永小作権	小作料を支払って他人の土地において耕作又は牧畜をする権利	民法270	相法23	評基通41(2)
4 区分地上権に準ずる地役権	特別高圧架空電線の架設等地下又は空間に対する地役権で建造物の設置を制限するもの。	地価税法施行令2	評基通27-5他	評基通25(5), 41(4)他
5 借地権	建物の所有を目的とする地上権又は土地の賃借権。ただし，定期借地権等を除く。	借地借家法2	評基通27	評基通25(1)
6 定期借地権等	借地借家法22以下に規定される一般定期借地権，事業用定期借地権，建物譲渡特約付借地権，一時使用目的の借地権。	借地借家法22	評基通27-2	評基通25(2)
7 耕作権	農地または採草放牧地に設定される賃借権。永小作権は別途評価する。	農地法2	評基通42	評基通41(2)
8 温泉権	鉱泉地において温泉を排他的に利用できる権利。引湯権を含む。	温泉法	評基通78	評基通77
9 賃借権	賃借人が物の使用収益をする権利。	民法601	評基通54	評基通51(1), 59(1)他
10 占用権	河川区域内の土地の占用の許可に基づく権利。	地価税法施行令2	評基通87-5	評基通87-6

資材置き場として貸している農地の評価

10年ほど前から耕作をしていない畑があります。砂利を敷いて駐車場として貸している部分と，時折，資材置場として貸し付けている部分があります。このような土地は農地として評価できるでしょうか。

——農地とは耕作の目的に供される土地のことをいいます（農地法2）。耕作とは土地に労力を加え，肥培管理を行って作物を栽培することをいいます。耕作の目的に供される土地とは，現に耕作されている土地は当然ですが，現在は耕作されていなくても耕作しようとすればいつでも耕作できるような土地（休耕地，不耕作地）をも含むものとされています。一時的に駐車場として使用していたとしても，農地として原状復帰ができる土地は農地として評価しますが，耕作ができないような状態で長期間放置されている土地は，原則的に農地とみることはできません。原野又は雑種地として評価することになります。

抵当権が設定されている宅地の価額

父から相続した自宅は，購入時に3,000万円の借入を行い抵当権が付いています。土地の評価にあたって抵当権相当額を控除できますか。なお，相続開始時の債務額は700万円です。

——抵当権は債務の担保として設定されます。一般的には自己の借入債務のためや，他人の債務の保証として設定されます。抵当権が設定されていたとしてもその土地は問題なく活用されますし，抵当権に基づく請求がなされるのは不確実です。自己の債務であれば，相続財産から債務金額を控除できますので，土地の評価にあたって抵当権を控除することはできません。他人の債務の保証で抵当権を設定していたとしても，仮に抵当権を履行した場合，主たる債務者に対する求償権がありますので，この場合でも抵当

権を土地の価額から控除することはできません。また，抵当権は従たる権利であり，独立した財産を構成しないことから評価しないことになっています（相基通11の2－1(3)）。そのため，その対象となる土地についても抵当権は控除しません。なお，保証債務の場合で，主たる債務者が弁済不能の状態にあり，債務者に求償しても弁済の見込みがない等一定の要件に該当する場合には，弁済不能の部分を相続税の課税価格から控除することができます（相基通11の2－1，14－3(1)）。

庭内神しの敷地

自宅の庭の隅にお稲荷さんが祀ってあります。お参りするのは，家族と時折親戚の人だけです。お稲荷さんの祠とその敷地の評価はどのようにするのでしょうか。

──屋敷の敷地内に，お稲荷さん，不動尊，地蔵尊等を祀っていることが多くあり，これらを祀る祠等を「庭内神し」といいます。庭内神しは先祖代々その土地に根付いているもの，近隣住民のお参り対象となっているもの，屋敷を新築した折に方位を定めて設置するもの等様々です。

祠そのものは相続税法第12条第1項の規定により，墓所，霊びょう及び祭具並びにこれらに準ずるものとして，非課税として取り扱われていますので問題ありません。ところが，祠が置かれている敷地は非課税の取扱いではありませんでした。自宅敷地内にあり，他人の使用権等の制約があるわけではない，ということで斟酌を認めていませんでした。

2012年（平成24年）以後，「庭内神し」の設備とその敷地，附属設備との位置関係やその設備の敷地への定着性その他それらの現況等が，社会通念上一体の物として日常礼拝の対象とされているといってよい程度に密接不可分の関係にある，相当範囲の敷地や附属設備である場合に，非課税規定に該当することとされました。取扱いについては「法令通達でチェック」を確認してください。

なお，一般に信仰の対象とならないモニュメントのような物の敷地は減

額できません。

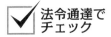 **法令通達でチェック**

財産評価基本通達
（土地の評価上の区分）
7 土地の価額は，次に掲げる地目の別に評価する。ただし，一体として利用されている一団の土地が2以上の地目からなる場合には，その一団の土地は，そのうちの主たる地目からなるものとして，その一団の土地ごとに評価するものとする。

　なお，市街化調整区域（都市計画法（昭和43年法律第100号）第7条《区域区分》第3項に規定する「市街化調整区域」をいう。以下同じ。）以外の都市計画区域（同法第4条《定義》第2項に規定する「都市計画区域」をいう。以下同じ。）で市街地的形態を形成する地域において，40《市街地農地の評価》の本文の定めにより評価する市街地農地（40-3《生産緑地の評価》に定める生産緑地を除く。），49《市街地山林の評価》の本文の定めにより評価する市街地山林，58-3《市街地原野の評価》の本文の定めにより評価する市街地原野，又は82《雑種地の評価》の本文の定めにより評価する宅地と状況が類似する雑種地のいずれか2以上の地目の土地が隣接しており，その形状，地積の大小，位置等からみてこれらを一団として評価することが合理的と認められる場合には，その一団の土地ごとに評価するものとする。

　地目は，課税時期の現況によって判定する。
(1)　宅地
(2)　田
(3)　畑
(4)　山林
(5)　原野
(6)　牧場
(7)　池沼
(8)　削除
(9)　鉱泉地
(10)　雑種地
(注)　地目の判定は，不動産登記事務取扱手続準則（平成17年2月25日付民二第456号法務省民事局長通達）第68条及び第69条に準じて行う。ただし，「(4)山林」には，同準則第68条の「(20)保安林」を含み，また「(10)雑種地」には，同準則第68条

の「(12) 墓地」から「(23) 雑種地」まで（「(20) 保安林」を除く。）に掲げるものを含む。

不動産登記規則
（地目）
第99条　地目は，土地の主な用途により，田，畑，宅地，学校用地，鉄道用地，塩田，鉱泉地，池沼，山林，牧場，原野，墓地，境内地，運河用地，水道用地，用悪水路，ため池，堤，井溝，保安林，公衆用道路，公園及び雑種地に区分して定めるものとする。

不動産登記事務取扱手続準則
（地目）
第68条　次の各号に掲げる地目は，当該各号に定める土地について定めるものとする。この場合には，土地の現況及び利用目的に重点を置き，部分的にわずかな差異の存するときでも，土地全体としての状況を観察して定めるものとする。

(1)	田	農耕地で用水を利用して耕作する土地
(2)	畑	農耕地で用水を利用しないで耕作する土地
(3)	宅地	建物の敷地及びその維持若しくは効用を果すために必要な土地
(4)	学校用地	校舎，附属施設の敷地及び運動場
(5)	鉄道用地	鉄道の駅舎，附属施設及び路線の敷地
(6)	塩田	海水を引き入れて塩を採取する土地
(7)	鉱泉地	鉱泉（温泉を含む。）の湧出口及びその維持に必要な土地
(8)	池沼	かんがい用水でない水の貯留池
(9)	山林	耕作の方法によらないで竹木の生育する土地
(10)	牧場	家畜を放牧する土地
(11)	原野	耕作の方法によらないで雑草，かん木類の生育する土地
(12)	墓地	人の遺体又は遺骨を埋葬する土地
(13)	境内地	境内に属する土地であって，宗教法人法（昭和26年法律第126号）第3条第2号及び第3号に掲げる土地（宗教法人の所有に属しないものを含む。）
(14)	運河用地	運河法（大正2年法律第16号）第12条第1項第1号又は第2号に掲げる土地
(15)	水道用地	専ら給水の目的で敷設する水道の水源地，貯水池，ろ水場又は水道線路に要する土地
(16)	用悪水路	かんがい用又は悪水はいせつ用の水路

- (17) ため池　　　耕地かんがい用の用水貯留池
- (18) 堤　　　　　防水のために築造した堤防
- (19) 井溝　　　　田畝又は村落の間にある通水路
- (20) 保安林　　　森林法（昭和26年法律第249号）に基づき農林水産大臣が保安林として指定した土地
- (21) 公衆用道路　一般交通の用に供する道路（道路法（昭和27年法律第180号）による道路であるかどうかを問わない。）
- (22) 公園　　　　公衆の遊楽のために供する土地
- (23) 雑種地　　　以上のいずれにも該当しない土地

（地目の認定）

第69条　土地の地目は，次に掲げるところによって定めるものとする。

- （1）牧草栽培地は，畑とする。
- （2）海産物を乾燥する場所の区域内に永久的設備と認められる建物がある場合には，その敷地の区域に属する部分だけを宅地とする。
- （3）耕作地の区域内にある農具小屋等の敷地は，その建物が永久的設備と認められるものに限り，宅地とする。
- （4）牧畜のために使用する建物の敷地，牧草栽培地及び林地等で牧場地域内にあるものは，すべて牧場とする。
- （5）水力発電のための水路又は排水路は，雑種地とする。
- （6）遊園地，運動場，ゴルフ場又は飛行場において，建物の利用を主とする建物敷地以外の部分が建物に附随する庭園に過ぎないと認められる場合には，その全部を一団として宅地とする。
- （7）遊園地，運動場，ゴルフ場又は飛行場において，一部に建物がある場合でも，建物敷地以外の土地の利用を主とし，建物はその附随的なものに過ぎないと認められるときは，その全部を一団として雑種地とする。ただし，道路，溝，堀その他により建物敷地として判然区分することができる状況にあるものは，これを区分して宅地としても差し支えない。
- （8）競馬場内の土地については，事務所，観覧席及びきゅう舎等永久的設備と認められる建物の敷地及びその附属する土地は宅地とし，馬場は雑種地とし，その他の土地は現況に応じてその地目を定める。
- （9）テニスコート又はプールについては，宅地に接続するものは宅地とし，その他は雑種地とする。
- （10）ガスタンク敷地又は石油タンク敷地は，宅地とする。
- （11）工場又は営業場に接続する物干場又はさらし場は，宅地とする。

- (12) 火葬場については，その構内に建物の設備があるときは構内全部を宅地とし，建物の設備のないときは雑種地とする。
- (13) 高圧線の下の土地で他の目的に使用することができない区域は，雑種地とする。
- (14) 鉄塔敷地又は変電所敷地は，雑種地とする。
- (15) 坑口又はやぐら敷地は，雑種地とする。
- (16) 製錬所の煙道敷地は，雑種地とする。
- (17) 陶器かまどの設けられた土地については，永久的設備と認められる雨覆いがあるときは宅地とし，その設備がないときは雑種地とする。
- (18) 木場（木ぼり）の区域内の土地は，建物がない限り，雑種地とする。

「庭内神し」の敷地等に係る相続税法第12条第１項第２号の相続税の非課税規定の取扱いの変更について（平成24年７月　国税庁「お知らせ」）

○　「庭内神し」の敷地については，「庭内神し」とその敷地とは別個のものであり，相続税法第12条第１項第２号の相続税の非課税規定の適用対象とはならないものと取り扱ってきました。しかし，①「庭内神し」の設備とその敷地，附属設備との位置関係やその設備の敷地への定着性その他それらの現況等といった外形や，②その設備及びその附属設備等の建立の経緯・目的，③現在の礼拝の態様等も踏まえた上でのその設備及び附属設備等の機能の面から，その設備と社会通念上一体の物として日常礼拝の対象とされているといってよい程度に密接不可分の関係にある相当範囲の敷地や附属設備である場合には，その敷地及び附属設備は，その設備と一体の物として相続税法第12条第１項第２号の相続税の非課税規定の適用対象となるものとして取り扱うことに改めました。

（注）「庭内神し」とは，一般に，屋敷内にある神の社や祠等といったご神体を祀り日常礼拝の用に供しているものをいい，ご神体とは不動尊，地蔵尊，道祖神，庚申塔，稲荷等で特定の者又は地域住民等の信仰の対象とされているものをいいます。

○　この変更後の取扱いは，既に相続税の申告をされた方であっても，相続した土地の中に変更後の取扱いの対象となるものがある場合には適用があります。

（注）　法定申告期限等から既に５年を経過している年分の相続税については，法令上，減額できないこととされていますのでご注意ください。

4 評価の単位と面積

1　評価の単位

　土地の評価は，その地目区分を適切に判断しますが，同一地目内でも評価する単位の区分が決められています。評価単位ごとに計算することになっているため，評価単位の判定は，財産の価額に大きく影響します。1画地ごとに判定すべき複数の画地を一括評価しているものや，利用単位別に評価すべきものを，まとめて評価している事例が多くあります。これらの判定の誤りは調査の対象となりますし，会計検査院の実地検査等でよく指摘されます。土地は，次に掲げる土地の種類ごとの評価単位で評価します（評基通7-2）。

【地目別評価の単位】

地目	評価の単位
宅地	利用の単位となっている1画地の宅地
田及び畑	耕作の単位となっている1枚の農地
山林	1筆の山林
原野	1筆の原野
牧場	1筆の牧場
池沼	1筆の池沼
鉱泉地	1筆の鉱泉地
雑種地	利用の単位となっている1団の雑種地

(1) 宅地

　宅地は，利用の単位となっている1画地の宅地を評価単位とします。宅地は借地として利用している場合があり，また借地権を設定して，底地として所有している場合があります。そのほかに貸家を建築していることもあるでしょうし，借地権を転貸していることも考えられます。また，1筆の土地に自用家屋と貸家があることもあり，数筆にまたがってアパートが建築されていることもあります。このように一口に宅地といっても，利用状況は区々になります。

　登記事項証明書に記載された筆は所有者が表示されているため，その筆を基に評価すると考えがちですが，筆ごとに評価するのではないことに留意してください。1画地の判定等の詳細は別項（第Ⅲ章4「宅地の評価単位」）で解説します。

　なお，1筆とは不動産登記法により地番が付された土地の区分のことをいいます（不動産登記法35）。

(2) 田及び畑

　田及び畑等農地は，耕作の単位となっている1区画の農地である1枚の農地を評価単位とします。1枚の農地は，必ずしも1筆の農地からなるとは限りません。2筆以上の農地からなる場合もあり，また，1筆の農地が2枚以上の農地として利用されている場合もあります。ただし，市街地周辺農地（評基通36-3），市街地農地（評基通40），生産緑地（評基通40-3）は，宅地の影響を受けることからそれぞれを利用の単位となっている一団の農地を評価単位とします。利用の単位となっている一団の農地とは，「1画地の宅地」に準ずる概念であると解されます（2010年（平成22年）7月22日裁決）。

(3) 山林

　純山林（評基通47），中間山林（評基通48）は，1筆の山林を評価単位とします。

　ただし，市街地山林（評基通49）は，利用の単位となっている一団の山林

を評価単位とします。

(4) 原野

純原野（評基通58），中間原野（評基通58-2）は，1筆の原野を評価単位とします。

ただし，市街地原野（評基通58-3）は，利用の単位となっている一団の原野を評価単位とします。

(5) 牧場及び池沼

牧場（評基通67）及び池沼（評基通68）（以下「牧場等」という）は，原野に準ずる評価単位，つまり1筆の牧場等で評価し，市街地である場合は利用の単位となっている一団の牧場等ごとに評価します。

(6) 鉱泉地

鉱泉地（評基通69）は，原則として，1筆の鉱泉地を評価単位とします。

(7) 雑種地

雑種地（評基通82）は，利用の単位となっている一団の雑種地を評価単位とします。雑種地とは上記(1)から(6)以外の土地のことをいうことからもわかるように，雑多な利用形態の集合体です。そのため，その評価区分の判断が難しい場合があります。

2 地積（面積）

(1) 実際の面積

土地を評価する上で欠かせないのは，その面積の確定です。通常は登記事項証明書に表示された地積によります。しかし，国内の土地の面積は，実測すると登記に表示された面積より広がることが多いようです。いわゆる縄伸びです。財産としてその土地の価額を適切に評価するためには，第一義的に登記上の面

積を参考とするのは当然ですが，申告は実際の面積によることとなっています。
　なお，山林の地積は水平面積によります。

(2) 倍率地域の面積

　倍率地域においても地積は実際の面積によります。倍率地域は縄伸びがよく見られます。特に山林は縄伸びが多くありますので，航空写真による地積の測定，その地域における平均的な縄伸び割合の適用等の方法によって，実際の地積が把握できることがあります。

　このような土地でも，固定資産税評価額は登記簿上の面積で付されていますので，実際の面積がわかった場合は，価額を面積に応じて修正する必要があります。修正は次の算式で行います。

$$\text{修正後の固定資産税評価額} = \text{その土地の固定資産税評価額} \times \frac{\text{実際の面積}}{\text{土地台帳の地積}}$$

(3) 計算例

　倍率地区の宅地に縄伸びがあった場合の固定資産税評価額の修正は次のように行います。

【計算の前提】

宅地の固定資産税評価額	12,000,000円	宅地の面積	250㎡
評価倍率	1.1倍	実際の面積	260㎡

【計算】

（宅地の固定資産税評価額）（補正）

$$12,000,000円 \times \frac{260㎡}{250㎡} = 12,480,000円$$

（宅地の修正価額）（評価倍率）

$$12,480,000円 \times 1.1倍 = 13,728,000円$$

(4) 実務的な対応

　それでは，実際の面積は必ず実測した面積によらなければならないのでしょうか。相続財産として取得した多くの土地を，相続税の申告期限までに全て実測するというのは無理があります。また，その実測に要する費用は相続税の債務として控除できるわけではないので，その負担も考えなければなりません。

　実務的には，以前実測した記録があればその面積により，実測した記録がない場合は，登記簿上の面積によることになります。土地を取得した相続人が，相続後に譲渡するにあたって実測する場合もあります。実測の結果がわかれば，その面積によります。

相続した土地を譲渡した場合

相続財産を譲渡した後に，その土地の面積が増加したため相続税の修正申告をしました。譲渡所得の計算で租税特別措置法第39条（相続税の取得費加算）を適用して申告しましたが，所得税を訂正する必要がありますか。

　――相続税の申告後に実測を行う等で，実際の面積が判明した場合，当初申告の面積より過大になれば相続税の修正申告を，過少である場合は更正の請求をします。

　相続税の税額を修正等した場合，租税特別措置法第39条の適用にあたって，譲渡所得の計算上取得費として加算される相続税額の計算にも影響することに留意してください。一般的に次のように相続税が増額すれば，譲渡所得の計算上取得費に加算される相続税額が増加し，所得税額は減少しますので，所得税の更正の請求をすることができます。

相続税額の異動	所得税の取扱い
相続税額が修正申告等により増額した場合	相続税が増額したことにより，譲渡所得の計算において取得費に加算する相続税が増額する。所得が減少し，所得税額が減額となった場合，更正の請求ができる。
相続税額が更正の請求等により減額した場合	相続税が減額したことにより，譲渡所得の計算において取得費に加算する相続税が減額する。所得が増額し，所得税が当初申告より増額となった場合，修正申告書を提出する。

公団等の分譲マンションの敷地に広い道路や公園等がある場合

公団等で分譲したマンションは，全体の敷地に広い道路，広い公園等の占める割合が高く，所有者の持分割合が必然的に高くなります。

――公団等の分譲マンションは，住環境等の確保から，ゆったりした道路や広い公園等公共施設部分の所有割合が高い所が多くあります。通常の評価方法によって評価することが著しく不合理であるような場合は，その道路等部分を除いて評価することも可能であると考えます。

法令通達でチェック

財産評価基本通達
（評価単位）
7-2 土地の価額は，次に掲げる評価単位ごとに評価することとし，土地の上に存する権利についても同様とする。
（1） 宅地
宅地は，1画地の宅地（利用の単位となっている1区画の宅地をいう。以下同じ。）を評価単位とする。
（注） 贈与，遺産分割等による宅地の分割が親族間等で行われた場合において，例えば，分割後の画地が宅地として通常の用途に供することができないなど，その分割が著しく不合理であると認められるときは，その分割前の画地を「1画地の宅地」とする。

（2） 田及び畑

田及び畑（以下「農地」という。）は，1枚の農地（耕作の単位となっている1区画の農地をいう。以下同じ。）を評価単位とする。

ただし，36-3《市街地周辺農地の範囲》に定める市街地周辺農地，40《市街地農地の評価》の本文の定めにより評価する市街地農地及び40-3《生産緑地の評価》に定める生産緑地は，それぞれを利用の単位となっている一団の農地を評価単位とする。この場合において，（1）の（注）に定める場合に該当するときは，その（注）を準用する。

（3） 山林

山林は，1筆（地方税法（昭和25年法律第226号）第341条《固定資産税に関する用語の意義》第10号に規定する土地課税台帳又は同条第11号に規定する土地補充課税台帳に登録された1筆をいう。以下同じ。）の山林を評価単位とする。

ただし，49《市街地山林の評価》の本文の定めにより評価する市街地山林は，利用の単位となっている一団の山林を評価単位とする。この場合において，（1）の（注）に定める場合に該当するときは，その（注）を準用する。

（4） 原野

原野は，1筆の原野を評価単位とする。

ただし，58-3《市街地原野の評価》の本文の定めにより評価する市街地原野は，利用の単位となっている一団の原野を評価単位とする。この場合において，（1）の（注）に定める場合に該当するときは，その（注）を準用する。

（5） 牧場及び池沼

牧場及び池沼は，原野に準ずる評価単位とする。

（6） 鉱泉地

鉱泉地は，原則として，1筆の鉱泉地を評価単位とする。

（7） 雑種地

雑種地は，利用の単位となっている一団の雑種地（同一の目的に供されている雑種地をいう。）を評価単位とする。

ただし，市街化調整区域以外の都市計画区域で市街地的形態を形成する地域において，82《雑種地の評価》の本文の定めにより評価する宅地と状況が類似する雑種地が2以上の評価単位により一団となっており，その形状，地積の大小，位置等からみてこれらを一団として評価することが合理的と認められる場合には，その一団の雑種地ごとに評価する。この場合において，1の（注）に定める場合に該当するときは，その（注）を準用する。

（注）

1 「1画地の宅地」は，必ずしも1筆の宅地からなるとは限らず，2筆以上の宅地か

らなる場合もあり，1筆の宅地が2画地以上の宅地として利用されている場合もあることに留意する。

2　「1枚の農地」は，必ずしも1筆の農地からなるとは限らず，2筆以上の農地からなる場合もあり，また，1筆の農地が2枚以上の農地として利用されている場合もあることに留意する。

3　いずれの用にも供されていない一団の雑種地については，その全体を「利用の単位となっている一団の雑種地」とすることに留意する。

(地積)

8　地積は，課税時期における実際の面積による。

裁決事例

(2010年（平成22年）7月22日裁決)

　評価基本通達7-2（2）ただし書の「市街地農地」は，宅地化が進展している地域に存在し，将来的に宅地化の可能性が高いため，その取引価額も宅地の価額の影響を強く受けるものであることから，その評価単位は，耕作の単位となっている「1枚の農地」ではなく，宅地としての効用を果たす規模や形状等の観点から「利用の単位となっている一団の農地」によることとされている。

5
不合理分割

1 不合理分割とは

(1) 合理性のない遺産分割

　相続財産である土地等については，現在の利用状況はもちろんのこと，将来にわたった活用見込みを考慮して，できるだけ合理的な遺産分割をします。単に土地を取得するだけではなく，土地の形状の良し悪し，収益の多寡等々相続人の思惑が一致したところで分割が成立します。しかし，ときには現実の利用状況をあえて無視した分割や，どう考えても将来の活用が見込まれないなど，経済合理性がない分割が行われることがあります。相続税の負担を考えて，あえて側方路線の影響加算を避けて分割を行う場合や，無道路地，帯状地又は著しく狭あいな画地を創出するなど，合理的な理由が見当たらない変則的分割で，この相続人は取得したこの土地を将来どうしようと考えているのだろうか，と強い疑問が生じるような分割です。

(2) 不合理な遺産分割協議を行った場合

　遺産分割協議は相続人の自由な意思で行われるものです。相続人が財産のどの部分をどのように取得しようと自由です。しかし，相続財産の課税価格の算定という点からみると様相は異なります。相続財産の価額は，財産を取得した者ごとに算定します。例えば，角地にある300㎡の宅地を複数の相続人で分割する場合，その土地の切り方により土地の評価額がかなり異なります。
　分割後の画地では現在及び将来においても有効な土地利用が図られない場合等，著しく不合理であると認められる場合は，不合理分割とみなされます。こ

のような場合は，実態に則した評価が行えるよう，その分割前の画地を「1画地の宅地」として評価し，分割後の価額を基に按分計算することとしています（評基通7－2(1)注）。遺産分割にあたっては，不合理分割と指摘されないようにすることはいうまでもありません。

不合理分割は，相続財産の価額は財産を取得した者ごとに評価することとなっている評価の原則を逆手にとった分割ともいえます。

2 不合理分割の事例

不合理分割は様々な形態が想定されますが，典型的なわかりやすい例を次に挙げました。相続人AはA宅地を，相続人BはB宅地を遺産分割協議により取得した場合です。

(1) 高い路線価の影響を回避した事例

路線価200,000円に面したA宅地（30㎡）と路線価150,000円に面したB宅地（270㎡）に分割しました。Aの価額は，正面路線価200,000円，側方路線価150,000円で30㎡です。Bの価額は，正面路線価150,000円で270㎡として計算しました。

Aは30㎡の非常に細長く狭い宅地で，Aのみを取得する合理的な理由がないと判断される分割です。AB宅地を一体評価する場合，正面路線価200,000円，側方路線価150,000円で計算します。この正面路線価200,000円の影響を極力少なくするためにA部分を過少に区切ったものとみなされます。

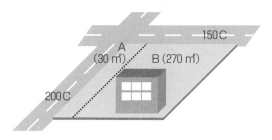

(2) **あえて無道路地を創出した事例**

道路に面したA宅地と，道路に接していないB宅地に分割しました。

前面道路にA宅地が面することになり，B宅地は無道路地となり，実際の利用状況を無視して分割したことになります。A宅地は将来は単独で有効利用することが不可能であり，B宅地の所有者に譲渡か贈与を行うほかに方策は考えられません。このような分割は，B宅地を無道路地とすることにより，大幅に価額を下げることを目的とした不合理な分割であるとみなされます。

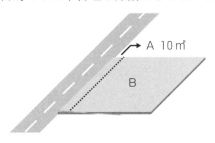

(3) **接道義務を満たさない宅地を取得した事例**

B宅地は公道に接する道を1mとして分割しました。一見問題がなさそうですが，B宅地は接道義務を満たしていないことから，無道路地評価となります。

B宅地を取得した相続人はB宅地上に建物を建築することはできませんし，将来売却する場合は，非常に不利な価額となることは目に見えています。A宅地に接道義務を満たした（2m）接続道路を取得していれば，B宅地の活用効果は違うことは明らかです。このような分割は，将来において有効な宅地としての利用が図られず，著しく不合理な分割と認められます。

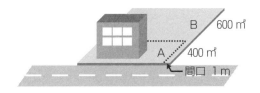

不合理分割の計算例

相続人A,Bが次の宅地(200㎡)を遺産分割するにあたってAが10㎡,Bが190㎡を取得することとしました。この場合の評価はどのようにするのでしょうか。なお宅地は角地であり路線価は200,000円と150,000円で普通住宅地区です。

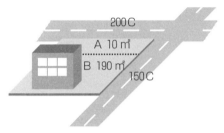

——財産評価においては,遺産分割で相続人が取得した財産ごとに評価することが大原則です。財産の分割は相続人の話し合いで自由に行うことができます。ただし,このような分割で取得したAはこの宅地を将来どのような活用ができるのでしょうか。Aは宅地10㎡のみを取得する合理的な理由がない分割です。これはA,B宅地を一体評価する場合,側方路線影響加算が適用されて評価額が上がることを回避した分割であるとみられます。このような分割は不合理分割とみなされ,分割前の画地を1画地の宅地として計算することになります。具体的にはA及びB宅地を一括評価し,取得した宅地の価額に応じて按分計算します。

　Aが取得した宅地の価額
　　(200,000円+(150,000円×0.03))×10㎡=2,045,000円…①
　Bが取得した宅地の価額
　　150,000円×190㎡=28,500,000円…②
　AとBの評価額を合計すると30,545,000円となります。
　AまたはBがこの宅地を単独で取得した場合の価額は次のとおりで,こ

の宅地全体の価額40,900,000円より10,355,000円も価額が低くなります。

　　（200,000円＋（150,000円×0.03））×200㎡＝40,900,000円…③

　不合理分割とみなされた場合の各人の取得した宅地の価額は次によります。

　　Ａの宅地の価額

　　　$③ × \dfrac{①}{①+②} = 2,738,271円$

　　Ｂの宅地の価額

　　　$③ × \dfrac{②}{①+②} = 38,161,729円$

| 贈与の場合の不合理分割

　下記の宅地のＡ部分10㎡を贈与する予定です。不都合がありますか。

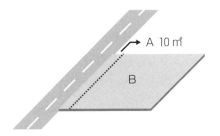

　――不合理分割とみなされるものは相続によるものだけではありません。贈与による土地の分割贈与においても，贈与された部分が経済的合理性のない場合や，贈与されなかった部分が相続税を不当に減少させると判断される場合は，やはり不合理分割として，その土地を一括評価することになります。考え方は相続の場合と同様です。

　ご質問の場合，今回の贈与10㎡の目的は，明らかにＢ部分が無道路地になることで評価を減額する目的と考えられますので，不合理分割とみなされます。

　Ａ宅地の贈与を受けた後に，Ｂ宅地の所有者に相続開始があった場合に

ついても，不合理分割とみなされます。A，B宅地を一体評価します。

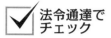
法令通達でチェック

財産評価基本通達
（評価単位）
7-2 土地の価額は，次に掲げる評価単位ごとに評価することとし，土地の上に存する権利についても同様とする。
（1） 宅地
　宅地は，1画地の宅地（利用の単位となっている1区画の宅地をいう。以下同じ。）を評価単位とする。
（注） 贈与，遺産分割等による宅地の分割が親族間等で行われた場合において，例えば，分割後の画地が宅地として通常の用途に供することができないなど，その分割が著しく不合理であると認められるときは，その分割前の画地を「1画地の宅地」とする。

第Ⅲ章

宅地の評価

　この章は，土地評価において非常に影響が大きい宅地の評価について解説します。相続財産に占める土地等の割合は4割です。さらにそのうち宅地の占める割合は約7割となっており，いかに宅地の評価を的確に行うかが財産評価の勝負どころということもできます。

1 路線価方式と倍率方式

1 宅地評価の方式とは

　財産評価基本通達における宅地の評価は，市街地的形態を形成する地域にある宅地は路線価方式で，その他の地域の宅地は倍率方式で行うこととなっています（評基通11）。路線価方式は，道路に面する土地に１㎡当たりの価格が付されており，その価格に評価対象地の地積を乗じ，倍率方式は固定資産税評価額に対して倍率を乗じてその土地の価額を算出する方式です。

　評価対象地が路線価地域か倍率地域のどちらにあるかを国税庁ホームページの「財産評価基準書」で確認した上で評価します。

【宅地の評価】

市街地地域　⇒　路線価方式

> 路線価×画地調整率×地積

その他の地域　⇒　倍率方式

> 固定資産税評価額×評価倍率

2 路線価方式

(1) 路線価が付されている道路

　市街地やそれに近似した地域は，繁華街，商店街や住宅が連担しており地価事情が明確であるため路線価方式により評価するのに適しています。国税庁が

市街地域の道路（路線）に1㎡当たりの価格を付しており，その路線に面する宅地はその価格を基に奥行価格補正等の画地補正を行って評価します。

路線価は，宅地の価額がおおむね同一と認められる一連の宅地が面している路線（不特定多数の者の通行の用に供されている道路をいいます）ごとに設定されています。平たく言いますと市街地の公道に付された価格のことです。財産評価でいう道路とは，建築基準法でいう道路と微妙に異なります。財産評価での道路は，不特定多数の者が通行しており，原則として通り抜けることができる道路のことです。

路線価は，路線に接する宅地で，次に掲げる全ての事項に該当するものについて，売買実例価額，公示価格，不動産鑑定士等による鑑定評価額，精通者意見価格等を基として国税局長がその路線ごとに決定しています（評基通13，14）。

① その路線のほぼ中央部にあること。
② その一連の宅地に共通している地勢にあること。
③ その路線だけに接していること。
④ その路線に面している宅地の標準的な間口距離及び奥行距離を有するく形（長方形のこと）又は正方形のものであること。

　　この場合における「標準的な間口距離及び奥行距離」については，後掲財産評価基本通達14(4)注を参照してください。

3　倍率方式

(1)　倍率方式による評価

倍率方式とは，固定資産税評価額に国税局長が定める倍率を乗じて計算する方法です（評基通21）。固定資産税評価額とは土地課税台帳に登録されている基準年度の価格のことをいい，通常は固定資産税評価証明書で対応します。

倍率を乗じて算出された価額は，自用地としての価額であることに留意してください。

宅地についての倍率は，おおむね固定資産税評価額の1.1倍となっています。

これは，相続税評価額と固定資産税評価額がそれぞれ時価（公示価格）の0.8及び0.7の水準で策定されているためです。

(2) 固定資産税評価額が付されていない場合

固定資産税評価額が付されていない土地は，その現況に応じて状況が類似する土地の固定資産税評価額を基に算定し，その価額に倍率を乗じます。申告期限までに，その土地に新たに固定資産税評価額が付された時は，その価額を基に評価します（国税庁ホームページ：タックスアンサー参照）。

(3) 画地調整

固定資産税評価額は，策定の際に物件ごとに個別に画地調整を行っています。そのため倍率地区の評価においては，不整形地補正，間口補正等の画地調整はできません。

(4) 評価の単位

倍率方式における評価の単位は1画地です。これは路線価方式による評価の原則と同様です。固定資産税の課税の基となる土地課税台帳は，1筆の土地ごとに登録されています。土地の利用状況は路線価地区と同様，数筆にまたがっている場合や，1筆の土地にいくつもの利用形態がある場合があります。このような土地は利用状況別に評価することになります。

① 1画地が数筆の土地からなっている場合

その1画地が1筆の宅地からなっていると仮定した場合の固定資産税の評価額を，その1画地を形成する各筆の状況を勘案して評定します。勘案するとしても実務的には難しいため，各筆の固定資産税の評価額を合計して評価することもできます。

② 1筆の宅地が複数の画地として利用されている場合

その1筆に付された固定資産税の評価額を基として，それぞれの画地に付されるべき固定資産税の評価額を評定します。この場合の計算も，実務的

には，1筆の固定資産税評価額をそれぞれの画地の面積比の按分する方法によることもできます。

4 路線価及び倍率の確認

(1) 路線価の公開

　財産評価基準書（路線価図及び評価倍率表）は例年7月1日に公開されます。国税庁のホームページ「路線価図」で確認するのが簡単ですが，税務署にも備え付けてあります。国税庁のホームページでは数年分の路線価が確認できますが，適用年分を間違えないようにしてください。相続税の場合は相続開始年分，贈与税の場合は贈与があった年分です。1月1日から12月31日までの相続及び贈与に，同じ路線価及び倍率が適用されます。

(2) 最高路線価

　国税庁が毎年公表する都道府県の最高路線価は，マスコミの話題になります。特に各地の最高路線価は地価動向の指標の一つとして関心が高いようです。最高路線価は，一般的には県庁所在地の最繁華街にあります。2018年（平成30年）分の国内の最高路線価は，東京都中央区銀座の鳩居堂前で1㎡当たり44,320千円でした。1坪に換算すると約1.4億円です。バブルのピークの頃，平成4年分のこの場所の路線価は36,500千円／㎡で1坪当たり約1.2億円でした。

(3) 路線価は誰が付しているのか

　市街地域の私道を除いた道路のほとんど全てに路線価が付されています。実務的には，各税務署に配置されている評価専門官及び評価担当者等，土地評価の専門家が行っています。既存の路線はもちろん，新規に開設された道路や開発地域の道路等を実地に確認した上で，売買実例価額や不動産鑑定士の鑑定評価等，様々なデータを駆使してその路線の価格を決定しています。

倍率方式でも貸家建付地評価ができるか

貸家の敷地は倍率地域にあります。固定資産税評価額に倍率を乗じ，更に貸家建付地評価ができますか。

——倍率方式により算出された金額は自用地としての価額です。土地の利用形態は様々ですから，自用地の価額からその土地に設定された権利の部分を控除して評価することになります。その土地にアパートを所有している場合は貸家建付地評価となり，借地権を設定している場合は底地評価となります。

財産評価基本通達
（評価の方式）
11　宅地の評価は，原則として，次に掲げる区分に従い，それぞれ次に掲げる方式によって行う。
　（1）　市街地的形態を形成する地域にある宅地　路線価方式
　（2）　（1）以外の宅地　倍率方式

（路線価方式）
13　路線価方式とは，その宅地の面する路線に付された路線価を基とし，15《奥行価格補正》から20-7《容積率の異なる2以上の地域にわたる宅地の評価》までの定めにより計算した金額によって評価する方式をいう。

（路線価）
14　前項の「路線価」は，宅地の価額がおおむね同一と認められる一連の宅地が面している路線（不特定多数の者の通行の用に供されている道路をいう。以下同じ。）ごとに設定する。
　　路線価は，路線に接する宅地で次に掲げるすべての事項に該当するものについて，売買実例価額，公示価格（地価公示法（昭和44年法律第49号）第6条《標準地の価格等の公示》の規定により公示された標準地の価格をいう。以下同じ。），不動産鑑定士等によ

る鑑定評価額（不動産鑑定士又は不動産鑑定士補が国税局長の委嘱により鑑定評価した価額をいう。以下同じ。），精通者意見価格等を基として国税局長がその路線ごとに評定した１平方メートル当たりの価額とする。
　（１）　その路線のほぼ中央部にあること。
　（２）　その一連の宅地に共通している地勢にあること。
　（３）　その路線だけに接していること。
　（４）　その路線に面している宅地の標準的な間口距離及び奥行距離を有するく形又は正方形のものであること。
　（注）　（４）の「標準的な間口距離及び奥行距離」には，それぞれ付表１「奥行価格補正率表」に定める補正率（以下「奥行価格補正率」という。）及び付表６「間口狭小補正率表」に定める補正率（以下「間口狭小補正率」という。）がいずれも1.00であり，かつ，付表７「奥行長大補正率表」に定める補正率（以下「奥行長大補正率」という。）の適用を要しないものが該当する。

（地区）
14-2　路線価方式により評価する地域（以下「路線価地域」という。）については，宅地の利用状況がおおむね同一と認められる一定の地域ごとに，国税局長が次に掲げる地区を定めるものとする。
　（１）　ビル街地区
　（２）　高度商業地区
　（３）　繁華街地区
　（４）　普通商業・併用住宅地区
　（５）　普通住宅地区
　（６）　中小工場地区
　（７）　大工場地区

（倍率方式）
21　倍率方式とは，固定資産税評価額（地方税法第381条（固定資産課税台帳の登録事項）の規定により土地課税台帳若しくは土地補充課税台帳（同条第８項の規定により土地補充課税台帳とみなされるものを含む。）に登録された基準年度の価格又は比準価格をいう。以下この章において同じ。）に国税局長が一定の地域ごとにその地域の実情に即するように定める倍率を乗じて計算した金額によって評価する方式をいう。

（倍率方式による評価）
21-2　倍率方式により評価する宅地の価額は，その宅地の固定資産税評価額に地価事情の類似する地域ごとに，その地域にある宅地の売買実例価額，公示価格，不動産鑑定士等による鑑定評価額，精通者意見価格等を基として国税局長の定める倍率を乗じて計算した金額によって評価する。ただし，倍率方式により評価する地域（以下「倍率地域」

という。）に所在する20-2《地積規模の大きな宅地の評価》に定める地積規模の大きな宅地（22-2《大規模工場用地》に定める大規模工場用地を除く。）の価額については、本項本文の定めにより評価した価額が、その宅地が標準的な間口距離及び奥行距離を有する宅地であるとした場合の1平方メートル当たりの価額を14《路線価》に定める路線価とし、かつ、その宅地が14-2《地区》に定める普通住宅地区に所在するものとして20-2の定めに準じて計算した価額を上回る場合には、20-2の定めに準じて計算した価額により評価する。

2
路線価図の具体的見方

　この項では，宅地を評価する上で大事な，路線価図と評価倍率表の見方を説明します。路線価図や評価倍率表には地区区分や借地権割合等の記号が表示されています。それぞれ評価上大切な意味があり，記号を見誤ると評価額に大きな影響があります。

1　路線価図の具体例

【路線価図の見方】

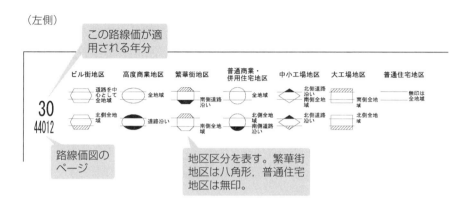

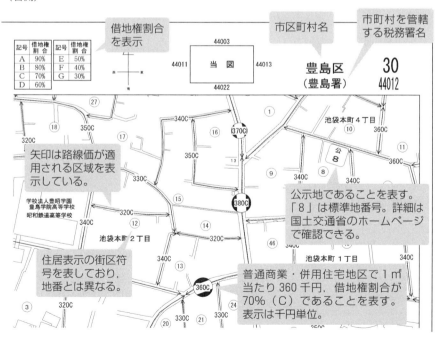

第Ⅲ章　宅地の評価　69

2 宅地の地区区分

(1) 地区区分

　宅地と一口に言っても，主に住宅が連担しているような地域もあれば，高層ビルが密集している地域もあります。このように利用状況が異なる地域を同一の条件で評価することは不公平でもあるので，宅地の利用状況がおおむね同一と認められる一定の地域ごとの大きな括りを設定する方が合理的です。土地等の評価の上では，路線に面する宅地及び路線を基に，評価を行う宅地のためにビル街区から大工場地区まで7つの地区が定められています（評基通14-2）。奥行価格補正等画地調整は地区区分により異なりますので，まず評価する宅地の地区区分を判定します。地区区分の判定の誤りは，とりもなおさずその後の計算が誤るということになります。

地区区分	地区の概要
①ビル街地区	大都市の商業地域内にある地区で，超高層ビルや大型オフィスビルが連担している地区
②高度商業地区	大都市の商業地域内にある地区で，中高層の商業ビルが立ち並ぶ地区
③繁華街地区	大都市や地方中核都市の中心部にあり，商業施設，飲食店等が連続している地区
④普通商業・併用住宅地区	商業地域にあり，商業施設が立ち並ぶ第1種，第2種住居地域
⑤普通住宅地区	主として第1種及び第2種低層住居専用区域にあり，主として居住用住宅が立ち並ぶ地区
⑥中小工場地区	準工業地域，工業地域にあり，敷地規模が9,000㎡程度までの工場，倉庫が集中している地域
⑦大工場地区	主として準工業地域，工業地域にあり，敷地規模がおおむね9,000㎡を超える地区

(2) 路線価図上の具体的な地区区分

　この地区区分は路線価図上それぞれ次のパターンで表示されています。高度商業地区と普通商業・併用住宅地区は丸で表示されますが、高度商業地区は楕円形であることに注意してください。

地区区分	基本型	表示例
ビル街地区	(六角形)	← 8,430A →
高度商業地区	(楕円)	← 26,960A →
繁華街地区	(八角形)	← 4,980A →
普通商業・併用住宅地区	(円)	← 830c →
普通住宅地区	なし	← 400D →
中小工業地区	(菱形)	← 250D →
大工場地区	(長方形)	← 80D →

(3) 地区区分が道路沿いに限定されている場合

　道路沿いは人通りが多く、賑わう商業地域であっても、一歩奥に入ると閑静な住宅地域というところがあり、これらの地域を一括して評価することができない場合があります。そこで、その地区区分を道路沿いの宅地に限定する場合や道路沿い以外に限定する場合の評価が必要になります。

　表示方法を「普通商業・併用住宅地区」について示せば、次に掲げるとおりです。他の地区区分についてもこの例と同様の表示をしています。この表示は

特定の路線に限定されていることに留意してください。

地　区	表　示	読み方
①道路を中心として全地域	―〇900C―	路線価が付されている路線にある宅地及びその奥にある宅地全体が普通商業，併用住宅地区（以下「普通商業等地区」といいます）で，路線価900千円です。 特に制限のない大多数の路線に付されている表示です。
②道路を中心として斜線のない側全地域	―◐900C―	斜線のない地域全体が普通商業等地区で，路線価900千円です。斜線のある路線は900千円の適用がないことを表わしています。斜線のある路線については別途表示があります。
③道路沿いのみの地域	―●900C―	黒で塗りつぶされている路線（以下「黒塗り路線」といいます）の道路沿いのみが普通商業等地区で，路線価900千円です。その道路より奥まった地区はその土地に最も近い路線の表示に従って評価します。
④道路を中心として黒塗り側の道路沿いと反対側全地域	―◐900C―	黒塗り路線の道路沿いと路線の反対側の全地域が普通商業等地区で，路線価900千円です。
⑤道路を中心として黒塗り側の道路沿いのみの地域	―◐900C―	黒塗り路線の道路沿いが普通商業等地区で，路線価900千円です。反対側の斜線のある路線は別途表示があります。

路線価図を具体的にみると次のとおりです。

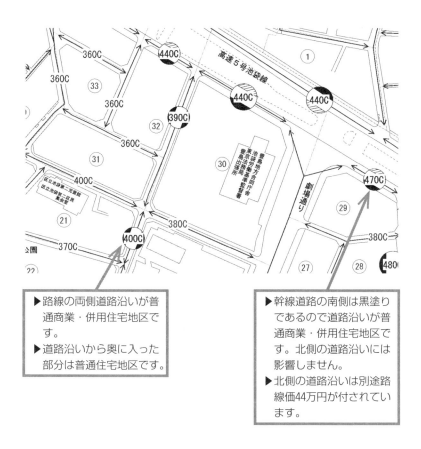

3 借地権割合

(1) 借地権の表示

　宅地は自用地とは限りません。借地権が設定されており，所有者は底地権だけという場合も多くあります。その場合，借地権者の所有する借地権の価額を評価し，土地の所有者は底地の価額を評価する必要があります。この借地権と底地の価額は，借地権者と底地権者が任意に配分できるとすると，恣意的となることが考えられ，課税上の不公平となります。そこで一定の地域は一定の借地権割合を定めて，統一的な計算ができるようになっています。

(2) **借地権割合の見方**

　路線価にはAからGまでの表記があります。これは借地権割合を表示しています。

　A地域の借地権割合は90％で，F地域の借地権割合は40％です。借地権割合90％の地区は，東京都新宿区の歌舞伎町や中央区の銀座界隈のような高度商業地区です。

　例えば「200D」の表示のあるところは路線価が１㎡当たり200千円で，借地権割合が60％ということです。借地権の価額は200千円×0.6＝120千円です。土地（底地）の価額は，その宅地の自用地としての価額から借地権の価額を控除した価額ですので，必然的に底地の割合は40％となります。

記号	A	B	C	D	E	F	G
借地権割合	90％	80％	70％	60％	50％	40％	30％

　底地の価額は，自用地の価額から借地権の価額を控除したものとなります。借地権及び借地権が設定されている土地の評価については，第Ⅴ章で解説します。

4　地区の異なる2路線に接する宅地の場合の計算

　正面路線が高度商業地区，側方路線が普通商業地区に接している宅地のように地区区分の相違する宅地があります。このような宅地を評価する場合の奥行価格補正率や側方路線影響加算率等は，正面路線の地区区分で評価します。

　下図の正面路線の地区は，路線価900千円の高度商業地区です。この場合の側方路線（普通商業・併用住宅地区）からの奥行価格補正率や側方路線影響加算率は，高度商業地区の補正率や加算率を適用します。

5　土地及び土地の上に存する権利の明細書

　路線価地区にある宅地の価額は実務的には「土地及び土地の上に存する権利の明細書」を利用して計算します。様式は国税庁ホームページ「国税庁様式検索システム」にあります（以下本書において同様です）。

　評価にあたって，誤りが多い点，その他留意する点を，いくつか表記しました。

土地及び土地の上に存する権利の評価明細書

必要事項を記入しましたか

局(所)	署
年分	ページ

（平成三十年分以降用）

(住居表示)	( )			所在地	
所在地番				使用者	氏名 (法人名)

住居表示を記載していますか

・使用者がいる場合、貸地、貸家建付地の判定は適切ですか
・使用貸借等の判定は適切ですか

地 目	地 積	路 線 価				地 区 区 分	
宅地 原野 田 雑種地 畑 山 林	㎡	正面 円	側方 円	側方 円	裏面 円	ビル街地区 高度商業地区 繁華街地区 普通商業・併用	中小工場地区 大工場地区

実測面積が反映されていますか

間口距離	m	利用区分	自用地 貸宅地 貸家建付借地権 貸借地権	借地権	ビル街地区 高度商業 繁華街地 普通商業・併用	
奥行距離	m		私 道	借家人の有する権利		

側方・二方路線影響加算は適切ですか

間口・奥行距離を計測しましたか

	1 一路線に面する宅地		(1㎡当たりの価額) 円	A
		(正面路線価) (奥行価格補正率) 円 × 0.		
自	2 二路線に面する宅地 (A)	[側方 路線価 裏面]	(1㎡当たりの価額) 円	B
用		円 + (円 × ㎡ × 0.)		

・利用区分は適切ですか
・地区区分と正面路線価は合致していますか

	3 三路線に面する宅地		(1㎡当たりの価額) 円	C
	(B)	(側方 路線価 裏面) (奥行価格補正率) 円 + (円 × ㎡ × 0.)		

2路線以上の場合、正面路線価は奥行補正後で高い方ですか

各補正率を再度チェックしましたか 誤りの多い箇所です

	4 四路線に面する宅地	(側方 路線価 裏面) (奥行価格補正率)	(1㎡当たりの価額) 円	D
1	(C)	円 + (円 × ㎡ × 0.)		
平	5-1 間口が狭小な宅地等	(間口狭小 補正率) (奥行長大 補正率)	(1㎡当たりの価額) 円	E
方	(AからDまでのうち該当するもの)	円 × (× 0.)		
メ	5-2 不 整 形 地 (AからDまでのうち該当するもの)	不整形地補正率 0.	(1㎡当たりの価額) 円	F
	※不整形地補正率の計算 (想定整形地の間口距離) (想定整形地の奥行距離) (想定 m × m = ㎡ (想定整形地の地積) (不整形地の地積) (㎡ - ㎡) ÷ ㎡ = % (不整形地補正率表の補正率) (間口狭小補正率) × 0. ① (奥行長大補正率) × (間口狭小補正率) 0. ②	(小数点以下2 位未満切捨て) 不整形地補正率 [①、②のいずれか低い 率、0.6を限度とする。]		

・不整形地の適用を検討しましたか
・想定整形地は適切ですか
・間口狭小との重複適用はできません

ト	6 地積規模の大きな宅地 (AからFまでのうち該当するもの)	規模格差補正率※ 0.	(1㎡当たりの価額) 円	G
当		円 × 0.		
	※規模格差補正率の計算 (地積(Ⓐ)) (Ⓑ) (Ⓒ) (地積(Ⓐ)) (㎡ × +) ÷ ㎡ × 0.8	(小数点以下2 位未満切捨て)		
た	7 無 道 路 地 (F又はGのうち該当するもの)	(※)	(1㎡当たりの価額) 円	H
		円 × (1 - 0.)		
り	※割合の計算 (0.4を限度とする。) (正面路線価) (通路部分の地積) (F又はGのうち該当するもの) (評価対象地の地積) (円 × ㎡) ÷ (円 × ㎡) = 0.			
の	8 がけ地等を有する宅地 (AからHまでのうち該当するもの)	[南、東、西、北] (がけ地補正率)	(1㎡当たりの価額) 円	I
		円 × 0.		
価	9 (削除)	合 (小数点以下3位未満四捨五入)	(1㎡当たりの価額) 円	J
		円 × (1 - 0.)		

私道評価が適切か、確認しましたか

額	10 私 道 (AからJまでのうち該当するもの)		(1㎡当たりの価額) 円	K
		円 × 0.3		

持分の確認をしましたか

自用 地の評価額	自用地1平方メートル当たりの価額 (AからKまでのうちの該当記号) ( ) 円	地 積 ㎡	総 額 (自用地1㎡当たりの価額) × (地 積) 円	L

(注) 1 5-1の「間口が狭小な宅地等」と5-2の「不整形地」は重複して適用できません。
2 5-2の「不整形地」の「AからDまでのうち該当するもの」欄の価額について、AからDまでの欄で計算できない場合には、(第2表)の「備考」欄…

転記ミスに注意します

(資4-25-1-A4統一)

土地及び土地の上に存する権利の評価明細書（第2表）

（平成三十年分以降用）

M	セットバックを必要とする宅地の評価額	（自用地の評価額）円 －（（自用地の評価額）円 × $\frac{㎡}{総地積}$ × 0.7） ＝（自用地の評価額）円
N	都市計画道路予定地の区域内にある宅地の評価	（自用地の評価額）円 ×（補正率）0. ＝ 円

計測した原資料がありますか

大規模工場用地等の評価額

O	大規模工場用地等	（正面路線価）円 ×（地積）㎡ × ＝ 円
P	ゴルフ場用地等	（宅地とした場合の価額）（地積）（ 円 × ㎡× ） ＝ 円

- 借地権割合は正面路線価で計算しましたか
- 同族法人に貸付けている場合、株式評価との整合性がありますか
- 無償返還の届出が出ていませんか

総額計算による価額

記号	利用区分	算式	総額
Q	貸宅地	（自用地の評価額）　　　（借地権割合）円 ×（1－ 0.　　）	円
R		（　　）　（　　　　　　）（借地権割合）（貸貸割合）× $\frac{㎡}{㎡}$	円
S	目的となっている土地の一つ権利	（自用地の評価額）　　（割合）円 ×	円
T	借地権	（自用地の評価額）円 ×	円
U	貸家建付借地権	（T,AAのうちの該当記号）（　）	円
V	転貸借地権	（T,AAのうちの該当記号）（借地権割合）（　）	円
W	転借権	（T,U,AAのうちの該当記号）（借地権割合）（　）円 × 0.	円
X	借家人の有する権利	（T,W,AAのうちの該当記号）（借家権割合）（貸借割合）（　）円 × × $\frac{㎡}{㎡}$	円
Y	権利	（自用地の評価額）（　割合　）円 × 0.	円
Z	権利が競合する場合の土地	（Q,Sのうちの該当記号）（　割合　）（　）円 ×（1－ 0.　）	円
AA	他の権利と競合する場合の権利	（T,Yのうちの該当記号）（　割合　）（　）円 ×（1－ 0.　）	円

- 借地権の契約を確認しましたか
- 使用貸借でないことを確認しましたか

- 貸付割合は適切ですか
- 貸付割合を確認できる資料はありますか
- 不動産収支明細書との整合性はありますか
- 貸家は申告されていますか
- 貸家は0.7評価していますか
- 一時貸の宅地ではないですか

転貸等の事実を証明できる書類はありますか

備考：**評価上の特殊事情がありますか**

（注）区分地上権と区分地上権に準ずる地役権とが競合する場合については、備考欄等で計算してください。

（資4－25－2－A4統一）

3 評価倍率表の具体的見方

1 評価倍率表の具体例

【評価倍率表の見方】

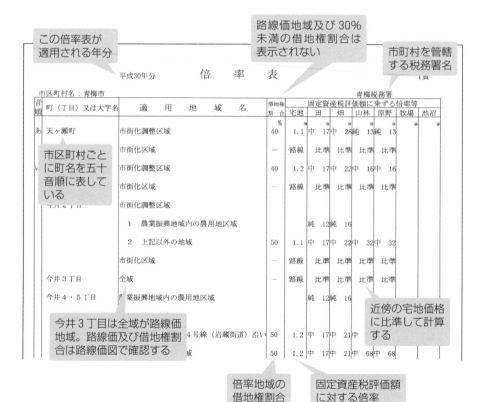

2　倍率表の表示の解説

(1) 「町（丁目）又は大字名」欄

　「町（丁目）又は大字名」欄には，市区町村ごとに，町（丁目）又は大字名を50音順に記載しています。

(2) 「適用地域名」欄

　適用地域は大枠のくくりで記載されています。評価対象物件の所在地を納税者にしっかり確認した上で判定します。

　「適用地域名」欄に，「全域」とある場合には，その町（丁目）又は大字の全域が路線価地域又は倍率地域であることを示しています。

　また，「一部」又は「路線価地域」とある場合には，その町（丁目）又は大字の地域に路線価地域と倍率地域が存在することを示しています。したがって，この場合には，その評価しようとする土地等が路線価地域又は倍率地域のいずれに所在するかを，路線価図も参照して確認する必要があります。

(3) 「借地権割合」欄

　「借地権割合」欄には，倍率地域におけるその町（丁目）又は大字の地域について，「借地権」の価額を評価する場合の借地権割合を掲げています。路線価地域の借地権割合については，路線価図を参照します。

(4) 「宅地」欄

　「宅地」欄には，その町（丁目）又は大字の地域の「宅地」の価額を評価する場合の固定資産税評価額に乗ずる倍率を記載していますが，「路線」と表示してあるのは，その地域が路線価地域であることを示しています。

(5) 「田」，「畑」欄

　「田」，「畑」欄には，その地域の「田」，「畑」の価額を評価する場合の農地

の分類，評価方式及び固定資産税評価額に乗ずる倍率を記載しています。

　なお，農地の分類等は，次に掲げる略称を用いて記載しています。

```
純農地……………純
中間農地…………中
市街地周辺農地……周比準
市街地農地…………比準又は市比準
```

（注）「比準」，「市比準」及び「周比準」と表示してある地域は，付近の宅地の価額に比準（「宅地比準方式」といいます）して評価する地域です。以下，山林及び原野についても同様です。

(6) 「山林」欄

　「山林」欄には，その地域の「山林」の価額を評価する場合における山林の分類，評価方式及び固定資産税評価額に乗ずる倍率を記載しています。

　なお，山林の分類等は，次に掲げる略称を用いて記載しています。

```
純山林…………純
中間山林………中
市街地山林……比準又は市比準
```

(7) 「原野」欄

　「原野」欄には，その地域の「原野」の価額を評価する場合における原野の分類，評価方式及び固定資産税評価額に乗ずる倍率を記載しています。

　なお，原野の分類等は，次に掲げる略称を用いて記載しています。

```
純原野…………純
中間原野………中
市街地原野……比準又は市比準
```

(8) 「牧場」及び「池沼」欄

　「牧場」及び「池沼」欄には，その地域の「牧場」及び「池沼」の価額を評

価する場合における評価方式及び固定資産税評価額に乗ずる倍率を記載しています。

4 宅地の評価単位

1 宅地の評価単位である1画地とは

(1) 宅地の評価単位

　相続等により取得した財産は，取得した財産ごとに評価します。財産評価の大原則です。しかし，取得した土地等の利用区分が異なる場合は，その利用区分ごとの評価をします。利用区分というのは「自用地」「貸宅地」「耕作権」等，その土地等を利用するにあたって，利用状況が明確になっているようなものをいいます。

　宅地は1画地の宅地ごとに計算します。1画地というのは，利用の単位となっている1区画のことをいいます。1画地の宅地というのは必ずしも1筆とは限らず，複数の筆にまたがって利用されている宅地からなる場合もあります。逆に1筆の土地が広大であるような場合は，2画地以上の単位となる場合もあります。

(2) 1画地の宅地

　1画地の宅地は，その宅地又は借地権を取得した者が，その土地を使用収益，処分をすることができる利用単位ないし処分単位です。

　この1画地の判定は，土地の価額の算定に大きな影響があります。土地を評価するにあたって入り口となる判断です。利用状況を，1画地と見るか2画地と見るかによって，側方路線影響加算や奥行価格補正率等，画地調整が異なります。宅地の評価で難しいというのは，この1画地の取り方がよくわからないというケースが多いようです。税務調査でよく指摘される部分ですが，

会計検査院の実地検査報告を見ても多くの誤りが指摘されています。会計検査院で指摘されるということは税務署でも見逃したということですから，判断が分かれることが多く，悩ましい部分です。

なお，1画地の宅地でも，それを複数の相続人が取得した場合は，それぞれ取得した部分ごとに評価しますので，注意してください。

2　1画地の判定の基本

利用の単位となっている1区画と言われても，イメージが沸かないことでしょう。1画地の宅地を判定するに際して，基本的に次のルールがあります。このルールをまず認識してください。これがわかれば，以降の解説が理解しやすくなります。

---

① その宅地の所有者が使用している宅地，もしくは所有者以外の者が使用しているが使用貸借による宅地は，その全体を1画地として評価します。

　評価対象地に他人の権利が全くない場合は，所有者が自由に利用若しくは処分できるため，評価する上で斟酌を加える必要のない宅地であることによります。

② その宅地の所有者以外の権利がある場合は，その有無により区分します。

　所有者以外の権利とは「借地権」「借家権」等のことをいい，その宅地の所有者が自由に使用することを阻害する権利のことです。

③ その宅地の所有者以外の権利がある場合は，その権利の種類及び権利者の異なるごとに評価します。

　借地権が設定されている宅地（以下「底地」といいます）であるが，借地権者が数人いるような場合や，貸家を数棟所有している場合です。

3　具体的判定

1画地の基準は上記のとおりですが，具体的には次のように判定します。1画地の判定を誤ると側方路線影響加算や地積規模の大きな宅地の評価にも

影響がありますので十分注意してください。簡単ですが具体的な事例を解説します。なお，特に説明がない限り宅地の所有権は甲とします。この事例の区分については国税庁ホームページのタックスアンサーに掲載されています。

(1) **所有する宅地を自ら使用している場合には，居住の用か事業の用かにかかわらず，その全体を1画地の宅地とする**

上記2①の原則です。宅地やその上に建築されている建物の利用状況がどうであれ，宅地の所有者が自用として利用している宅地であれば，借地権・借家権等の他人の権利による制約がありません。その宅地全体を一体として利用することが可能ですので，全体を1画地の宅地として評価します。

○ **宅地所有者が同一敷地に居宅や店舗を所有している例**

甲は，その所有する宅地を次の図のようにA宅地を居宅の敷地として，B宅地には自己の経営する店舗の敷地として利用しています。

家屋・店舗ともに所有者は甲であり，第三者の権利がありません。このような場合はA及びB宅地を一括して評価します。正面路線価200,000円に側方路線価150,000円の側方路線影響加算をします。加算額は全体に及びます。

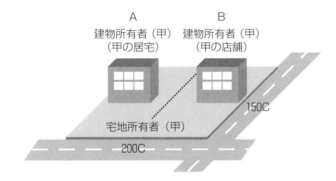

○ 使用貸借により親族が建物を所有している例

甲はB宅地を居宅として自ら使用し、A宅地は甲の子乙が使用貸借により建物を所有して居住しています。

A宅地は使用貸借ですから第三者の権利がなく、いつでも甲が活用できる宅地です。このような宅地は、A及びB宅地全体を1画地の宅地として評価します。正面路線価200,000円に側方路線価150,000円の側方路線影響加算をします。加算額は全体に及びます。

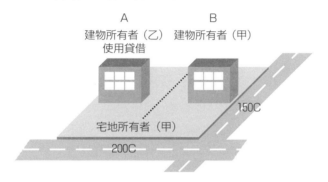

(2) 所有する宅地の一部について普通借地権又は定期借地権を設定させ、他の部分を自己が使用している場合には、それぞれの部分を1画地の宅地とする

上記2②の原則です。一部を貸家の敷地として利用し、他の部分を所有者が使用している場合にも同様です。第三者の権利が宅地の一部に生じているため、その部分は1画地の宅地として評価します。

○ 自宅敷地の一部を他人に貸し付けている例

甲はA宅地を居宅として自ら使用し、B宅地を乙に貸し付けています。建物所有者乙には借地権があります。

この場合、B宅地には借地権という第三者の権利がありますので、A宅地を自用地として、B宅地を底地としてそれぞれを1画地の宅地として評価します。どちらの宅地も正面路線価200,000円で計算しますが、側方路線150,000円の側方路線影響加算をするのはB宅地だけです。

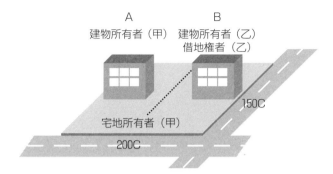

(3) **所有する宅地の一部について普通借地権又は定期借地権を設定させ、他の部分を貸家の敷地の用に供している場合には、それぞれの部分を1画地の宅地とする**

上記2③の原則です。借地権が設定されている宅地（底地）と貸家の敷地として使用している宅地（以下「貸家建付地」といいます）は利用区分が異なります。このように同一敷地内に利用区分が異なる宅地がある場合は、利用区分の異なるそれぞれを1画地の宅地として評価します。

○ **底地と貸家建付地が隣接している例**

甲はA宅地に貸家を所有し第三者が居住しています。B宅地は乙に貸し付けており借地権を設定しています。

A宅地には借家権が、B宅地には借地権という他人の権利が存しており、利用単位が異なります。A及びB宅地それぞれを1画地の宅地として評価します。どちらの宅地も正面路線価200,000円で計算しますが、側方路線150,000円の影響を受けるのはB宅地です。利用区分が異なるためA宅地は側方路線影響加算をしません。

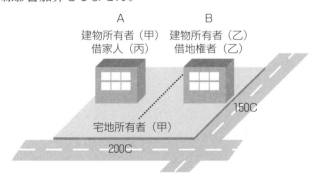

(4) **借地権の目的となっている宅地を評価する場合，貸付先が複数であるときには，同一人に貸し付けられている部分ごとに1画地の宅地とする**

上記2③の原則です。宅地に対する権利が借地権の場合，借地権者ごとに評価し，貸家を所有している場合，借家人ごとに評価するというように権利者の異なるごとに評価します。

○ **借地権者が異なる底地の例**

甲はA及びB宅地をそれぞれ乙及び丙に貸し付けています。乙及び丙は自己の建物を所有し，借地権があります。

このような宅地については，A及びB宅地をそれぞれ1画地の宅地として評価します。A及びB宅地には，ともに他者の権利が存し，いずれも貸宅地として利用していますが，借地権者ごとに利用の単位が異なるためです。甲の所有する宅地は底地であるとして，全体を一括評価をしないことに留意します。

どちらの宅地も正面路線価200,000円で計算しますが，側方路線150,000円の影響を受けるのはB宅地で，A宅地は側方路線影響加算をしません。

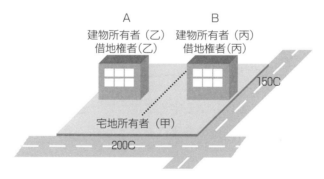

(5) **貸家建付地を評価する場合，貸家が数棟あるときには，原則として，各棟の敷地ごとに1画地の宅地とする**

上記2③の原則です。貸家が数棟あるケースはよくありますが，貸家建付地として一括で評価してしまいがちです。借主ごとに借りている敷地に対する利

用権がありますので，その貸家が建っている敷地別に評価します。側方路線がある場合には，側方路線に該当する宅地のみを加算し，影響は他の貸家の敷地に及びません。

　○　**複数の貸家が隣接しているが，借家人がそれぞれ異なる例**

　甲はA，B及びC宅地に家屋を所有しています。家屋はそれぞれ乙，丙及び丁に貸し付けています。

　このような宅地については，A，B及びC宅地をそれぞれ1画地の宅地として評価します。A，B及びC宅地は，ともに借家人という他者の権利が存し，利用の単位が異なるためです。

　宅地全体が貸家建付地ですが，全体を一括評価しないことに留意します。

　どの宅地も正面路線価200,000円で計算しますが，側方路線価150,000円の影響を受けるのはC宅地だけで，A及びB宅地は側方路線影響加算をしません。

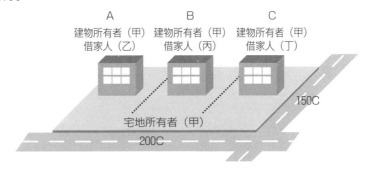

(6)　**2以上の者から隣接している宅地を借りて，これを一体として利用している場合，借主の借地権の評価にあたっては，全体を1画地として評価する**

　借地権は，底地の所有者が複数であっても，利用区分が同じであれば借地権全体を一画地として評価します。ただし，貸主（宅地所有者）の貸宅地の評価にあたっては，各貸主の所有する部分ごとに区分して，それぞれを1画地の宅地として評価します。

○ 複数の宅地に借地権を設定して建物を所有している例

借地権者甲は宅地所有者乙からＡ宅地を，宅地所有者丙からＢ宅地を借地して建物を所有しています。

この場合は，甲の借地権の利用状況は，地主が異なっても変わりませんから借地権の価額はＡ及びＢ宅地を一括して評価します。側方路線影響加算は全体に及びます。

宅地所有者乙及び丙の底地の評価は，当然のことながら，それぞれ別個に行います。丙の底地は，側方路線影響加算を行うことに留意します。

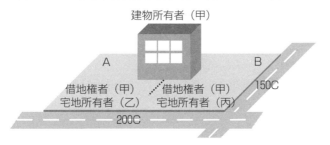

(7) 共同ビルの敷地の用に供されている宅地は，その全体を１画地の宅地として評価する

共同ビルの敷地の用に供されている宅地は，所有者が異なっていることが多くあります。本来は個別に評価するのが原則ですが，個々の宅地が一体となって有効利用されており，個別に評価すると，実態に合った価額が算定されません。そのため，利用の単位となっている１画地の宅地の価額を評価した上で，個々の宅地を評価するのが合理的で，しかも簡便です。

具体的には，その全体を１画地の宅地として評価し，その価額に各所有者の宅地の価額の比率で計算します。ただし，１画地の宅地として評価した価額に基づき，各宅地の地積の割合により価額を算出しても差し支えありません。

○ 複数の宅地所有者がその宅地の上にビルを建築している例

甲，乙，丙及び丁は次の図のような宅地の上に共同ビルを建築しています。Ａ，Ｂ，Ｃ及びＤ宅地全体を１画地の宅地として評価した価額に，各宅地の価額の比を乗じた金額により評価します。

この場合,価額の比は次の算式によって計算して差し支えありません。

$$\text{価額の比} = \frac{\text{土地ごとに財産評価基本通達により評価した価額}}{\text{土地ごとに財産評価基本通達により評価した価額の合計額}}$$

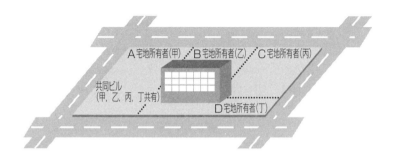

(8) **共有地は全体を1画地として計算し,共有持分を乗じる**

相続財産の評価は取得者ごとに行うという大原則がありますが,遺産分割協議等により共有で取得することとなった場合は,その宅地全体が共有者の持分となりますので,その全体を1画地として計算し,各共有者の持分を乗じます。実際に利用している部分のみを取り上げて評価するのではないことに留意してください。

| 他人の宅地を借りて建物を所有している場合

A宅地を所有する甲は,自宅を建築するに際して,隣接する叔父乙の所有する土地を使用貸借により借用しました。甲の所有するA宅地の評価はどのようにするのでしょうか。
——甲の所有する宅地に隣接する宅地を使用貸借により借り受け,自己の所有する宅地と一体として利用している場合であっても,所有する宅地のみを1画地の宅地として評価します。
　事例では,A宅地,B宅地それぞれを1画地の宅地として評価します。

A宅地の評価にあたって，側方路線影響加算を行わないことに留意します。

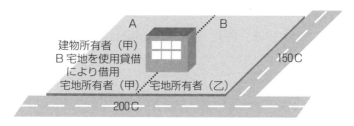

相続した土地の隣接地を取得者が所有している場合

乙の相続により相続人甲がB宅地を取得しました。A宅地は以前から甲が所有しているため利用状況が格段に良くなりました。B宅地を評価するにあたって，Aを含めたところで評価するのでしょうか。

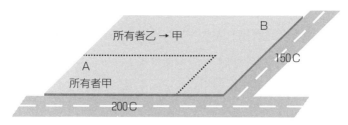

――相続又は贈与により取得する財産は取得した財産別に，また取得者ごとに評価します。土地は地目別に評価し，特に宅地は1画地の宅地で評価しますが，遺産分割によりその宅地が分割された場合は，分割された後の画地を1画地とします。たまたまAを甲が所有していたとしても，原則どおり甲が取得したB宅地は，B宅地だけで評価します。

遺産分割協議が確定した場合

未分割で相続税の申告書を提出しましたが，その後，遺産分割協議が確定したので修正申告書及び更正の請求書を提出したところ，土地の評価を取得者ごとにやり直さなければいけないと指摘を受けました。当初申告のままではいけないのでしょうか。

──未分割財産は取得者が確定していないので財産ごとに一括で評価しますが、遺産分割が行われた場合はその財産を取得した相続人が確定するため、取得した者ごとに評価します。特に土地の場合は分割して取得することも多く、財産の価額が当初申告額と相違する場合があります。

借地権者が複数の貸家を所有している場合

被相続人Aの宅地にB社が借地権を設定していました。B社はその借地権上に事務所と店舗及び2棟の貸家を所有しています。この場合、Aの宅地を評価するに際して、B社が利用している区分ごとに1区画として計算するのでしょうか。

──宅地に借地権を設定している場合は、貸宅地として評価します。宅地所有者がその宅地を借地人と契約をしている場合、その貸し付けている宅地ごとに1画地として評価します。Aの相続人がその宅地を分割することなく相続した場合、B社に貸している部分を1画地として評価します。AはB社の借地権の利用状況に関知しないことになります。

複数の貸家がある場合の1画地

一つの敷地に2棟のアパートがあります。貸家建付地として敷地全体を評価するのでしょうか。

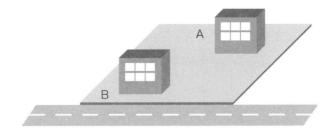

──貸家の敷地は貸家ごとに1利用区分として1画地の宅地として評価します。各々の敷地の区分は難しいところですが、合理的に区分することになります。貸家が3棟以上あっても同様です。

一般的には，正面路線に接している宅地は矩形となり，奥にある建物の敷地は不整形地評価となります。

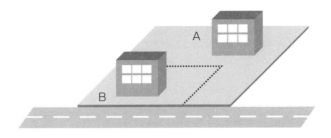

宅地と農地が隣接している場合の評価

図の宅地Ａ，農地Ｂを相続しました。この場合，Ａは正面路線価を基に評価しますが，Ｂはどのように評価するのでしょうか。

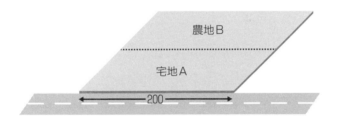

——評価の基本は地目及び利用区分によります。図のＢ部分は，農地であることから，宅地と合わせて評価できません。Ｂ部分は無道路地ですので，無道路地の評価をします。ただし，前面道路に接する部分は，同一人が所有していることから，無道路地としてのしんしゃくはしません。

1画地として評価した宅地の一部を物納した場合

1画地の宅地として評価した宅地の一部を物納するためＡ，Ｂに分筆しました。この場合，評価単位はＡ，Ｂをそれぞれ1画地とするのでしょうか。

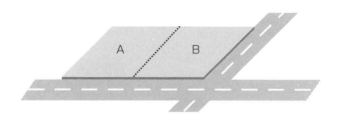

——財産は,その財産を取得した時の価額で評価します（相法22）。したがって,A及びB宅地を合わせた当初の価額で評価します。物納は相続人の行為です。相続後の事情で評価方法が異なることはありません。A,Bを別個に評価した場合,物納が認められないことが有り得ることや,相続人が物納を取り下げる場合があるかも知れません。相続財産の評価が相続人の都合で変動すると,課税の安定が保てなくなります（2002年（平成14年）8月1日裁決）。

 **法令通達で
チェック**

財産評価基本通達
（評価単位）
7-2 （本文省略）
（注）
1　「1画地の宅地」は,必ずしも1筆の宅地からなるとは限らず,2筆以上の宅地からなる場合もあり,1筆の宅地が2画地以上の宅地として利用されている場合もあることに留意する。
2　「1枚の農地」は,必ずしも1筆の農地からなるとは限らず,2筆以上の農地からなる場合もあり,また,1筆の農地が2枚以上の農地として利用されている場合もあることに留意する。
3　いずれの用にも供されていない一団の雑種地については,その全体を「利用の単位となっている一団の雑種地」とすることに留意する。

5 正面路線価

1 正面路線価とは

　宅地の評価に，路線価方式と倍率方式があることは説明しました。路線価方式とは道路に付された1㎡あたりの価額を基に，その宅地の評価を行うことをいいます。評価対象地が接している路線に付された価格を正面路線価といいます。もちろん宅地は一本の路線に接しているだけではなく，後述するように二面や三面が接しているものもあります。極端な例では1画地の宅地が四方に接していることもあります。複数の路線に接している場合，路線価がそれぞれ異なっていることが多いため，評価の基準となる正面をまず確定させる必要があります。路線価方式による評価ではこの正面路線を確定し，そこから画地調整を行います。

2 具体的計算例

　矩形の土地は，正面路線価に面積を乗じて評価額を計算します。奥行価額や間口狭小等の画地調整を行わない場合，計算は特に難しいものではありません。
　正面路線価200,000円の宅地は次のように評価します。

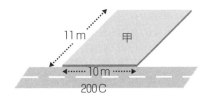

【計算の前提】

正面路線価	200,000円/㎡	間口距離	10.0m
奥行距離	11.0m	地積	110.0㎡
地区区分	普通住宅地区		

【計算式】

（正面路線価）　（画地調整率）　（地積）
200,000円 ×　　 1.0　　×　110.0㎡ ＝22,000,000円

3 角地のある宅地の正面路線価の判定

　宅地は常に一路線だけに接しているわけではありません。角地のある宅地もあります。角地とは一方の路線に接する側方の路線のことをいいます。側方路線（角地）のある土地は，通常は路線価の高いほうが正面路線価となります。しかし，その土地の利用効率を勘案した場合，それぞれの路線価に奥行価格補正率を乗じる計算を行った結果，1㎡当たりの価額の高い方が正面路線価となります。この点は意外に気がつかないところです。また，不整形地を評価する場合，想定整形地は正面路線で行うことに留意してください。

　なお，側方路線がある場合の側方路線影響加算の計算は，別項（本章8）で説明します。

4 具体的計算例

(1)　甲宅地はA路線（路線価200,000円）と側方のB路線（路線価195,000円）に面しています。正面路線価（1㎡当たりの価額の高い方：A路線）に側方路線影響加算額を加えたものが1㎡当たりの価額となります。一般的には路線価の高いA路線が正面となります。なお，普通住宅地区です。

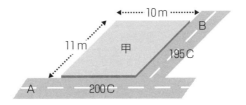

【計算の前提】

路線価(A)	200,000円/㎡	路線価(B)	195,000円/㎡
奥行距離	11.0m	地積	110.0㎡
間口距離	10.0m	地区区分	普通住宅地区

【計算式】

　　路線A及びBの奥行価額補正率はそれぞれ1.0です。

（正面路線価）　　（側方路線価）　　（側方路線　　　（地積）
　　　　　　　　　　　　　　　　影響加算率）

{200,000円 ＋ （195,000円 × 0.03）} × 110.0㎡ ＝22,643,500円

(2) 次の例は各路線価に奥行価格補正率を乗じた計算を行った結果，A路線は奥行が7mと短く，奥行価額補正率（0.95）を適用すると1㎡当たりの価額が190,000円となります。B路線は奥行価格補正の調整がありませんので路線価195,000円そのままの価格となります。その結果，A路線の価格がB路線より低くなります。この場合はB路線が正面路線となり，195,000円を基に宅地全体を評価します。

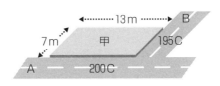

【評価の前提】

路線価(A)	200,000円/㎡	路線価(B)	195,000円/㎡
奥行距離	7.0m	地積	91.0㎡
間口距離	13.0m	地区区分	普通住宅地区

【計算式】

① A路線から計算した価額

(Aの路線価)　　(奥行7mの奥行価格補正率)
200,000円 ×　　　0.95　　　＝190,000円

② B路線から計算した価額

(Bの路線価)　　(奥行13mの奥行価格補正率)
195,000円 ×　　　1.0　　　＝195,000円

③ 正面路線の判定

B路線の価額が195,000円でB路線が正面路線となるので、この宅地は次のように計算します。

　　　　　　　　　　　　　　　　　(側方路線
(②の価額)　　　　(①の価額)　　影響加算率)　　(地積)
{195,000円 ＋ (200,000円×0.95×0.03)} × 91.0㎡ ＝18,263,700円

事例で
チェック

| 側方路線があり、路線価が同じ場合

図の宅地はA路線が200,000円でB路線が190,000円です。奥行価格調整を行った結果、どちらも190,000円となります。この場合はどちらを正面路線価とするのでしょうか。

——正面路線価と側方路線価を基に計算した結果、1㎡あたりの金額が同額になることがあります。この場合には、路線に接する距離の長い方が正面路線価となります。このケースではA路線価200,000円を基に計算した金

額とB路線価190,000円を基に計算した金額が同額となりますので、路線に接する距離の長いA路線200,000円が正面路線価となります。

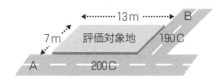

【計算の前提】

路線価（A）	200,000円/㎡	路線価（B）	190,000円/㎡
奥行距離	7.0m	地積	91.0㎡
間口距離	13.0m	地区区分	普通住宅地区

【計算式】

① A路線から計算した価額

　　（路線価）　　（奥行7mの奥行価格補正率）
　　200,000円 ×　　　0.95　　　＝190,000円

② B路線から計算した価額

　　（路線価）　　（奥行13mの奥行価格補正率）
　　190,000円 ×　　　1.0　　　＝190,000円

③ 評価額

　（正面路線価）（奥行価格補正率）　（側方路線価）（側方路線影響加算率）　（地積）

　｛(200,000円×0.95) ＋ (190,000円×0.03)｝ × 91.0㎡ ＝17,808,700円

二つの路線価が付されている場合

T字路の先にある宅地ですが、路線価が500,000円と550,000円の二つに分かれて付されています。このような宅地はどちらの路線価で計算するのでしょうか。

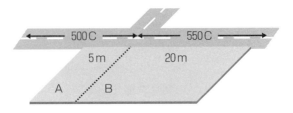

――路線価が複数付されている場合，その面している部分を合理的に区分できる場合はその区分によります。

　区分が困難な場合は，その路線に接する距離により加重平均を求めて計算します。事例の場合，路線価500,000円の路線に接している距離は5mで，550,000円の路線に接している距離は20mですので，この平均は540,000円/㎡となります。

　なお，この場合，奥行長大補正率や間口狭小補正率は評価する宅地全体で計算します。A又はBの土地ごとに行うのではないことに留意してください。

$$\frac{500,000円 \times 5m + 550,000円 \times 20m}{5m + 20m} = 540,000円/㎡$$

6

特定路線価

1　特定路線価とは

(1)　路線価が付されていない道路

　路線価方式とは，公衆用道路（公道）のような不特定多数の利用に供される道路（路線）に1㎡当たりの価格を付して，宅地等の価額を決する方式です。

　国内の道路全てに路線価を付するのは膨大な労力を要し，現実的ではありません。実際のところ，私道や行止まり道路には，原則として路線価は付されていません。しかしこのような路線に面する宅地も非常に多くあり，評価に苦慮することになります。

(2)　特定路線価設定申出書

　路線価はその宅地を管轄する税務署長が決定します。これは，相続財産の価額をできるだけ公平な観点から，一定の評価基準で行う必要があるからです。路線価が付されていない路線に，納税者や税理士が仮の路線価を付けて計算を行う事例もあるようですが，任意に路線価を付することはできません。任意に路線価を付することになれば，恣意的な価格が予想され，ひいては課税の公平が保てなくなります。

　路線価の付されていない宅地を評価する場合は，税務署長に対して評価対象地の接する道路に路線価を付するよう申請し，税務署長からの回答を基に評価します。この回答による価格が特定路線価です（評基通14-3）。

　具体的には「平成○年分特定路線価設定申出書」に記載して申請をします。特定路線価は近傍の類似路線を参考に，舗装の具合，道幅の広狭，環境の相違

等々を個別判断して決定します。

(3) 特定路線設定申出書の提出先

　路線価の設定は，評価対象地の所在する地域を管轄する税務署長が行います。ただ，路線価の実務的な策定は，税務署の評価担当者が行っていますが，税務署が地域別に数署がグルーピングされており，そのうちのひとつの署に評価専門官が配置され中心となっています。ここの税務署を「特定路線価評定担当署」といいます。特定路線価設定申出書は評定担当署の署長に申請します。

　評価対象地の評定担当署は，国税庁又は各国税局のホームページで確認することができます。なお第Ⅳ章4「土地区画整理事業施行中の宅地の評価」において，「個別評価申出書」を申請する場合についても評定担当署の署長に申請します。

2　特定路線価を付するケース

　次図の丙宅地は公道より入り込んでいる私道に面しています。この奥まった宅地を評価する場合，公道の路線価である200,000円を基に計算することはできません。この宅地を評価するために特定路線価の申請をします。

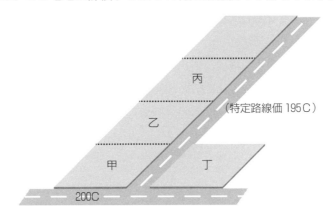

3 特定路線価と影響加算について

　特定路線価は，その路線に面する宅地等の評価を行うために設定するものであるため，路線価の付されている路線に面している宅地が，その特定路線に面していたとしても，特定路線価の影響は及びません。例えば前図で，被相続人が甲，乙，丙及び丁宅地を所有している場合，乙及び丙宅地を評価するために特定路線価が付されています。甲及び丁宅地は公道に面しているため路線価200,000円で評価します。甲及び丁宅地の側面道路に対して195,000円の特定路線価が付されていますが，特定路線価を基に側方路線影響加算は行いません。特定路線価は，あくまでも公道に面していない評価対象地のために付するものであって，路線価が付されている宅地は，その路線価を基に計算しますので特定路線価の影響は受けません。

 事例でチェック

特定路線価が付された私道の評価

前頁の図の丙土地を所有しており，私道部分の持分が10㎡あります。この私道部分は公道の路線価200,000円を基に，間口狭小奥行長大等の補正率を適用して評価するのでしょうか。

――私道は，正面路線を基として，奥行価格補正率の画地調整を行った価格の30％に地積を乗じた価額で評価します。

　特定路線価が付された私道は，特定路線価の30％で評価しても差し支えありません。

特定路線価と異なった評価

特定路線価を申請して，回答がありました。近辺の同様の路線と比して価格が下がっていないので，路線価の付されている道路から画地調整をして計算して申告したいと考えています。

──特定路線価を申請して特定路線価が付された場合，その価格を基に計算します。

　「特定路線価は，路線価の設定されていない道路に接続する路線及び当該道路の付近の路線に設定されている路線価を基にその道路の状況，評価しようとする宅地の所在する地区の別等を考慮して評定されるものであるから，その評定において不合理と認められる特段の事情がない限り，当該特定路線価に基づく評価方法は，路線価の設定されていない道路にのみ接続する路線に設定された路線価を基に画地調整を行って評価する方法より合理的であると認められる。」(2012年（平成24年）11月13日裁決)

自宅敷地が広く，一部道路となっている場合

自宅の敷地の一部に，子の建物が2棟建っており，それぞれ道路部分があります。このような道路にも特定路線価を付するのでしょうか。

──特定路線価は，道路に該当しない場合，付されません。敷地内の道路であっても，建築基準法上の道路でない場合，特定路線価が付されず，無道路地として評価することもあります。

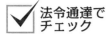
法令通達でチェック

財産評価基本通達
（特定路線価）
14-3　路線価地域内において，相続税，贈与税又は地価税の課税上，路線価の設定されていない道路のみに接している宅地を評価する必要がある場合には，当該道路を路線とみなして当該宅地を評価するための路線価（以下「特定路線価」という。）を納税義務者からの申出等に基づき設定することができる。
　特定路線価は，その特定路線価を設定しようとする道路に接続する路線及び当該道路の付近の路線に設定されている路線価を基に，当該道路の状況，前項に定める地区の別等を考慮して税務署長が評定した1平方メートル当たりの価額とする。

		整理簿 ※

平成___年分　特定路線価設定申出書

（税務署受付印）

_____税務署長

平成___年___月___日　　申 出 者　住所（所在地）〒_____
　　　　　　　　　　　　（納税義務者）
　　　　　　　　　　　　　　　　　氏名（名称）_____印

　　　　　　　　　　　　　　　　　職業（業種）_____電話番号_____

※印欄は記入しないでください。

　相続税等の申告のため、路線価の設定されていない道路のみに接している土地等を評価する必要があるので、特定路線価の設定について、次のとおり申し出ます。

1	特定路線価の設定を必要とする理由	☐ 相続税申告のため（相続開始日___年___月___日） 被相続人｛住所_____ 　　　　　氏名_____ 　　　　　職業_____｝ ☐ 贈与税申告のため（受贈日___年___月___日）
2	評価する土地等及び特定路線価を設定する道路の所在地、状況等	「別紙　特定路線価により評価する土地等及び特定路線価を設定する道路の所在地、状況等の明細書」のとおり
3	添付資料	(1) 物件案内図（住宅地図の写し） (2) 地形図（公図、実測図の写し） (3) 写真　　撮影日___年___月___日 (4) その他　[　　　　　　　　　　　]
4	連絡先	〒 住　所_____ 氏　名_____ 職　業_____電話番号_____
5	送付先	☐ 申出者に送付 ☐ 連絡先に送付

＊　☐欄には、該当するものにレ点を付してください。

（資9－29－A4統一）

記載方法等

　この申出書は、課税の対象となる路線価地域内に存する土地等について、その土地等に接している道路に路線価が設定されていないため、路線価を基に評価することができない場合に、その土地等を評価するための路線価（特定路線価）の設定を申し出るときに使用します。

1　この申出書は、相続税、贈与税の申告のため、路線価の設定されていない道路のみに接している土地等を評価することが必要な場合に提出してください。

2　この申出書は、原則として、納税地を所轄する税務署に提出してください。

3　「特定路線価により評価する土地等」、「特定路線価を設定する道路」及び「特定路線価を設定する道路に接続する路線価の設定されている路線」の状況等がわかる資料（物件案内図、地形図、写真等）を添付してください。

4　「特定路線価により評価する土地等」及び「特定路線価を設定する道路」の所在地、状況等については、「別紙　特定路線価により評価する土地等及び特定路線価を設定する道路の所在地、状況等の明細書」に記載してください。

(1)　「土地等の所在地（住居表示）」欄には、「特定路線価により評価する土地等」の所在地を画地ごとに記載してください。

(2)　「土地等の利用者名、利用状況及び地積」欄には、その土地等の利用者名、利用状況及び地積を記載してください。土地等の利用状況については、「宅地（自用地）」、「宅地（貸地）」などと記載してください。

(3)　「道路の所在地」欄は、「特定路線価を設定する道路」の所在地の地番を記載してください。

(4)　「道路の幅員及び奥行」欄には、「特定路線価を設定する道路」の幅員及び「特定路線価を設定する道路に接続する路線価の設定されている路線」からその土地等の最も奥までの奥行距離を記載してください。

(5)　「舗装の状況」欄は、該当するものにレ点を付してください。

(6)　「道路の連続性」欄は、該当するものにレ点を付してください。

(7)　「道路のこう配」欄には、傾斜度を記載してください。

(8)　「上水道」、「下水道」、「都市ガス」は、該当するものにレ点を付してください。各欄の「引込み可能」とは、「特定路線価を設定する道路」に上下水道、都市ガスが敷設されている場合及び「特定路線価を設定する道路」にはないが、引込距離約50m程度のもので、容易に引込み可能な場合をいいます。

(9)　「用途地域等の制限」欄には、その土地等の存する地域の都市計画法による用途地域（例えば、第1種低層住居専用地域等）、建ぺい率及び容積率を記載してください。

(10)　「その他（参考事項）」欄には、上記以外に土地の価格に影響を及ぼすと認められる事項がある場合に記載してください。

　　（注）この申出書を提出した場合でも、路線価を基に課税の対象となる土地等を評価することができるときには、特定路線価を設定しないことになりますので留意してください。

別紙　特定路線価により評価する土地等及び特定路線価を設定する道路の所在地、状況等の明細書

土地等の所在地 （住居表示）	[　　　　　　　　]	[　　　　　　　　]
土地等の利用者名、利用状況及び地積	（利用者名） （利用状況）　　　　　㎡	（利用者名） （利用状況）　　　　　㎡
道路の所在地		
道路の幅員及び奥行	（幅員）　　m　（奥行）　　m	（幅員）　　m　（奥行）　　m
舗装の状況	□舗装済　・　□未舗装	□舗装済　・　□未舗装
道路の連続性	□通抜け可能 　（□車の進入可能・□不可能） □行止まり 　（□車の進入可能・□不可能）	□通抜け可能 　（□車の進入可能・□不可能） □行止まり 　（□車の進入可能・□不可能）
道路のこう配	度	度
上　水　道	□有 □無（□引込み可能・□不可能）	□有 □無（□引込み可能・□不可能）
下　水　道	□有 □無（□引込み可能・□不可能）	□有 □無（□引込み可能・□不可能）
都　市　ガ　ス	□有 □無（□引込み可能・□不可能）	□有 □無（□引込み可能・□不可能）
用途地域等の制限	（　　　　　　　）地域 建ぺい率（　　　）％ 容積率（　　　）％	（　　　　　　　）地域 建ぺい率（　　　）％ 容積率（　　　）％
その他（参考事項）		

（資9－30－A4統一）

7

奥行価格補正

1　奥行価格補正とは

　宅地は正面路線価を基に計算します。宅地を最も効率良く利用するためには，建物を建築するための適正な面積であることはもちろん，角地であったり，矩形であったりと求められることは多くあります。公道に接する宅地であっても，奥行きの長短により有効利用の内容に大きな差が生じます。奥行距離が短い場合は，建物の建築が困難ですし，奥行距離が長い場合は，住宅として不適切といえます。しかし，ビルの敷地として奥行距離があればあるほど，効率良く高層ビルを建築することができます。

　このように，奥行距離によって利用効率が異なることと，地域差により建物の建築の目的が異なることに着目して，奥行距離による減額割合を定めたのが奥行価格補正率です（評基通15）。例えば，奥行距離10mの場合，間口が10mの100㎡の住宅としての利用効率が最も良いため，奥行の減額等の調整は必要ありません。しかし，高層ビルが立ち並ぶような地域では奥行10mでは使い勝手の悪い土地といえます。そのため補正割合は0.9として10％の減額となっています。

　具体的には「奥行価格補正率表（財産評価基本通達付表１）」に基づいて評価します。画地調整率は平成３年に大幅に見直しが行われ，その後10数年を経た平成18年に実態に即した調整率に改正されました。2018年（平成30年）以後，地積規模の大きな宅地の評価の導入に伴って奥行価格補正率が変更となっています。

　奥行価格補正率に限らず画地調整率は加算漏れが多い箇所です。これは，評

価をする際に現地を確認していないことが最大の理由だと思われます。

2　不整形地の奥行価格補正

　奥行距離は原則として正面路線から垂直に測った距離をいいます。しかし，宅地は様々な事情で不整形であることの方が多いのが実態です。不整形である宅地の場合，正面からの奥行距離が長短あり，どの部分の距離を求めるのか判然としません。そこで不整形地の場合の奥行距離は，正面路線価から最も長い距離をいうのではなく，不整形地である宅地の想定整形地を策定して，そのおおむね平均的な奥行距離（計算上の奥行距離）を求めます。計算上の奥行距離は間口距離で不整形地の面積を除した距離を用いることになります。ただし，想定整形地の奥行距離を限度とします（評基通20）。つまり，実際の奥行距離が限度となります。

3　具体的計算例

　下図甲宅地は矩形です。奥行価額補正率を適用した甲宅地の価額は次のように計算します。

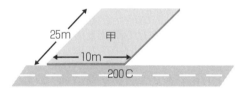

【計算の前提】

正面路線価	200,000円/㎡	地積	250.0㎡
奥行距離	25.0m	間口距離	10.0m
奥行距離25.0mに対する奥行価格補正率	0.99	地区区分	普通住宅地区

【計算式】

(正面路線価)　(奥行価格補正率)　(地積)
200,000円 ×　　0.99　　× 250㎡ ＝49,500,000円

奥行距離の求め方

次の甲及び乙宅地は不整形です。このような宅地の奥行距離はどのように求めるのでしょうか。

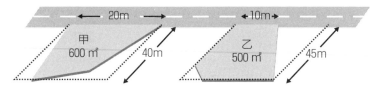

——不整形地であるため、想定整形地をまず求めます。

《甲宅地》

　　甲宅地は600㎡で間口距離が20mです。変形であるため実際の奥行距離（想定整形地の奥行距離）が40mです。このような不整形地の奥行距離は、不整形地の面積を間口距離で除して計算上の奥行距離を求めます。

　　この場合の計算上の奥行距離は30m（600㎡÷20m＝30m）となり、実際の奥行距離40mより短いため、この宅地の奥行距離は30mとなります。

《乙宅地》

　　乙宅地は不整形地であり実際の奥行距離は45mですが、間口が10mしかなく狭いため、宅地面積を間口距離で除すると計算上の奥行距離は50mとなります。実際の奥行距離を超えるため実際の奥行距離45mを限度とします。

　　　　500㎡÷10m＝50m＞45m

財産評価基本通達

（奥行価格補正）

15　一方のみが路線に接する宅地の価額は，路線価にその宅地の奥行距離に応じて奥行価格補正率を乗じて求めた価額にその宅地の地積を乗じて計算した価額によって評価する。

財産評価基本通達

（付表1・奥行価格補正率表（2018年（平成30年）分以降用））

地区区分 奥行距離（メートル）	ビル街地区	高度商業地区	繁華街地区	普通商業・併用住宅地区	普通住宅地区	中小工場地区	大工場地区
4未満	0.80	0.90	0.90	0.90	0.90	0.85	0.85
4以上　6未満	0.80	0.92	0.92	0.92	0.92	0.90	0.90
6〃　　8〃	0.84	0.94	0.95	0.95	0.95	0.93	0.93
8〃　　10〃	0.88	0.96	0.97	0.97	0.97	0.95	0.95
10〃　　12〃	0.90	0.98	0.99	0.99		0.96	0.96
12〃　　14〃	0.91	0.99			1.00	0.97	0.97
14〃　　16〃	0.92		1.00	1.00		0.98	0.98
16〃　　20〃	0.93					0.99	0.99
20〃　　24〃	0.94						1.00
24〃　　28〃	0.95				0.97		
28〃　　32〃	0.96	1.00	0.98		0.95		
32〃　　36〃	0.97		0.96	0.97	0.93		
36〃　　40〃	0.98		0.94	0.95	0.92	1.00	
40〃　　44〃	0.99		0.92	0.93	0.91		
44〃　　48〃			0.90	0.91	0.90		
48〃　　52〃		0.99	0.88	0.89	0.89		
52〃　　56〃		0.98	0.87	0.88	0.88		
56〃　　60〃		0.97	0.86	0.87	0.87		
60〃　　64〃		0.96	0.85	0.86	0.86	0.99	
64〃　　68〃		0.95	0.84	0.85	0.85	0.98	
68〃　　72〃	1.00	0.94	0.83	0.84	0.84	0.97	
72〃　　76〃		0.93	0.82	0.83	0.83	0.96	
76〃　　80〃		0.92	0.81	0.82			
80〃　　84〃		0.90	0.80	0.81	0.82	0.93	
84〃　　88〃		0.88		0.80			
88〃　　92〃		0.86			0.81	0.90	
92〃　　96〃	0.99	0.84					
96〃　　100〃	0.97	0.82					
100〃	0.95	0.80			0.80		

財産評価基本通達

(付表1・奥行価格補正率表(2007年(平成19年)分以降 2017年(平成29年)分以前用))

奥行距離(メートル) 地区区分	ビル街地区	高度商業地区	繁華街地区	普通商業・併用住宅地区	普通住宅地区	中小工場地区	大工場地区
4未満	0.80	0.90	0.90	0.90	0.90	0.85	0.85
4以上 6未満		0.92	0.92	0.92	0.92	0.90	0.90
6〃 8〃	0.84	0.94	0.95	0.95	0.95	0.93	0.93
8〃 10〃	0.88	0.96	0.97	0.97	0.97	0.95	0.95
10〃 12〃	0.90	0.98	0.99	0.99		0.96	0.96
12〃 14〃	0.91	0.99				0.97	0.97
14〃 16〃	0.92		1.00		1.00	0.98	0.98
16〃 20〃	0.93			1.00		0.99	0.99
20〃 24〃	0.94						1.00
24〃 28〃	0.95				0.99		
28〃 32〃	0.96	1.00	0.98		0.98		
32〃 36〃	0.97		0.96	0.98	0.96		
36〃 40〃	0.98		0.94	0.96	0.94	1.00	
40〃 44〃	0.99		0.92	0.94	0.92		
44〃 48〃			0.90	0.92	0.91		
48〃 52〃		0.99	0.88	0.90	0.90		
52〃 56〃		0.98	0.87	0.88	0.88		
56〃 60〃		0.97	0.86	0.87	0.87		
60〃 64〃		0.96	0.85	0.86	0.86	0.99	
64〃 68〃		0.95	0.84	0.85	0.85	0.98	
68〃 72〃	1.00	0.94	0.83	0.84	0.84	0.97	
72〃 76〃		0.93	0.82	0.83	0.83	0.96	
76〃 80〃		0.92	0.81	0.82			
80〃 84〃		0.90	0.80	0.81	0.82	0.93	
84〃 88〃		0.88		0.80			
88〃 92〃		0.86			0.81	0.90	
92〃 96〃	0.99	0.84					
96〃 100〃	0.97	0.82					
100〃	0.95	0.80			0.80		

(「付表」は財産評価基本通達の付表のことをいいます。以下同じ。)

8
側方路線影響加算

1　側方路線影響加算とは

(1)　宅地とそれに面する道路

　宅地を活用するに際して，一方の路線（正面路線）にだけ面しているより，正面路線に接する角に路線がある場合や，正面路線の裏に路線がある等多方面の路線に面している場合，利用効率が高いことはいうまでもありません。特に商業地域などでは人の流れをうまく活用できるため，面する路線が多いほど利用効率は高くなります。

　土地等の評価においては，利用価値の増減に見合う計算を行います。正面路線に接する側面の影響加算，正面路線に対峙する裏面の影響加算，及び利用効率が最も高くなる矩形の4面に接した影響加算などがあります。このうち，側面の影響加算を側方路線影響加算といいます。

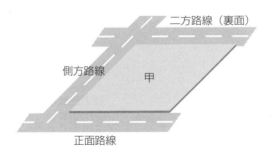

(2)　角地と準角地

　側方路線影響加算は別称「角地加算」ともいいます。これは字の如く，正面路線に接する角地の効用を捉えたことによります。とりわけ四つ角の辻は商売

にはもってこいの土地です。

ただし，角地ではあっても，通り抜けられないような路線に接している下図のような土地があります。これは準角地といいます。このような土地であっても角地としての効用はありますので，角地よりは加算率は低いものの，一定の加算をすることになっています。角地加算のおよそ半分の加算率です。

2　側方路線影響加算の計算

正面と側方に路線がある宅地（角地）の価額は，次の①と②の価額の合計額にその宅地の面積を乗じて計算した価額によって評価します（評基通16）。

① 　正面路線の路線価に基づき計算した価額

　この場合の正面路線価は，二つの路線価にそれぞれ奥行価額補正率を適用して計算を行い，1㎡当たりの価額の高い方の路線をいいます（本章5参照）。

② 　側方路線価を正面路線の路線価とみなし，その路線価に基づいて計算した価額に財産評価基本通達付表2「側方路線影響加算率表」の加算率を乗じて計算した価額

計算式は次のとおりです。

$$宅地の価額 = \left(正面路線価 \times 奥行価格補正率 + 側方路線価 \times 側方路線からの距離に応じた奥行価格補正率 \times 側方路線影響加算率 \right) \times 地積$$

3　具体的計算例

側方路線に面している宅地の評価は次のとおりです。

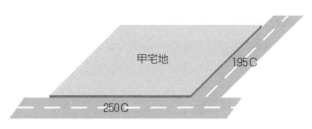

【計算の前提】

正面路線価	250,000円/㎡	地積	240.0㎡
側方路線価	195,000円/㎡	地区区分	普通住宅地区
側方路線影響加算率	0.03		

【計算式】

① 正面路線の路線価に基づき計算した価額

　（正面路線価）　（奥行価格補正率）
　250,000円 × 　1.0　 ＝250,000円

② 側方路線影響加算の価額

　（側方路線価）　（奥行価格補正率）　（側方路線影響加算率）
　195,000円 × 　1.0　 × 　0.03　 ＝5,850円

③ 甲宅地の価額

　　　　　　（地積）
　（①＋②）× 240.0㎡ ＝61,404,000円

路線価の高い方が接する距離が短い場合

次図の土地は路線価の高い方に接している部分が極端に狭い距離です。このような場合でも路線価500,000円で計算するのでしょうか。

――路線価の高いA路線に面している距離が非常に狭く，接道義務を満たしていません。この宅地は，A路線の価格の影響はほとんどないと考えられるため，影響度合いの強いB路線を正面路線として計算するのが合理的で，実態に即していると考えられます。

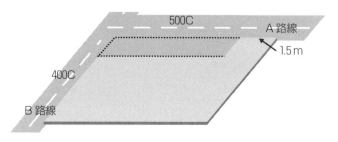

| 不整形地の場合の側方路線影響加算

下図のような側方路線のある不整形地の場合，側方路線影響加算はどうするのでしょうか。

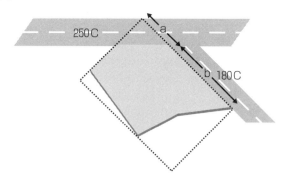

――正面路線は250,000円で，側方路線は180,000円です。この宅地は不整形であるため側方路線に全面的に面していません。この場合，想定整形地の間口のうち実際に接している距離に応じた割合を加算します（本章11参照）。

$$側方路線影響加算額 = 180,000円 \times 0.03 \times \frac{b}{(a+b)}$$

側方が川の場合

自宅は前面道路と側方に小さな川があり,幅2mの橋が架かっています。側方路線影響加算をする必要がありますか。

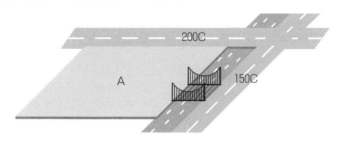

──宅地としての有効利用は正面路線によっています。側方は橋が架かって出入りができるとしても,側方路線を活用しているとは言い難く,側方路線の影響がほとんどないと考えられます。側方路線影響加算をする必要がないと考えます。

財産評価基本通達
(側方路線影響加算)
16 正面と側方に路線がある宅地(以下「角地」という。)の価額は,次の(1)及び(2)に掲げる価額の合計額にその宅地の地積を乗じて計算した価額によって評価する。
 (1) 正面路線(原則として,前項の定めにより計算した1平方メートル当たりの価額の高い方の路線をいう。以下同じ。)の路線価に基づき計算した価額
 (2) 側方路線(正面路線以外の路線をいう。)の路線価を正面路線の路線価とみなし,その路線価に基づき計算した価額に付表2「側方路線影響加算率表」に定める加算率を乗じて計算した価額

(付表2・側方路線影響加算率表)

地区区分	加算率	
	角地の場合	準角地の場合
ビル街地区	0.07	0.03
高度商業地区 繁華街地区	0.10	0.05
普通商業・併用住宅地区	0.08	0.04
普通住宅地区 中小工場地区	0.03	0.02
大工場地区	0.02	0.01

9 二方路線影響加算

1 二方路線影響加算とは

　側方路線影響加算の項で解説しましたように，一つの路線より二つの路線に接している方が宅地の効用が良いはずです。正面と裏面に路線がある宅地についても，一方に面している宅地より利用効率が高くなり，このことに着目して裏面の路線価の一定の割合を加算します。これを二方路線影響加算といいます。二方路線とは正面に対峙する路線，通常は裏面の路線のことをいいます。二方路線影響加算は別称「裏面加算」ともいいます。側方路線も二方には違いありませんが，正面路線に接していないもう一つの路線ということで，二方路線といいます。

2 二方路線影響加算の計算

　二方路線影響加算の計算は，次の①と②の価額の合計額にその宅地の地積を乗じて計算した価額によって評価します（評基通17）。
　① 正面路線の路線価に基づき計算した価額
　② 裏面路線価を正面路線の路線価とみなし，その路線価に基づいて計算した価額に，財産評価基本通達付表3「二方路線影響加算率表」の加算率を乗じて計算した価額

計算式は次のとおりです。

$$宅地の価額 = \left(正面路線価 \times 奥行価格補正率 + 裏面路線価 \times 裏面路線からの距離に応じた奥行価格補正率 \times 二方路線影響加算率\right) \times 地積$$

3 具体的計算例

次の図のように裏面にも路線がある宅地の価額は，次のように計算します。

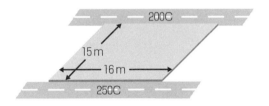

【計算の前提】

正面路線価	250,000円/㎡	地積	240.0㎡
裏面路線価	200,000円/㎡	地区区分	普通住宅地区
二方路線影響加算率	0.02		

【計算式】

① 正面路線の価額

　　（正面路線価）　（奥行価格補正率）
　　250,000円 ×　　1.0　　＝250,000円

② 二方路線影響加算額の計算

　　（裏面路線価）　（奥行価格補正率）　（二方路線影響加算率）
　　200,000円 ×　　1.0　　×　　0.02　　＝4,000円

③ 宅地の価額

　　　　　　　（地積）
　　（①＋②）× 240.0㎡ ＝60,960,000円

裏面に出入り口がない場合

正面路線価150,000円,二方路線価100,000円の宅地があります。出入り口は正面だけで,あと三方は低い塀と生垣で囲まれており出入り口としては利用していません。この場合でも二方路線影響加算をするのでしょうか。

——裏面道路に出入り口はなく,利用していないとしても二方路線影響加算をします。側方路線影響加算や二方路線影響加算等は宅地の形状に着目してその利用効率を計算するものです。実際の利用で裏面や側面路線を活用していないとしても,面する路線の数が多くなれば,それだけ価値が上がります。

裏面道路にも路線価が付されているが利用できない場合

図のようにA宅地の裏面にも路線価が付されていますが,がけとなっており裏面は全く利用できません。

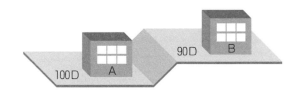

——急斜面をひな段状に開発した宅地によくみられます。A宅地の裏面に路線価が付されているとしても,これはB宅地を評価するためのものと考えられます。A宅地を評価するにおいて,裏面の路線価は考慮しなくてもよいと考えます。

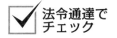
法令通達でチェック

財産評価基本通達

(二方路線影響加算)

17 正面と裏面に路線がある宅地の価額は,次の(1)及び(2)に掲げる価額の合計額にその宅地の地積を乗じて計算した価額によって評価する。

(1) 正面路線の路線価に基づき計算した価額

(2) 裏面路線(正面路線以外の路線をいう。)の路線価を正面路線の路線価とみなし,その路線価に基づき計算した価額に付表3「二方路線影響加算率表」に定める加算率を乗じて計算した価額

(付表3・二方路線影響加算率表)

地区区分	加算率
ビル街地区	0.03
高度商業地区 繁華街地区	0.07
普通商業・併用住宅地区	0.05
普通住宅地区 中小工場地区 大工場地区	0.02

10
三方又は四方路線影響加算

1 三方又は四方路線とは

　宅地は原則として面している路線が多いほど有効活用ができます。四方路線というのは評価対象地全体が道路で囲まれているような場合です。正面路線価に加算される額も，一般的にはこの四方路線価で頭打ちとなります。

2 三方路線影響加算の計算

　三方又は四方に路線がある宅地の価額は，加算する路線が側方であれば側方路線影響加算，二方であれば二方路線影響加算で計算した方法を用いて1㎡当たりの宅地の単価を算出し，その金額に地積を乗じて計算します（評基通18）。
　計算式は次のとおりです。

> 宅地の価額＝（正面路線価×奥行価格補正率＋側方路線価×側方路線からの距離に応じた奥行価格補正率×側方路線影響加算率＋裏面路線価×裏面路線からの距離に応じた奥行価格補正率×二方路線影響加算率…）×地積

3 具体的計算例

評価対象地が三方の路線に囲まれている場合の計算例は次のとおりです。

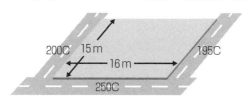

【計算の前提】

正面路線価	250,000円/㎡	側方路線価	200,000円/㎡
側方路線価	195,000円/㎡	地積	240.0㎡
間口距離	16.0m	地区区分	普通住宅地区
奥行距離	15.0m	普通住宅地区の側方影響加算率	0.03

【計算式】

① 正面路線価の奥行価格補正

　　（正面路線価）　（奥行価格補正率）
　　250,000円　×　　1.0　　＝250,000円

② （左）側方路線影響加算額の計算

　　（左側方路線価）（奥行価格補正率）（側方路線影響加算率）
　　200,000円　×　　1.0　　×　　0.03　　＝6,000円

③ （右）側方路線影響加算額の計算

　　（右側方路線価）（奥行価格補正率）（側方路線影響加算率）
　　195,000円　×　　1.0　　×　　0.03　　＝5,850円

④ 宅地の価額

　　　　　　　　　　（地積）
　　（①＋②＋③）×　240.0㎡　＝62,844,000円

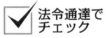 **法令通達でチェック**

財産評価基本通達

（三方又は四方路線影響加算）

18　三方又は四方に路線がある宅地の価額は、16《側方路線影響加算》及び前項に定める方法を併用して計算したその宅地の価額にその宅地の地積を乗じて計算した価額によって評価する。

11 側方・二方路線の影響が少ない場合

1 影響が少ない場合とは

　側方路線や二方路線がある土地は利用効率が高く，それに着目した評価方法が側方路線影響加算や二方路線影響加算であることは説明しました。しかし，角地であっても必ずしも全面的に側方路線や二方路線に接しているとは限りません。接している部分が一部欠けているような場合，利用効率に着目した側方路線の影響は，その分だけ削がれています。このような土地は，側方路線若しくは二方路線に接する長さに応じた影響割合を加算して，つまり影響しない部分を除いて計算します。

2 影響加算の計算

　次図のような土地は，側方路線と裏面路線に接する部分（角地部分）に他人の土地があり，三方路線に接してはいても土地全体の有効活用が一部疎外されています。このような土地の評価を行うにあたって，各路線に接する距離に応じて次の計算による加算を行います。その計算を行うことにより，加算される金額が減額されますので，評価額が減少することになります。

　なお，このような土地は，側方路線影響加算及び二方路線影響加算のそれぞれの影響があるため，両方を調整計算することになります。

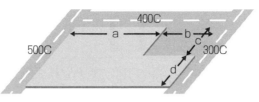

(1) 側方路線影響加算額の計算

400,000円×奥行価格補正率×側方路線影響加算率×$\dfrac{a}{a+b}$

(2) 二方路線影響加算額の計算

300,000円×奥行価格補正率×二方路線影響加算率×$\dfrac{d}{c+d}$

3 具体的計算例

下図の土地の側方路線影響加算，及び二方路線影響加算計算は次のように行います。

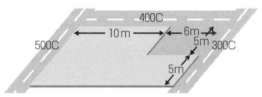

【計算の前提】

正面路線価	500,000円/㎡	地区区分	普通住宅地区
側方路線価	400,000円/㎡	普通住宅地区の側方路線影響加算率	0.03
二方路線価	300,000円/㎡	普通住宅地区の二方路線影響加算率	0.02
地積	130.0㎡		

【計算式】

① 正面路線価

500,000円

② 側方路線影響加算額の計算

(側方路線価)　(奥行価格補正率)　(側方路線影響加算率)　(路線に接する割合)

$400,000円 \times 1.0 \times 0.03 \times \dfrac{10m}{10m + 6m} = 7,500円$

③ 二方路線影響加算額の計算

(二方路線価)　(奥行価格補正率)　(側方路線影響加算率)　(路線に接する割合)

$300,000円 \times 1.0 \times 0.02 \times \dfrac{5m}{5m + 5m} = 3,000円$

④ 1㎡当たりの計算

①+②+③=510,500円

⑤ 評価額

(地積)

510,500円 × 130.0㎡ = 66,365,000円

なおこの土地を単純計算すると

(500,000円+(400,000円×1.0×0.03+300,000円×1.0×0.02))×130㎡
=67,340,000円

となり，この調整計算を知っているかどうかで975,000円の違いが出ます。

| 角地が欠けている場合の評価

評価対象地は側方路線に面していますが，角地に他人の所有する土地があります。このような場合の側方路線影響加算はどうするのでしょうか。

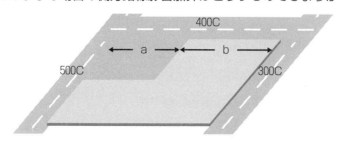

——側方路線影響加算率が二方路線影響加算率より高いのは，その宅地を有効利用する際に角地としての効率性が高いからです。評価対象地が側方路線に接する場合であっても，現実に角地としての効用を有しない場合には，側方路線影響加算率に代えて二方路線影響加算率を適用します。

　この場合は加算率が100%とならないため，調整計算を行います。

　なお，裏面の路線は通常の二方路線影響加算の計算をします。

① 側方路線影響加算額の計算

$$400,000円 \times 奥行価格補正率 \times 二方路線影響加算率 \times \frac{b}{a+b}$$

② 二方路線影響加算額の計算

$$300,000円 \times 奥行価格補正率 \times 二方路線影響加算率$$

12 不整形地の評価

1 不整形地とは

　宅地の形状は一様ではありません。造成を行って矩形に区画割した宅地以外は，所有者が自由に利用していること等から，いくらかのずれやゆがみが見られます。むしろ矩形又は正方形以外の宅地の方が圧倒的に多いでしょう。不整形地の評価とは，評価対象地が様々な形状をしており，その画地全部を宅地として十分に機能させることができず，整形地に比して利用価値が減少することを考慮して，減価していると認められる範囲で補正するというものです。そのため多少でも変形している部分があれば不整形地として，不整形の割合に応じて減額ができます。

　具体的には実測図，公図等地形のわかる図面をじっくり検討して不整形地評価の適用の可能性を確かめます。不整形地の適否は，土地評価を行う上で必ず検討すべき手順です。かげ地割合が10％以上から適用されますが，普通住宅地区で2％の減額ができます。宅地は高額な財産ですので2％の減額は相続税に影響します。単純に路線価に面積を乗じることなく，不整形地評価を優先的に検討します。

2 不整形地評価を行わない場合

　倍率地域の宅地については，固定資産税評価基準を策定する際に斟酌済みですので，原則として不整形地，無道路地等の画地調整は行いません。

　大工場地区にある不整形地については，大規模工場用地の評価が画地調整を行わず路線価に地積を乗じるだけであることからもわかるように，原則として

不整形地補正を行いません。ただし，地積がおおむね9,000㎡程度のものについては，不整形地としての補正を行って差し支えありません。

3 不整形地評価の方法

(1) 不整形地評価の方法

不整形地（三角地を含みます）の価額は，その不整形の程度，位置及び地積の大小に応じ，財産評価基本通達付表4「地積区分表」に掲げる地区区分及び地積区分に応じた同付表5「不整形地補正率表」に定める補正率を乗じて計算した価額により評価します（評基通20）。

具体的には，正面路線から垂直に想定整形地を設定し，想定整形地の地積と評価対象地の地積との差を算出します。この部分をかげ地といいます。このかげ地の割合により不整形地割合を算出します。

かげ地割合の具体的な計算式は次のとおりです。

$$かげ地割合 = \frac{想定整形地の地積 - 不整形地の地積}{想定整形地の地積}$$

(2) 想定整形地のとりかた

不整形地評価を行うために，まず想定整形地を判定します。想定整形地とは，不整形地全域を囲む，正面路線に面する矩形又は正方形の土地のことをいいます。評価対象地が全て想定整形地の中に納まるように，正面路線に対して90度の屈折角で求めます。評価対象地の最も遠い角の部分を接することとなります。

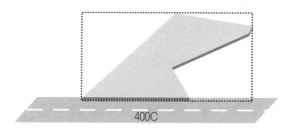

次図では裏面路線がありますが，正面路線に対して90度の想定整形地をとります。間口の広狭ではないことに注意してください。

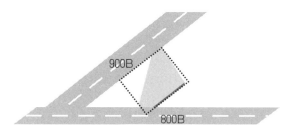

| 不整形割合が僅少な宅地の不整形地評価

評価対象地は分譲住宅地です。正面路線に対していくらか斜めになって接しています。このような場合でも不整形地の補正ができますか。
　――評価する上で不整形地補正は原則として行うものです。この不整形地補正は，宅地の利用効率が矩形の宅地に比して減じられていることにより減額されるものです。宅地として有効利用されており，面積も適正規模かそれ以上の広さであって不整形の程度が小さいようなものは不整形地補正を行うことはできません。不整形地補正率表のかげ地割合が10％以上である場合から適用できます。

| 倍率地区の不整形地評価

倍率方式で評価する宅地があります。間口が狭く，いびつな形状をしています。倍率方式で評価した価額に，不整形地補正率を適用して評価することができますか。
　――固定資産税評価の基となる「固定資産税評価基準」はその宅地について画地調整をしており，角地や不整形地としての効用不効用は既に斟酌されています。倍率方式で評価する場合は，その土地の画地調整は行いません。

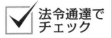

財産評価基本通達

（不整形地の評価）

20　不整形地（三角地を含む。以下同じ。）の価額は，次の（1）から（4）までのいずれかの方法により15《奥行価格補正》から18《三方又は四方路線影響加算》までの定めによって計算した価額に，その不整形の程度，位置及び地積の大小に応じ，付表4「地積区分表」に掲げる地区区分及び地積区分に応じた付表5「不整形地 補正率表」に定める補正率（以下「不整形地補正率」という。）を乗じて計算した価額により評価する。

（1）　次図のように不整形地を区分して求めた整形地を基として計算する方法

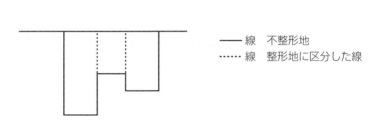

（2）　次図のように不整形地の地積を間口距離で除して算出した計算上の奥行距離を基として求めた整形地により計算する方法

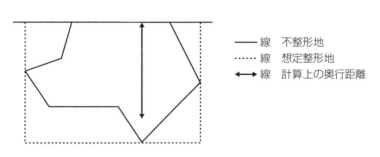

（注）　ただし，計算上の奥行距離は，不整形地の全域を囲む，正面路線に面するく形又は正方形の土地（以下「想定整形地」という。）の奥行距離を限度とする。

（３） 次図のように不整形地に近似する整形地（以下「近似整形地」という。）を求め，その設定した近似整形地を基として計算する方法

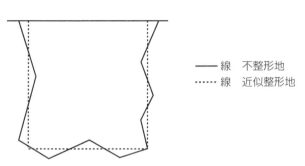

―― 線　不整形地
‥‥ 線　近似整形地

（注）　近似整形地は，近似整形地からはみ出す不整形地の部分の地積と近似整形地に含まれる不整形地以外の部分の地積がおおむね等しく，かつ，その合計地積ができるだけ小さくなるように求める（（４）において同じ。）。

（４）　次図のように近似整形地（①）を求め，隣接する整形地（②）と合わせて全体の整形地の価額の計算をしてから，隣接する整形地（②）の価額を差し引いた価額を基として計算する方法

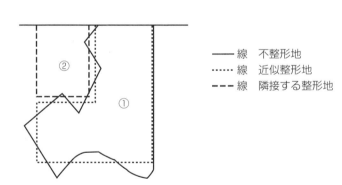

―― 線　不整形地
‥‥ 線　近似整形地
--- 線　隣接する整形地

財産評価基本通達

(付表4・地区区分表)

地区区分 \ 地積区分	A	B	C
高度商業地区	1,000㎡未満	1,000㎡以上 1,500㎡未満	1,500㎡以上
繁華街地区	450㎡未満	450㎡以上 700㎡未満	700㎡以上
普通商業・併用住宅地区	650㎡未満	650㎡以上 1,000㎡未満	1,000㎡以上
普通住宅地区	500㎡未満	500㎡以上 750㎡未満	750㎡以上
中小工場地区	3,500㎡未満	3,500㎡以上 5,000㎡未満	5,000㎡以上

(付表5・不整形地補正率表)

地区区分 かげ地割合 地積区分	高度商業地区，繁華街地区，普通商業・併用住宅地区，中小工場地区			普通住宅地区		
	A	B	C	A	B	C
10%以上	0.99	0.99	1.00	0.98	0.99	0.99
15% 〃	0.98	0.99	0.99	0.96	0.98	0.99
20% 〃	0.97	0.98	0.99	0.94	0.97	0.98
25% 〃	0.96	0.98	0.99	0.92	0.95	0.97
30% 〃	0.94	0.97	0.98	0.90	0.93	0.96
35% 〃	0.92	0.95	0.98	0.88	0.91	0.94
40% 〃	0.90	0.93	0.97	0.85	0.88	0.92
45% 〃	0.87	0.91	0.95	0.82	0.85	0.90
50% 〃	0.84	0.89	0.93	0.79	0.82	0.87
55% 〃	0.80	0.87	0.90	0.75	0.78	0.83
60% 〃	0.76	0.84	0.86	0.70	0.73	0.78
65% 〃	0.70	0.75	0.80	0.60	0.65	0.70

(注)

1 不整形地の地区区分に応ずる地積区分は，付表4「地積区分表」による。

2 かげ地割合は次の算式により計算した割合による。

 かげ地割合の算式

$$「かげ地割合」= \frac{想定整形地の地積 - 不整形地の地積}{想定整形地の地積}$$

3 間口狭小補正率の適用がある場合においては，この表により求めた不整形地補正率に間口狭小補正率を乗じて得た数値を不整形地補正率とする。ただし，その最小値はこの表に定める不整形地補正率の最小値(0.60)とする。

 また，奥行長大補正率の適用がある場合においては，選択により，不整形地補正率を適用せず，間口狭小補正率に奥行長大補正率を乗じて得た数値によって差し支えない。

4　大工場地区にある不整形地については，原則として不整形地補正を行わないが，地積がおおむね9,000平方メートル程度までのものについては，付表4「地積区分表」及びこの表に掲げる中小工場地区の区分により不整形地としての補正を行って差し支えない。

裁決事例

(2012年（平成24年）10月10日（要旨))

　本件通達（財産評価基本通達20）の趣旨は，評価対象地が不整形の場合はその画地全部を宅地として十分に機能させることができず，整形地に比して利用価値が減少することを考慮して，利用価値が減少していると認められる範囲で補正するというものであり，この趣旨からすれば，整形地の想定方法が複数ある場合には，その想定方法自体が不合理なものでない限り，その想定されたもののうち，最も小さい面積のものを想定整形地として評価するのが合理的である。

13 地積規模の大きな宅地の評価

1 財産評価基本通達の改正

(1) 広大地評価の取扱い

　評価対象地のある地域の標準的な宅地の地積に比して，著しく地積が広大な宅地で，都市計画法第4条第12項に規定する開発行為を行うとした場合に公共公益的施設用地の負担が必要と認められるものの価額は，広大地の評価方法により評価していました（旧評基通24-4，後掲「法令通達でチェック」参照）。広大地の評価は，計算方法はさほど難しいものではありません。ただし，そもそも広大地の該当性の判断が難しく，納税者にとって広大地評価を否認された場合の大きなリスクがありました。

(2) 広大地評価の廃止と地積規模の大きな宅地の評価の新設

　従来の広大地の評価に係る広大地補正率は，個別の土地の形状等とは関係なく，面積に応じて比例的に減額するものであるため，社会経済情勢の変化に伴い，広大地の形状によっては，それを加味して決まる取引価額と相続税評価額が乖離する場合が生じていました。そこで，2018年（平成30年）1月1日以後に相続，遺贈又は贈与により取得した財産については，「地積規模の大きな宅地の評価」として，地積規模の大きな宅地にかかる評価の根本の見直しが行われました（評基通20-2）。この通達改正により，広大地の評価（旧評基通24-4）は廃止されました。

　見直しの内容は次の通りです。
　① 各土地の個性に応じて形状・面積に基づき評価する方法に見直されまし

た。
② 適用要件を明確化する旨明記されました。このことを踏まえ,「地積規模の大きな宅地の評価」が新設されました。
③ その適用要件については,地区区分や都市計画法の区域区分等を基にすることにより「定量的(絶対的)」なものとし,明確化が図られました。

(3) 改正の効果

地積規模の大きな宅地を,新設された方法により評価することで,評価に対するリスクが大幅に減じられました。
① 評価方法が簡便化されました。
② 面積のみの要件であった広大地の評価方法と異なり,画地調整等個別要件を加味することとなりました。
③ 適用条件を明確にすることにより,適用可否の判断に迷わなくなりました。

2 地積規模の大きな宅地の評価

(1) 評価の基本

地積規模の大きな宅地で財産評価基本通達14-2(地区)の定めにより普通商業・併用住宅地区及び普通住宅地区として定められた地域に所在するものの価額は,同15(奥行価格補正)から同20(不整形地の評価)までの定めにより計算した価額に,その宅地の地積の規模に応じ,次の(3)の算式により求めた規模格差補正率を乗じて計算した価額によって評価します(評基通20-2)。

(2) 地積規模の大きな宅地とは

地積規模の大きな宅地とは,次の地域にある宅地をいいます。

地域	地積
三大都市圏	500㎡以上
三大都市圏以外の地域	1,000㎡以上

なお,次に掲げる地域は除かれます。
① 市街化調整区域(都市計画法第34条第10号又は第11号の規定に基づき宅地分譲に係る同法第4条(定義)第12項に規定する開発行為を行うことができる区域を除く。)に所在する宅地
② 都市計画法第8条(地域地区)第1項第1号に規定する工業専用地域に所在する宅地
③ 容積率(建築基準法第52条(容積率)第1項に規定する建築物の延べ面積の敷地面積に対する割合をいう。)が10分の40(東京都の特別区(地方自治法第281条(特別区)第1項に規定する特別区をいう。))においては10分の30)以上の地域に所在する宅地

(3) 評　価
① 路線価地域の場合
　地積規模の大きな宅地は,次の算式により計算された規模格差補正率に地積を乗じた価額で評価します。

$$規模格差補正率 = \frac{Ⓐ \times Ⓑ + Ⓒ}{地積規模の大きな宅地の地積(Ⓐ)} \times 0.8$$

算式のうちⒷ及びⒸには,次の数字が入ります。

イ　三大都市圏に所在する宅地

地積＼地区区分　記号	普通商業・併用住宅地区, 普通住宅地区	
	Ⓑ	Ⓒ
500㎡以上　1,000㎡未満	0.95	25
1,000㎡以上　3,000㎡未満	0.90	75
3,000㎡以上　5,000㎡未満	0.85	225
5,000㎡以上	0.80	475

ロ　三大都市圏以外の地域に所在する宅地

地積＼地区区分　記号	普通商業・併用住宅地区，普通住宅地区	
	Ⓑ	Ⓒ
1,000㎡以上 3,000㎡未満	0.90	100
3,000㎡以上 5,000㎡未満	0.85	250
5,000㎡以上	0.80	500

(注)
1　上記算式により計算した規模格差補正率は，小数点以下第2位未満を切り捨てます。
2　「三大都市圏」とは，次の地域をいいます。
　イ　首都圏整備法第2条《定義》第3項に規定する既成市街地又は同条第4項に規定する近郊整備地帯
　ロ　近畿圏整備法第2条《定義》第3項に規定する既成都市区域又は同条第4項に規定する近郊整備区域
　ハ　中部圏開発整備法第2条《定義》第3項に規定する都市整備区域

【評価額】
　評価額＝正面路線価×奥行価格補正率×地積
　　　　×不整形地補正率等各種補正率×規模格差補正率

② 倍率地域の場合

　倍率地域に所在する「地積規模の大きな宅地」は，倍率方式による評価により評価した価額が，その宅地が標準的な間口距離及び奥行距離を有する宅地であるとした場合の1㎡あたりの価額を評価通達14（(路線価)）に定める路線価とし，かつ，その宅地が評価通達14-2（(地区)）に定める普通住宅地区に所在するものとして「地積規模の大きな宅地の評価」（評価通達20-2）の定めに準じて計算した価額を上回る場合には，当該「地積規模の大きな宅地」については，「地積規模の大きな宅地の評価」（評価通達20-2）の定めに準じて計算した価額により評価します。

　この場合の「その宅地が標準的な間口距離及び奥行距離を有する宅地で

あるとした場合の1㎡あたりの価額」は，付近にある標準的な画地規模を有する宅地の価額との均衡を考慮して算定します。具体的には，評価対象となる宅地の近傍の固定資産税評価に係る標準宅地の1㎡あたりの価額を基に計算することが考えられますが，その標準宅地が固定資産税評価に係る各種補正の適用を受ける場合には，その適用がないものとしたときの1㎡あたりの価額に基づいて計算します。

3　地積規模の大きな宅地の評価の留意点

地積規模の大きな宅地を評価するにあたって，次の点に留意してください。

(1)　適用対象地区

①　路線価地域

地積規模の大きな宅地の評価ができる地区は，財産評価基本通達14-2（地区）に定める普通商業・併用住宅地区及び普通住宅地区に限られます。同通達14-2にはビル街区，高度商業地区，中小工場地区及び大工場地区が別途区分されていますが，これらの地区は，名称のとおり特殊な用途地区となっており，一般的には戸建て住宅としては不向きです。そのため適用から除かれます。

②　倍率地域

評価対象地が倍率地域にある場合でも，要件に該当すれば適用できます。

(2)　市街化調整区域に存する宅地

市街化調整区域は，宅地として開発ができない地域をいいます。そのため，地積規模の大きな宅地の評価の適用ができません。

しかし，市街化調整区域であっても，都市計画法第34条第10号の規定により，同法第12条の4第1項第1号に規定する地区計画の区域（地区整備計画が定められている区域に限ります）内又は集落地域整備法第5条第1項の規定による集落地区計画の区域（集落地区整備計画が定められている区域に限ります）内においては，その地区計画又は集落地区計画に適合する開発行為を行う

ことができることとされています。また，都市計画法第34条第11号の規定により，いわゆる条例指定区域内においても，同様に開発行為を行うことができることとされています。これらのことから，市街化調整区域であっても，都市計画法第34条第10号又は第11号の規定に基づき宅地分譲に係る開発行為を行うことができる区域については，戸建住宅用地としての分割分譲が可能であることから，これらの区域内に所在する宅地について，地積規模を満たす場合には「地積規模の大きな宅地」に該当します（評基通20-2(1)）。

　ただし，地区計画又は集落地区計画の区域内，及び条例指定区域内に所在する宅地であっても，例えば，一定規模以上の店舗等の開発は認められるが，宅地分譲に係る開発は認められていないような場合には，地積規模の大きな宅地の評価の適用ができないことに留意してください。

(3)　市街地農地等への適用

　地積規模の大きな宅地の評価は，市街化区域内の宅地を開発及び区画を整備するにあたって，道路の新設等の減価が生じることへの対応として減額するものです。これは，市街地周辺農地，市街地農地，市街地山林，市街地原野及び市街化区域内の雑種地についても同様に分譲等に伴う減価を反映させるべく，地積規模の大きな宅地の評価の適用ができます。後記各地目別の解説を参考にしてください。

「地積規模の大きな宅地の評価」の適用対象の判定のためのフローチャート

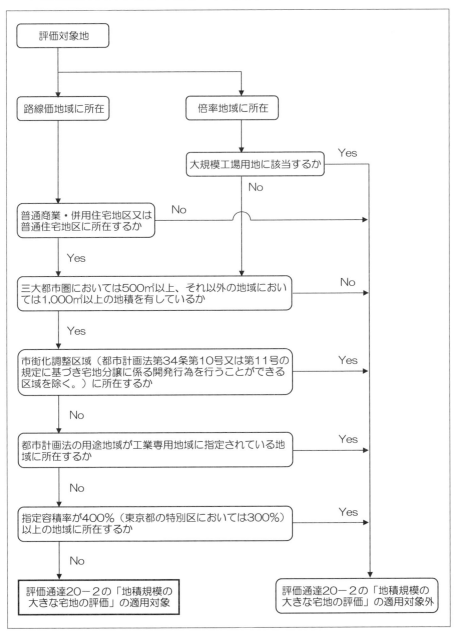

(2017年(平成29年)10月3日付資産評価企画官情報第5号(「財産評価基本通達の一部改正について」通達等のあらましについて(情報)より)

地区区分が中小工場地区にある宅地への適用

地区区分が中小工場地区ですが，1,200㎡の宅地を所有しています。この宅地は，地積規模の大きな宅地として評価できますか。

——地積規模の大きな宅地の評価により宅地の価額を減じるのは，宅地を分譲するにあたって減価が見込まれることになります。もとより，中小工場地区や大工場地区に存する宅地は，工場用地として利用されることが標準的であることから，地積規模の大きな宅地の評価の適用はできません。

正面路線が2以上の地区にわたる場合の地区の判定

評価対象となる宅地が広いため，接する正面路線が，2以上の地区にわたる場合，その宅地の所在する地区はどのように判定するのでしょうか。

——評価対象となる宅地の接する正面路線が2以上の地区にわたる場合には，その宅地の過半の属する地区をもって，その宅地の全部が所在する地区と判定します。

財産評価基本通達

（地積規模の大きな宅地の評価）

20-2　地積規模の大きな宅地（三大都市圏においては500㎡以上の地積の宅地，それ以外の地域においては1,000㎡以上の地積の宅地をいい，次の（1）から（3）までのいずれかに該当するものを除く。以下本項において「地積規模の大きな宅地」という。）で14-2《地区》の定めにより普通商業・併用住宅地区及び普通住宅地区として定められた地域に所在するものの価額は，15《奥行価格補正》から前項までの定めにより計算した価額に，その宅地の地積の規模に応じ，次の算式により求めた規模格差補正率を乗じて計算した価額によって評価する。

（1） 市街化調整区域（都市計画法第34条第10号又は第11号の規定に基づき宅地分譲に係る同法第4条《定義》第12項に規定する開発行為を行うことができる区域を除く。）に所在する宅地
（2） 都市計画法第8条《地域地区》第1項第1号に規定する工業専用地域に所在する宅地
（3） 容積率（建築基準法（昭和25年法律第201号）第52条《容積率》第1項に規定する建築物の延べ面積の敷地面積に対する割合をいう。）が10分の40（東京都の特別区（地方自治法（昭和22年法律第67号）第281条（（特別区））第1項に規定する特別区をいう。）においては10分の30）以上の地域に所在する宅地

（算式）

$$規模格差補正率 = \frac{Ⓐ \times Ⓑ + Ⓒ}{地積規模の大きな宅地の地積（Ⓐ）} \times 0.8$$

上の算式中の「Ⓑ」及び「Ⓒ」は，地積規模の大きな宅地が所在する地域に応じ，それぞれ次に掲げる表のとおりとする。

イ 三大都市圏に所在する宅地

地積㎡ \ 地区区分 記号	普通商業・併用住宅地区，普通住宅地区	
	Ⓑ	Ⓒ
500以上　1,000未満	0.95	25
1,000 〃　3,000 〃	0.90	75
3,000 〃　5,000 〃	0.85	225
5,000 〃	0.80	475

ロ 三大都市圏以外の地域に所在する宅地

地積㎡ \ 地区区分 記号	普通商業・併用住宅地区，普通住宅地区	
	Ⓑ	Ⓒ
1,000以上　3,000未満	0.90	100
3,000 〃　5,000 〃	0.85	250
5,000 〃	0.80	500

（注）
1 上記算式により計算した規模格差補正率は、小数点以下第2位未満を切り捨てる。
2 「三大都市圏」とは、次の地域をいう。
　イ 首都圏整備法（昭和31年法律第83号）第2条《定義》第3項に規定する既成市街地又は同条第4項に規定する近郊整備地帯
　ロ 近畿圏整備法（昭和38年法律第129号）第2条《定義》第3項に規定する既成都市区域又は同条第4項に規定する近郊整備区域
　ハ 中部圏開発整備法（昭和41年法律第102号）第2条《定義》第3項に規定する都市整備区域

【参考：財産評価基本通達旧24-4（広大地の評価）】

　その地域における標準的な宅地の地積に比して著しく地積が広大な宅地で都市計画法第4条《定義》第12項に規定する開発行為（以下本項において「開発行為」という。）を行うとした場合に公共公益的施設用地の負担が必要と認められるもの（22-2《大規模工場用地》に定める大規模工場用地に該当するもの及び中高層の集合住宅等の敷地用地に適しているもの（その宅地について、経済的に最も合理的であると認められる開発行為が中高層の集合住宅等を建築することを目的とするものであると認められるものをいう。）を除く。以下「広大地」という。）の価額は、原則として、次に掲げる区分に従い、それぞれ次により計算した金額によって評価する。

（1）その広大地が路線価地域に所在する場合

　その広大地の面する路線の路線価に、15《奥行価格補正》から20-5《容積率の異なる2以上の地域にわたる宅地の評価》までの定めに代わるものとして次の算式により求めた広大地補正率を乗じて計算した価額にその広大地の地積を乗じて計算した金額

$$広大地補正率 = 0.6 - 0.05 \times \frac{広大地の地積}{1,000 ㎡}$$

（2）その広大地が倍率地域に所在する場合

　その広大地が標準的な間口距離及び奥行距離を有する宅地であるとした場合の1平方メートル当たりの価額を14《路線価》に定める路線価として、上記（1）に準じて計算した金額

（注）
1 本項本文に定める「公共公益的施設用地」とは、都市計画法第4条《定義》第14項に規定する道路、公園等の公共施設の用に供される土地及び都市計画法施行令（昭和44年政令第158号）第27条に掲げる教育施設、医療施設等の公益的施設の用に供され

る土地（その他これらに準ずる施設で，開発行為の許可を受けるために必要とされる施設の用に供される土地を含む。）をいうものとする。

2　本項（1）の「その広大地の面する路線の路線価」は，その路線が2以上ある場合には，原則として，その広大地が面する路線の路線価のうち最も高いものとする。

3　本項によって評価する広大地は，5,000平方メートル以下の地積のものとする。したがって，広大地補正率は0.35が下限となることに留意する。

4　本項（1）又は（2）により計算した価額が，その広大地を11《評価の方式》から21-2《倍率方式による評価》まで及び24-6《セットバックを必要とする宅地の評価》の定めにより評価した価額を上回る場合には，その広大地の価額は11から21-2まで及び24-6の定めによって評価することに留意する。

14
無道路地

1 無道路地とは

　無道路地とは，その名のとおり道路に接していない宅地をいいます。宅地は道路に面していないと有効活用できません。建物を建築することはできませんし，宅地として利用しない場合でも，その宅地に行くときは他人の土地を通らなければならないことになります。所有しているだけでは何の価値も生み出しません。このような宅地は無道路地として，道路に面している宅地に比して，価値が大幅に減じられます。

2 無道路地の評価

(1) 接道義務

　無道路地に建物を建築して有効活用するためには，建築基準法上の道路に2m以上接していなければなりません（建築基準法43）。これを接道義務といいます。自治体により条例によって厳しくしているところもあり，それぞれ異なります。

東京都の場合（東京都建築安全条例3）

道路までの距離	20m以下	20m超
通路幅	2m	3m

北海道の場合（北海道建築基準法施行条例4）

道路までの距離	15m以下	15m〜25m	25m超
通路幅	2m	3m	4m

(2) 無道路地の評価

　無道路地は道路に接することにより宅地の有効活用が図れますが，通路部分を開設する費用が負担となります。無道路地の評価を行うにあたっては，そのための費用を見込まなければなりません。

　無道路地の価額は，実際に利用している路線の路線価に基づいて計算した価額からその価額の100分の40の範囲内において相当と認める金額を控除した価額によって評価します（評基通20-3）。「100分の40の範囲内において相当と認める金額」とは，その無道路地に建築物を建築するために必要な道路に接すべき，最小限の間口距離の要件に基づいた，最小限度の通路を開設する場合のその通路に相当する部分の価額です。もちろんこの価額は実際の価額ではなく，財産評価基本通達に基づいて計算した通路部分の価額です。

　なお，道路に接していても，接する幅が1mしかない等，建築基準法上の接道義務を満たしていない土地についても，評価の上では無道路地と同様の取扱いをすることに留意してください。

(3) 計算手順

　無道路地の評価はわかりにくいのですが，おおむね次の手順で行うことを頭に入れておけば，理解しやすくなります。

① 評価対象地（無道路地）と道路に接している前面宅地の面積を合計して，路線価を基に価額を算出します。

② 前面宅地だけの価額を計算します。

③ ①及び②を合計した価額から前面宅地の価額を控除した額を算出します。これにより，評価対象地の価額が計算されます。

④ 無道路地の不整形地補正をします。その価額から仮定の通路開設相当額を控除します。

3 具体的計算例

　道路に接していないA宅地の価額は次のとおり計算します。A宅地に最も近いのは路線価200,000円の道路です。

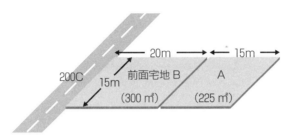

【計算の前提】

無道路地に最も近い路線価	200,000円/㎡	評価対象地Aの地積	225.0㎡
Aから路線までの距離	20.0m	前面宅地Bの地積	300.0㎡
無道路地の奥行距離	35.0m	地区区分	普通住宅地区

【計算式】

① 評価対象地Aと前面宅地Bの面積を合計します。

225.0㎡＋300.0㎡＝525.0㎡

② その合計面積による全体の評価額を計算します（想定整形地）。この場合，奥行価格補正率が適用できる場合はその補正をします。

（正面路線価）　（奥行35mの奥行価格補正率）　（A＋Bの地積）
200,000円 ×　　　　0.93　　　　×　　525.0㎡　＝97,650,000円

③ Bの価額を計算します。この計算でも奥行価格補正を行います。

（正面路線価）　（奥行20mの奥行価格補正率）　（Bの地積）
200,000円 ×　　　　1.00　　　　×　　300.0㎡　＝60,000,000円

④ Aの価額を求めます。この価額は②の価額から③の価額を控除することにより算出されます。

②の価額　　　　③の価額　　　Ａの奥行価格補正後の価額
　97,650,000円 － 60,000,000円 ＝　 37,650,000円

⑤　Ａは道路に接していないことから，正面路線から見た場合，不整形地となります。Ａの不整形地補正を行います。この場合，原則として前面宅地Ｂはかげ地部分となります。

$$かげ地割合＝\frac{525.0㎡－225.0㎡（無道路地地積）}{525.0㎡（想定整形地地積）}＝57\%$$

かげ地割合が57％となりますので，不整形地補正率は0.75です。

※　不整形地補正率0.75（普通住宅地区／地積区分Ａ／かげ地割合57％）

⑥　不整形地補正率と間口狭小補正率に奥行長大補正率を乗じたもののうち低い補正率を選択適用することができます。

　この場合の間口とは，接道義務を満たす道路部分の幅のことをいいます。この事例では2.0mとしました。

※　間口狭小補正率0.90（間口距離2.0m）

※　奥行長大補正率0.90（間口距離2.0m・奥行距離35.0m）

（不整形地補正率）　（間口狭小補正率）　　　　（間口狭小補正率）　（奥行長大補正率）
　　0.75　　×　　0.90　　＝0.67　＜　　0.90　　×　　0.90　　＝0.81

⑦　不整形地補正後のＡの価額を計算します。

（奥行価格補正後の価額）　（不整形地補正率）　（不整形地補正後のＡの価額）
　　37,650,000円　　×　　　0.67　　＝　　25,225,500円

⑧　仮に設定した通路部分の価額を計算します。無道路地として斟酌する額となります。なお，通路部分の面積は接道義務2.0mに評価対象地Ａまでの距離20.0mを乗じた40.0㎡としました。

　この金額は，評価対象地の40％が限度となることに注意してください。

（正面路線価）　（通路部分の地積）　　　　　　　　　　　　　　（限度額）
　200,000円 ×　　40.0㎡　　＝8,000,000円＜25,225,500円(⑦)×　0.4

⑨　Ａの価額から通路部分の価額を控除した額が評価額となります。

(不整形地補正後のAの価額)	(通路部分の価額)	(Aの評価額)
25,225,500円	－ 8,000,000円	＝ 17,225,500円

川で隔てられている場合

自宅は前面道路との間に小さな川があり，幅3mの橋が架かっています。この宅地はどのように評価するのでしょうか。

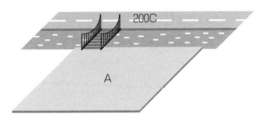

――前面道路との間に川がある宅地は，直接その路線価を適用して評価することはできません。無道路地の評価と同様に，川の部分を含んだ面積に正面路線価を乗じて全体の価額を算出し，前面部分の価額を控除して計算するのが相当と考えます。

財産評価基本通達
（無道路地の評価）
20-3　無道路地の価額は，実際に利用している路線の路線価に基づき20《不整形地の評価》又は前項の定めによって計算した価額からその価額の100分の40の範囲内において相当と認める金額を控除した価額によって評価する。この場合において，100分の40の範囲内において相当と認める金額は，無道路地について建築基準法その他の法令において規定されている建築物を建築するために必要な道路に接すべき最小限の間口距離の要件（以下「接道義務」という。）に基づき最小限度の通路を開設する場合のその通路に相当する部分の価額（路線価に地積を乗じた価額）とする。

（注）
1　無道路地とは，道路に接しない宅地（接道義務を満たしていない宅地を含む。）をいう。
2　20《不整形地の評価》の定めにより，付表5「不整形地補正率表」の（注）3の計算をするに当たっては，無道路地が接道義務に基づく最小限度の間口距離を有するものとして間口狭小補正率を適用する。

15

間口が狭小な宅地等の評価

1 間口が狭小，奥行が長大な宅地とは

　宅地は建物の有効活用が前提となっています。住宅地で150㎡の土地は間口が12mの場合，ほぼ正方形の宅地となり大変利用しやすく，また間口が10mの場合，奥行が15mとなり形の良い住宅を建築することができます。このような土地は特に減額する必要はありません。効率良く宅地を活用するには，適度な幅の間口と奥行が必要です。住宅であれ商店であれ，道路に接する間口が狭い（以下「間口狭小」といいます）宅地や，奥行が短い又はやたら長い（以下「奥行長大」といいます）宅地は建物の建築に苦慮しますし，変形で不格好な建物とせざるを得ないことがあります。

　一般的に間口狭小の場合，奥行が長くなります。奥行が長ければそれでいいというものではなく，有効活用の範疇を超えると考えられる長さがある場合は，間口狭小と同様その土地の価値が低下します。とりわけ住宅地の場合は，間口に比して奥行が長いことは，外観や利用効率等の欠点となり価値が落ちます。その減価を評価上反映させる必要があります。

2 間口が狭小な土地の評価

(1) 間口狭小補正

　道路に全面的に接してはいるが接する距離が短い場合や，車が1台通れるくらいの旗竿状開発を行った宅地は，評価の上では斟酌が必要です。工場地区のようなところであっても，間口距離が8mでは車の頻繁な出入りに不便ですので，やはり住宅地とは異なった補正が必要です。これが間口狭小補正です。

間口が狭小の土地は，1㎡当たりの路線価に財産評価基本通達付表6「間口狭小補正率表」による補正率を乗じた価格に面積を乗じて評価します（評基通20-4）。地区区分により補正率が異なります。

(2) 間口の計測

　間口距離は評価対象宅地が路線に接する部分の距離をいいます。旗竿状の土地についても，路線に接する部分が間口になります。

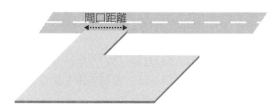

(3) 屈折路の間口距離の求め方

　屈折している路線に面している宅地の間口距離はどのように求めるのでしょうか。もとより屈折路に面している宅地は不整形ですから，想定整形地を作図します。その想定整形地の間口距離と実際の間口距離とを比較して，いずれか短い距離がその土地の間口距離となります。

　例えば，次のA宅地は，想定整形地の間口距離aが実際の間口b＋cより短いため，aが間口距離となります。

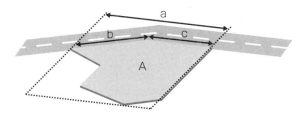

　次のB宅地はb＋cが想定整形地の間口距離aより短いため，b＋cが間口距離となります。

第Ⅲ章　宅地の評価

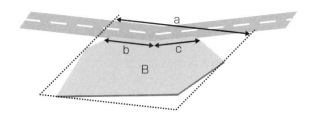

3 奥行が長大な土地の評価

通常の用途に供する宅地を考えると間口が狭小の場合，必然的に奥行が長大となります。奥行が長すぎても宅地としてのバランスが悪く，利用効率は低下します。間口に比して奥行が長大な宅地についても同様に，奥行長大補正率を乗じて計算します。奥行長大補正率とは，奥行距離を間口距離で除して得た数値を，財産評価基本通達付表7「奥行長大補正率表」の地区区分に応じた率を適用します。

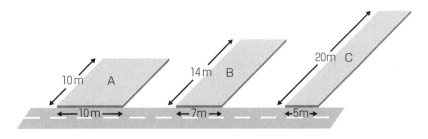

宅地	地区区分	奥行長大割合	奥行長大補正率
A	普通住宅地区	10m÷10m＝1.0	1.0
B	普通住宅地区	14m÷7m＝2.0	0.98
C	ビル街地区	20m÷5m＝4.0	1.0

4 具体的計算例

普通住宅地区で，面積100㎡，間口が7m，奥行が14.3mの土地は次のように計算します。

この場合，奥行長大補正は14.3m÷7m＝2.04となり普通住宅地区の奥行長大補正率は0.98です。

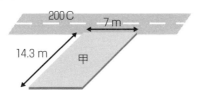

【計算の前提】

正面路線価	200,000円/㎡	地積	100.0㎡
間口距離	7.0m	間口狭小補正率	0.97
奥行距離	14.3m	奥行長大補正率	0.98
地区区分	普通住宅地区		

【計算式】

（正面路線価）　（間口狭小補正率）　（奥行長大補正率）　（地積）
200,000円　×　　0.97　　×　　0.98　　×　100.0㎡＝19,012,000円

| 隅切りがある場合の間口距離

評価対象地は隅切り部分があります。この場合の間口距離は隅切り前のa又は隅切り後のbのどちらでしょうか。

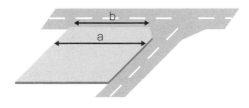

──隅切りとは，角敷地の隅の部分を切除することをいいます。東京都の場合，幅員6m未満の道路が交差する角敷地の隅角が120度未満のとき，

隅角部分を 2 m の隅切りにしなければなりません（東京都建築安全条例第 2 条）。隅切りがある場合の間口の距離は，隅切りがなかったものとした場合の距離 a になります。

私道の間口が隅切りで広がっている場合の間口距離

私道に接する宅地が隅切りをしているため，間口が広がっています。この私道を評価するにあたって，間口距離はどう計るのでしょうか。

——私道部分を評価する際には，隅切りで広がった部分は間口距離に含めません。隅切り部分はそれがなかったものとして計算します。

奥行長大の実際の距離が短い場合

下図の土地の場合，間口距離は 4 m です。奥行距離は原則として面積を間口距離で除した距離となりますが，奥行距離25mで計算できますか。

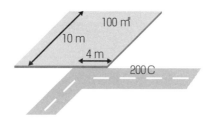

——実際の距離のほうが短いため実際の距離10mで計算します。計算式は次のとおりです。間口 4 m に対する間口狭小補正率0.94，奥行10mに対する奥行長大補正率0.98，普通住宅地区で計算しました。

| (正面路線価) | (間口狭小補正率) | (奥行長大補正率) | (地積) |
| 200,000円 × | 0.94 × | 0.98 × | 100.0㎡ ＝18,424,000円 |

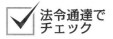

財産評価基本通達
（間口が狭小な宅地等の評価）

20-4　次に掲げる宅地（不整形地及び無道路地を除く。）の価額は，15《奥行価格補正》から18《三方又は四方路線影響加算》までの定めにより計算した１平方メートル当たりの価額にそれぞれ次に掲げる補正率表に定める補正率を乗じて求めた価額にこれらの宅地の地積を乗じて計算した価額によって評価する。この場合において，地積が大きいもの等にあっては，近傍の宅地の価額との均衡を考慮し，それぞれの補正率表に定める補正率を適宜修正することができる。

　なお，20-2《地積規模の大きな宅地の評価》の定めの適用がある場合には，本項本文の定めにより評価した価額に，20-2に定める規模格差補正率を乗じて計算した価額によって評価する。（平11課評２-12外追加，平29課評２-46外改正）

（１）　間口が狭小な宅地　付表６「間口狭小補正率表」
（２）　奥行が長大な宅地　付表７「奥行長大補正率表」

（付表６・間口狭小補正率表）

地区区分＼奥行距離（メートル）	ビル街地区	高度商業地区	繁華街地区	普通商業・併用住宅地区	普通住宅地区	中小工場地区	大工場地区
４未満	－	0.85	0.90	0.90	0.90	0.80	0.80
４以上　６未満	－	0.94	1.00	0.97	0.94	0.85	0.85
６ 〃　８ 〃	－	0.97		1.00	0.97	0.90	0.90
８ 〃　10 〃	0.95	1.00			1.00	0.95	0.95
10 〃　16 〃	0.97					1.00	0.97
16 〃　22 〃	0.98						0.98
22 〃　28 〃	0.99						0.99
28 〃	1.00						1.00

(付表7・奥行長大補正率表)

地区区分 奥行距離 間口距離	ビル街地区	高度商業地区 繁華街地区 普通商業・併用住宅地区	普通住宅地区	中小工場地区	大工場地区
2以上　3未満	1.00	1.00	0.98	1.00	1.00
3　〃　　4　〃		0.99	0.96	0.99	
4　〃　　5　〃		0.98	0.94	0.98	
5　〃　　6　〃		0.96	0.92	0.96	
6　〃　　7　〃		0.94	0.90	0.94	
7　〃　　8　〃		0.92		0.92	
8　〃		0.90		0.90	

16 がけ地等を有する宅地の評価

1 がけ地とは

　がけ地とは，通常の宅地として利用している敷地の一部が，建物の建築に適さない強い傾斜状になっており，宅地としての有効利用を阻害している部分，いわゆるのり面（法面）をいいます。がけ地として活用できない事例は多くあります。例えば斜面を宅地開発して，ひな壇状に造成を行ったような宅地がいい例です。この場合のがけ地は，山の斜面等，原地盤を切り取ってできた切土法面，または地盤に土を持って新たにできた盛土法面を問いません。

　がけ地のある宅地は高台が多く，必ずしもマイナス要因ばかりではなく，採光や風光が良く，住環境に優れていることも多いようですが，がけ地部分に建物の建築ができない等，その部分の利用が阻害されています。そのため，利用できない部分に対して一定の減額をすることとなっています。減額率も大きいので該当する場合は検討が必須です。

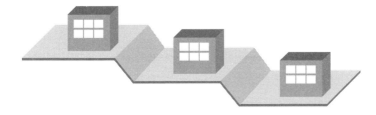

2 がけ地のある宅地の評価

　がけ地で通常の用途に供することができないと認められる部分がある宅地は，次のように評価します。その宅地全体をがけ地でないとして，通常の計算をし

第Ⅲ章　宅地の評価

た価額に，その宅地の総地積に対するがけ地部分の地積の割合に応じて，財産評価基本通達付表8「がけ地補正率表」に定める補正率を乗じて計算した価額によって評価します（評基通20-5）。

なお，次の点に留意してください。
① がけ地補正率は東西南北の方位により異なります。これは方位による住環境の違いを反映させたものです。
② 宅地に隣接して山林や雑種地があり，がけ地状の土地であっても，それぞれ山林や雑種地として別途評価できる場合は，その区分に応じた評価をします。がけ地としての評価は行いませんので注意してください。
③ がけ地補正と造成費は重複して適用できません。がけ地補正は，基本的に宅地として利用効率が悪いために減価します。宅地造成費は農地や雑種地を宅地として評価するための費用であり，基準が違うことによります。

がけ地のある宅地の価額＝
　正面路線価×奥行価格補正率等の画地調整率×方位のがけ地補正率×地積

（がけ地補正率の元となる，がけ地割合）
　　がけ地割合＝ $\dfrac{\text{がけ地の地積}}{\text{総地積}}$

3　具体的計算例

路線価200,000円/㎡の路線に面した次の土地があります。宅地総地積200㎡のうち南向き斜面50㎡部分ががけ地として利用できません。

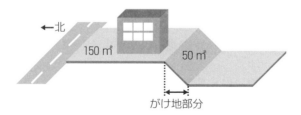

【計算の前提】

正面路線価	200,000円/㎡	総地積	200.0㎡
がけ地部分の地積	50.0㎡	南方位がけ地割合0.25のがけ地補正率	0.92

【計算式】

① 総地積に対するがけ地部分の割合

$$\frac{がけ地の地積}{総地積} = \frac{50.0㎡}{200.0㎡} = 0.25$$

② がけ地割合0.25の南方位のがけ地補正率

0.92

③ 1㎡当たりの宅地の価額

　（正面路線価）　（画地調整率）　（南方位のがけ地補正率）
　200,000円　×　　1.00　　×　　　0.92　　　＝184,000円

④ 評価額

　（③の金額）　　（地積）
　184,000円　×　200.0㎡　＝36,800,000円

|がけ地の向きが南西方向の場合

評価対象地は路線価150,000円の路線に面しており、総地積が200㎡ですが、がけ地があります。がけ地は南方向に25㎡西方向に25㎡、合計50㎡です。このように一方向以外の向きにあるがけ地の評価はどのようにしますか。

——がけ地は2以上の方位にあることも多くあります。このような場合は、総地積に対するがけ地部分の全地積の割合に応ずる、各方位のがけ地割合を求め、各がけ地補正率を、がけ地部分の地積による加重平均補正率により計算します。

① 総地積に対するがけ地部分の割合

$$\frac{がけ地の地積}{総地積} = \frac{50.0㎡}{200.0㎡} = 0.25$$

② がけ地補正率

南方位のがけ地割合0.25のがけ地補正率

0.92

西方位のがけ地割合0.25のがけ地補正率

0.90

南西方位の平均したがけ地補正率

(0.92×25㎡+0.90×25㎡) ÷50㎡=0.91

③ 1㎡当たりの価額

（正面路線価）　（画地調整率）　（南西方位のがけ地補正率）
150,000円　×　1.00　×　0.91　＝136,500円

④ 評価額

（③の金額）　（地積）
136,500円　×　200.0㎡＝27,300,000円

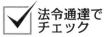
法令通達でチェック

財産評価基本通達

（がけ地等を有する宅地の評価）

20-5　がけ地等で通常の用途に供することができないと認められる部分を有する宅地（次項の定めにより評価するものを除く。）の価額は，その宅地のうちに存するがけ地等ががけ地等でないとした場合の価額に，その宅地の総地積に対するがけ地部分等通常の用途に供することができないと認められる部分の地積の割合に応じて付表8「がけ地補正率表」に定める補正率を乗じて計算した価額によって評価する。

(付表8・がけ地補正率表)

がけ地地積／総地積　がけ地の方位	南	東	西	北
0.10以上	0.96	0.95	0.94	0.93
0.20 〃	0.92	0.91	0.90	0.88
0.30 〃	0.88	0.87	0.86	0.83
0.40 〃	0.85	0.84	0.82	0.78
0.50 〃	0.82	0.81	0.78	0.73
0.60 〃	0.79	0.77	0.74	0.68
0.70 〃	0.76	0.74	0.70	0.63
0.80 〃	0.73	0.70	0.66	0.58
0.90 〃	0.70	0.65	0.60	0.53

(注) がけ地の方位については，次により判定する。

1　がけ地の方位は，斜面の向きによる。

2　2方位以上のがけ地がある場合は，次の算式により計算した割合をがけ地補正率とする。

$$\frac{\left\{\begin{array}{l}\text{総地積に対するがけ地部分の全地積の割合に応ずるA方位のがけ地補正率}\end{array}\right\} \times \text{A方位のがけ地の地積} + \left\{\begin{array}{l}\text{総地積に対するがけ地部分の全地積の割合に応ずるB方位のがけ地補正率}\end{array}\right\} \times \text{B方位のがけ地の地積} + \cdots\cdots}{\text{がけ地部分の全地積}}$$

3　この表に定められた方位に該当しない「東南斜面」などについては，がけ地の方位の東と南に応ずるがけ地補正率を平均して求めることとして差し支えない。

17

土砂災害特別警戒区域内にある宅地の評価

1　土砂災害特別警戒区域とは

　土砂災害特別警戒区域とは,「土砂災害警戒区域等における土砂災害防止対策の推進に関する法律」(以下「土砂災害防止法」といいます)に定められた区域です。土砂災害防止法には「土砂災害警戒区域(イエローゾーン。以下「警戒区域」といいます)」と「土砂災害特別警戒区域(レッドゾーン。以下「特別警戒区域」といいます)」とがあり,特別警戒区域は「その土地の区域内に建築物が存するとした場合に急傾斜地の崩壊に伴う土石等の移動により当該建築物の地上部分に作用すると想定される力の大きさが,通常の居室を有する建築物が土石等の移動に対して住民等の生命又は身体に著しい危害が生ずるおそれのある損壊を生ずることなく耐えることのできる力の大きさを上回る土地の区域(土砂災害防止法施行令3)」のことをいいます。

2　土砂災害特別警戒区域内にある宅地

　近年,気候変動が大きく,土砂災害が増加しています。それを踏まえ特別警戒区域が増加しており,特定の開発行為に対する許可制,建築物の構造規制等が行われます(土砂災害防止法9,23)。特別警戒区域は今後とも増加が想定されます。当然,特別区域内では建物の建築に制限がかかり,特別警戒区域ではない宅地の評価と同等の価値は見込めません。

　災害警戒区域は,市町村地域防災計画による警戒避難体制の整備等が義務化されていますが,宅地としての利用制限はありません。

3　土砂災害特別警戒区域内にある宅地の評価

　特別警戒区域内にある宅地は建築物の構造規制があることから，規制のない宅地に比して減価します。この減価を財産評価における宅地の価額に反映させるべく，2018年12月に「土砂災害特別警戒区域内にある宅地の評価」として公表されました（評基通20-6）。2019年1月1日以後に，相続，遺贈又は贈与により取得した財産について適用されます。

(1) **路線価地域にある特別警戒区域内にある宅地の評価**
　特別警戒区域内となる部分を有する宅地の価額については，その宅地のうちの特別警戒区域内となる部分が特別警戒区域内となる部分でないものとした場合の価額に，その宅地の総地積に対する特別警戒区域内となる部分の地積の割合に応じて，次の「特別警戒区域補正率表」に定める補正率を乗じて計算した価額によって評価します。
　なお，特別警戒区域は，基本的には地勢が傾斜する地域に指定されることから，特別警戒区域内にある宅地にはがけ地を含む場合もあると考えられます。がけ地補正率（評基通20-5）の適用がある場合，次の「特別警戒区域補正率表」（評基通付表9）により求めた補正率にがけ地補正率を乗じて得た数値を特別警戒区域補正率とします。その最小値は0.50です。

（付表9・特別警戒区域補正率表）

特別警戒区域の地積 / 総地積	補正率
0.10以上	0.90
0.40　〃	0.80
0.70　〃	0.70

(2) **倍率地域にある特別警戒区域内にある宅地の評価**
　倍率地域にある宅地の価額は，宅地の固定資産税評価額に倍率を乗じて評価

します（評基通21-2）。

　特別警戒区域内の宅地の固定資産税評価額の算定については，特別警戒区域の指定による土地の利用制限等が土地の価格に影響を与える場合には，その影響を適正に反映させることとされており，特別警戒区域に指定されたことに伴う宅地としての利用制限等により生ずる減価は，既に固定資産税評価額において考慮されていると考えられます。したがって，倍率地域に所在する特別警戒区域内にある宅地については，「土砂災害特別警戒区域内にある宅地の評価」の適用ができません。

(3) 市街地農地等への適用

　市街地農地，市街地周辺農地，市街地山林及び市街地原野（以下，これらを併せて「市街地農地等」といいます）については，財産評価基本通達39（市街地周辺農地の評価），40（市街地農地の評価），49（市街地山林の評価）及び58-3（市街地原野の評価）により，その市街地農地等が宅地であるとした場合を前提として評価（宅地比準方式により評価）します。市街地農地等が特別警戒区域内にある場合，その農地等を宅地に転用するときには，宅地としての利用が制限され，これによる減価が生じます。したがって，市街地農地等が特別警戒区域内にある場合には，「土砂災害特別警戒区域内にある宅地の評価」の適用対象となります。

(4) 雑種地への適用

　雑種地の価額は，近傍にある状況が類似する土地に比準した価額により評価します（評基通82）。雑種地の状況が宅地に類似する場合には宅地に比準して評価し，農地等に類似する場合には農地等に比準して評価します。この場合，市街化区域内の農地等の価額は宅地比準方式により評価することとしていることから，市街化区域内の雑種地についても，宅地比準方式により評価することとなります。このような宅地に状況が類似する雑種地又は市街地農地等に類似する雑種地が特別警戒区域内にある場合，その雑種地を宅地として使用すると

きには、その利用が制限され、これによる減価が生じます。したがって、宅地に状況が類似する雑種地又は市街地農地等に類似する雑種地が特別警戒区域内にある場合には、「土砂災害特別警戒区域内にある宅地の評価」の適用対象となります。

4 計算例

(設例1) 特別警戒区域内にある宅地の場合
① 総地積：400 ㎡
② 特別警戒区域内となる部分の地積：100 ㎡

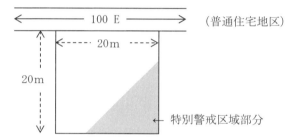

【計算】
1 総地積に対する特別警戒区域となる部分の地積の割合

$$\frac{100 ㎡}{400 ㎡} = 0.25$$

2 評価額

(路線価)　　(奥行価格補正率)　(特別警戒区域補正率)　(地積)
100,000 円 × 1.00 × 0.90 × 400 ㎡ ＝ 36,000,000 円

(設例2) 特別警戒区域内にある宅地でがけ地等を有する場合
① 総地積：400 ㎡
② 特別警戒区域内となる部分の地積：300 ㎡
③ がけ地（南方位）の地積：200 ㎡

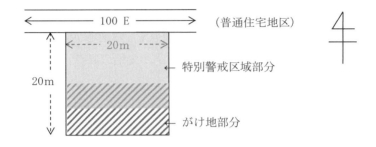

【計算】

1. 総地積に対する特別警戒区域となる部分の地積の割合

$$\frac{300 \text{ m}^2}{400 \text{ m}^2} = 0.75$$

2. 総地積に対するがけ地部分の地積の割合

$$\frac{200 \text{ m}^2}{400 \text{ m}^2} = 0.5$$

3. 特別警戒区域補正率

　　(特別警戒区域補正率表の補正率)　(南方位のがけ地補正率)　(特別警戒区域補正率)
　　　　0.70　　×　　0.82　　=　　0.57 (※)　(小数点以下2位未満を切捨て)

　　※　0.50未満の場合は、0.50となる。

4. 評価額

　　(路線価)　(奥行価格補正率)(特別警戒区域補正率)　(地積)
　　100,000 円　×　1.00　×　0.57　×　400 m²　=　22,800,000 円

(2018年（平成30年）12月13日 「財産評価基本通達の一部改正について」通達のあらましについて（情報）より)

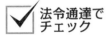 法令通達でチェック

財産評価基本通達

（土砂災害特別警戒区域内にある宅地の評価）

20-6　土砂災害特別警戒区域内（土砂災害警戒区域等における土砂災害防止対策の推進に関する法律（平成12年法律第57号）第9条（（土砂災害特別警戒区域））第1項に規定する土砂災害特別警戒区域の区域内をいう。以下同じ。）となる部分を有する宅地の価

額は，その宅地のうちの土砂災害特別警戒区域内となる部分が土砂災害特別警戒区域内となる部分でないものとした場合の価額に，その宅地の総地積に対する土砂災害特別警戒区域内となる部分の地積の割合に応じて付表9「特別警戒区域補正率表」に定める補正率を乗じて計算した価額によって評価する。

財産評価基本通達
(付表9・特別警戒区域補正率表)
○ 特別警戒区域補正率

特別警戒区域の地積 / 総地積	補正率
0.10以上	0.90
0.20 〃	0.80
0.30 〃	0.70

(注) がけ地補正率の適用がある場合においては，この表により求めた補正率にがけ地補正率を乗じて得た数値を特別警戒区域補正率とする。ただし，その最小値は0.50とする。

18 容積率の異なる2以上の地域にわたる宅地の評価

1 容積率の異なる宅地とは

　宅地の価格決定はその宅地の面する路線の幅員，周囲の環境，交通の利不便等様々な要因によりますが，その一つに容積率があります。容積率とは建築基準法第52条に定められており，敷地面積に対する建築物の延べ面積の割合のことをいいます。建物を効率良く活用するためには，平屋より2階建て，2階建てより3階建てと，宅地の上の空間をできるだけ効率良く利用できるに越したことはありません。その建物のある宅地を評価するための指標である路線価は，容積率の違いを十分加味して反映されています。そのため，一路線に面している宅地を評価する場合は，容積率についてほとんど気にすることはありません。ただ，宅地は1画地の宅地ごとに評価するため，1画地の宅地が裏面道路にも接している等，容積率の違う地域にわたって所有している場合は，その違いによる減額割合を考慮した評価を行う必要があります。特に都市部の宅地の評価を行うにあたっては十分検討が必要です。

2 容積率の異なる宅地の評価

(1) 評価の方法

　容積率の異なる地域にわたって所有している宅地の価額は，財産評価基本通達による奥行価格補正（評基通15）から土砂災害特別警戒区域内にある宅地の評価（評基通20-6）までの定めによって評価した価額から，次の算式によって計算した割合を乗じて計算した金額を減額した価額によって評価します（評基通20-7）。

$$\text{容積率の異なる宅地の価額} = \left[1 - \frac{\text{容積率の異なる部分の各部分に適用される容積率に，その各部分の地積を乗じて計算した数値の合計}}{\text{正面路線に接する部分の容積率} \times \text{宅地の総地積}}\right] \times \text{容積率が価額に及ぼす影響度}$$

この計算を行うにあたっては，次の点に留意してください。

① 小数点以下第3位未満を四捨五入します。

② 正面路線に接する部分の容積率が，他の部分の容積率よりも低い宅地のように，この算式により計算した割合が負数となるときは適用しません。

③ 2以上の路線に接する宅地が，正面路線の路線価に奥行価格補正率を乗じて計算した価額に，上記算式により減額調整した価額が，正面路線以外の路線の路線価に奥行価格補正率を乗じて計算した価額を下回る場合は，高い価額となる路線を正面路線とみなして計算した価額によって評価します。

なお，奥行価格補正（評基通15）からがけ地等の評価（評基通20-5）までの定めの適用については，正面路線とみなした路線の地区（評基通14-2）に定める地区区分によります。

(2) **容積率が価額に及ぼす影響度**

上記の計算式において「容積率が価額に及ぼす影響度」というのは，その宅地を最も有効利用できる高度商業地区のような場所と，あまり影響を加味しなくてもよい普通住宅地区との収益力の違いを反映させるものです。

ビル街区については，街区単位で容積率が定められているため，影響度はありません。

地区区分	影響度
高度商業地区，繁華街地区	0.8
普通商業・併用住宅地区	0.5
普通住宅地区	0.1

(3) 適用容積率

　容積率には，都市計画にあわせて指定されるもの（指定容積率）と建築基準法の容積率（基準容積率）があります。基準容積率は前面道路の幅員が12m未満の場合，第１種低層住居専用地域等住居系の用途地域では「道路幅×4/10」を乗じます。実際に適用される容積率は，これらのうちいずれか小さい方です。

3　具体的計算例

　下図のように路線価600,000円に面した容積率400％の部分と，裏面で路線価400,000円に面した容積率200％の１画地の宅地の評価は次のように行います。なお，この地区は普通商業・併用住宅地区にあります。

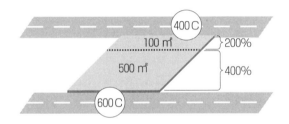

【計算の前提】

正面路線価	600,000円/㎡	正面路線の容積率	400％
裏面路線価	400,000円/㎡	裏面路線の容積率	200％
400％部分の地積	500.0㎡	200％部分の地積	100.0㎡
地区区分	普通商業・併用住宅地区	普通商業・併用住宅地区の影響度	0.5

【計算式】

① 土地全体の原則的評価による価額の計算

　　（正面路線価）　（裏面路線価）　（奥行価格補正率）　（二方路線影響加算率）
　　600,000円 ＋（400,000円 ×　　1.0　　×　　0.05）　　＝620,000円

(地積)
620,000円 × 600.0㎡ ＝372,000,000円

② 容積率の違いによる調整率の計算

$$\left[1-\frac{400\%\times500.0㎡+200\%\times100.0㎡}{400\%\times600.0㎡}\right]\times0.5=0.042$$

③ 評価額の計算（①－①×②）

（①の金額）　　　　　　　　　　（②の調整率）
372,000,000円 －（372,000,000円 × 0.042） ＝356,376,000円

事例でチェック

同一路線で容積率が異なる場合

甲宅地は路線価250,000円の路線に面しています。ただし，容積率が400％と300％の部分にまたがっています。この宅地は1画地として評価しますが，容積率の違いを反映させることができるでしょうか。

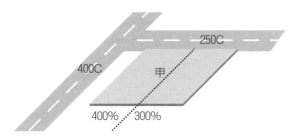

——正面路線に接する部分の容積率と異なる容積率の部分がない場合は，減額することができません。路線価を策定する場合は容積率の違いを十分加味しています。同一路線で異なる容積率があっても路線価が同一である場合，その路線価の価格形成に影響がないと認められます。このような場合，容積率の違いを考慮した評価をすることができません。

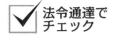

財産評価基本通達

（容積率の異なる2以上の地域にわたる宅地の評価）

20-7 容積率（建築基準法第52条《容積率》に規定する建築物の延べ面積の敷地面積に対する割合をいう。以下同じ。）の異なる2以上の地域にわたる宅地の価額は、15《奥行価格補正》から前項までの定めにより評価した価額から、その価額に次の算式により計算した割合を乗じて計算した金額を控除した価額によって評価する。この場合において適用する「容積率が価額に及ぼす影響度」は、14-2《地区》に定める地区に応じて下表のとおりとする。

$$\left\{ 1 - \frac{\text{容積率の異なる部分の各部分に適用される容積率にその各部分の地積を乗じて計算した数値の合計}}{\text{正面路線に接する部分の容積率} \times \text{宅地の総地積}} \right\} \times \text{容積率が価額に及ぼす影響度}$$

○ 容積率が価額に及ぼす影響度

地区区分	影響度
高度商業地区、繁華街地区	0.8
普通商業・併用住宅地区	0.5
普通住宅地区	0.1

（注）
1　上記算式により計算した割合は、小数点以下第3位未満を四捨五入して求める。
2　正面路線に接する部分の容積率が他の部分の容積率よりも低い宅地のように、この算式により計算した割合が負数となるときは適用しない。
3　2以上の路線に接する宅地について正面路線の路線価に奥行価格補正率を乗じて計算した価額からその価額に上記算式により計算した割合を乗じて計算した金額を控除した価額が、正面路線以外の路線の路線価に奥行価格補正率を乗じて計算した価額を下回る場合におけるその宅地の価額は、それらのうち最も高い価額となる路線を正面路線とみなして15《奥行価格補正》から前項までの定めにより計算した価額によって評価する。なお、15《奥行価格補正》から前項までの定めの適用については、正面路線とみなした路線の14-2《地区》に定める地区区分によることに留意する。

第Ⅳ章

特殊な土地の評価

　第Ⅲ章では，宅地を評価する上での基本的な方法を解説しました。宅地は平面状に開発した住宅街にあるとは限りません。道路から極端に低い又は高い場所にある場合のほか，都市計画予定地にあることもあります。この章では「私道」「利用価値が著しく低下している宅地」「セットバックを必要とする宅地」等いわばマイナスアルファで，特殊な評価をせざるを得ない場合の評価方法について解説します。

1 大規模工場用地の評価

1 大規模工場用地とは

　大規模工場用地とは，一団の工場用地の地積が5万㎡以上のものをいいます（評基通22-2）。東京ドームの面積が約4.7万㎡ですからその基準で考えてもいいかも知れません。大規模工場は工場，駐車場，福利厚生施設等様々な施設によって構成されています。面積が広大となることから財産評価の原則とは異なった評価をします。

　大規模工場用地の概念は次のような感じです。

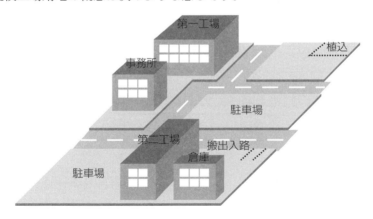

2 大規模工場用地の評価

(1) 評価単位

　大規模工場用地は一団の工場用地ごとに評価します。「一団の工場用地」とは，工場，研究開発施設等の敷地の用に供されている宅地，及びこれらの宅地に隣

接する駐車場，福利厚生施設等の用に供されている一団の土地をいいます。

ただし，次の点に注意してください。

① その土地が，不特定多数の者の通行の用に供されている道路，つまり公衆用道路や河川等により物理的に分離されている場合

その分離されている一団の工場用地ごとに評価します。

② 工場用地内に設けられた道路や軌道がある場合

事業の遂行上必要な道路や軌道がある場合は，これらを含めて一団の工場用地として判定します。

(2) 評価の方法

大規模工場用地の評価は，次の表のとおり，路線価地域と倍率地域により異なります（評基通22）。

なお，地積が20万㎡以上の大規模工場用地は，計算された価額の100分の95に相当する価額によって評価します。面積が広大になれば単価が下がることや，道路等工場用地として活用できない部分が出ることから，5％の減額を行います。

路線価地域	正面路線の路線価に，その大規模工場用地の地積を乗じて計算した価額によって評価します。
倍率地域	その大規模工場用地の固定資産税評価額に，倍率を乗じて計算した金額によって評価します。

(3) 評価の留意点

① 大規模工場用地は，都市計画上の利用規制があって，地積が極めて大きい特殊な地域であり，評価の原則に則って計算することは，大変不便で手数がかかります。そのため，路線価地域では，正面路線価に面積を乗じるだけの簡便な方法で評価します。2以上の路線に面している場合の側方路線影響加算，二方路線影響加算及び不整形地評価等の画地調整等は一切

行いません。

② 該当する土地が路線価地域にある場合は，地区区分が「大工場地区」として定められた地域に所在するものに限ることに注意してください。また，この地区内に所在する5万㎡以上の宅地や雑種地については，工場用地ではないものの，敷地面積からいつでも工場用地として代替することができるため大規模工場用地として評価します。

平成30年分財産評価基準書　大規模工場用地の評価倍率表の例（平成30年分東京都）

次表に掲げる倍率は，財産評価基本通達22（大規模工場用地の評価）の(2)の定めにより大規模工場用地を評価する場合に使用するものです。

なお，複数の市区町村等にまたがって所在する大規模工場用地等の倍率については、その工場等の事務所、事業所等の所在地に掲載しています。

音順	所在地等				固定資産税評価額に乗ずる倍率	借地権割合
	市区町村名	町名又は大字名等	丁目又は字名等	工場名等	倍	％
あ	あきる野市	引田		大規模工場用地（全）	1.5	50
		渕上		大規模工場用地（全）	1.5	50
ひ	日の出町	大久野		大規模工場用地（全）	2.6	30
み	瑞穂町	箱根ヶ崎		大規模工場用地（全）	1.6	50
		富士山栗原新田		大規模工場用地（全）	1.6	50

大規模工場用地の利用区分

大規模工場用地を評価するにあたって，他人の土地が一部入り込んでいます。この様な場合でも一括で評価するのでしょうか。

――評価の原則は大規模工場用地でも同じです。土地は所有者ごとに判断します。また，土地の上に存する権利が生じている場合，その権利関係によ

り評価が異なります。

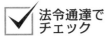法令通達でチェック

財産評価基本通達
(大規模工場用地の評価)
22　大規模工場用地の評価は，次に掲げる区分に従い，それぞれ次に掲げるところによる。ただし，その地積が20万平方メートル以上のものの価額は，次により計算した価額の100分の95に相当する価額によって評価する。
　(1)　路線価地域に所在する大規模工場用地の価額は，正面路線の路線価にその大規模工場用地の地積を乗じて計算した価額によって評価する。
　(2)　倍率地域に所在する大規模工場用地の価額は，その大規模工場用地の固定資産税評価額に倍率を乗じて計算した金額によって評価する。
(大規模工場用地)
22-2　前項の「大規模工場用地」とは，一団の工場用地の地積が５万平方メートル以上のものをいう。ただし，路線価地域においては，14-2《地区》の定めにより大工場地区として定められた地域に所在するものに限る。
　(注)　「一団の工場用地」とは，工場，研究開発施設等の敷地の用に供されている宅地及びこれらの宅地に隣接する駐車場，福利厚生施設等の用に供されている一団の土地をいう。なお，その土地が，不特定多数の者の通行の用に供されている道路，河川等により物理的に分離されている場合には，その分離されている一団の工場用地ごとに評価することに留意する。
(大規模工場用地の路線価及び倍率)
22-3　22《大規模工場用地の評価》の「路線価」及び「倍率」は，その大規模工場用地がその路線（倍率を定める場合は，その大規模工場用地の価格に及ぼす影響が最も高いと認められる路線）だけに接していて地積がおおむね５万平方メートルのく形又は正方形の宅地として，売買実例価額，公示価格，不動産鑑定士等による鑑定評価額，精通者意見価格等を基に国税局長が定める。

2 余剰容積率の移転がある場合の宅地の評価

1 余剰容積率の移転とは

　土地の高度利用が行われている大都市では，隣接する宅地間で建築基準法による容積率に満たない建物がある宅地の容積率を移転し，そこに容積率を超えた建物を建築することができます。容積率を移転した宅地は，一定の工作物の建築の不作為義務が生じることによりその価値が減じ，容積率を受けた宅地は，規定以上の高度な空間活用ができることにより価値が上昇することになります。この容積率の移転は宅地の価額の増減につながりますので，通常は容積率の売買等によって行われます。原則として隣接地への移転になりますが，例外的に特例容積率適用地区として指定された東京駅周辺のように，一定の地区内での移転が認められることもあります。建物の高さを移転することから「空中権の売買」という言い方もされます。

【容積率800％地域の余剰容積率200％の移転のイメージ】

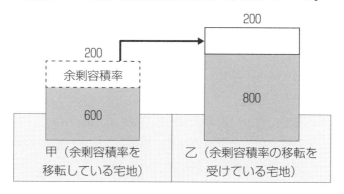

2　余剰容積率を移転している宅地の評価

　容積率の移転がある宅地の価額は，通常の評価の定めにより計算したその宅地の価額を基に，設定されている権利の内容，建築物の建築制限の内容等を勘案して評価することとなっています（評基通23(1)(2)）。この表現では実務的にどのように計算していいのか見当が付きません。

　しかし，容積率の移転は宅地の価値の増減につながることから，容積率の移転に伴って対価の授受があることが当然に予想されます。容積率の移転のある宅地は，次の算式に従った評価方法によっても構わないことになっています。この計算方法は一見難しいようですが，容積率の移転に伴って授受される権利金等対価の額による配分です。当然ですが，余剰容積率を移転した宅地の減価分は，受けた宅地の増加分に反映されます。

(1)　余剰容積率を移転している宅地の価額

　「余剰容積率を移転している宅地」とは，容積率の制限に満たない面積の建築物がある宅地（余剰容積率を有する宅地）で，その宅地以外の宅地に容積率の制限を超える面積の建築物を建築させており，その宅地自体に区分地上権，地役権，賃借権等の建築制限がある宅地のことをいいます（評基通23-2）。

　容積率を移転している宅地の価額は次によります。

$$宅地の価額 = A \times \left(1 - \frac{B}{C}\right)$$

ここでの記号の内容は次のとおりです。

　　「A」＝余剰容積率を移転している宅地について，移転がないものとして評価した価額

　　「B」＝区分地上権の設定等に当たり収受した対価の額

　　「C」＝区分地上権の設定等の直前における，余剰容積率を移転している宅地の通常の取引価額に相当する金額

(2) 余剰容積率の移転を受けている宅地の価額

「余剰容積率の移転を受けている宅地」とは、余剰容積率を有する宅地に建築制限をすることによって容積率の制限を超える面積の建築物を建築している宅地をいいます（評基通23-2）。容積率の譲渡を受け高度に活用している宅地であるためその価値を反映させます。

容積率の移転を受けている宅地の価額は次によります。

$$宅地の価額 = D \times \left(1 + \frac{E}{F}\right)$$

「D」＝余剰容積率の移転を受けている宅地について、移転がないものとして評価した価額

「E」＝区分地上権の設定等に当たり支払った対価の額

「F」＝区分地上権の設定等の直前における、余剰容積率の移転を受けている宅地の通常の取引価額に相当する金額

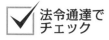
法令通達でチェック

<u>財産評価基本通達</u>
（余剰容積率の移転がある場合の宅地の評価）
23　余剰容積率を移転している宅地又は余剰容積率の移転を受けている宅地の評価は、次に掲げる区分に従い、それぞれ次に掲げるところによる。
（1）　余剰容積率を移転している宅地の価額は、原則として、11《評価の方式》から21-2《倍率方式による評価》までの定めにより評価したその宅地の価額を基に、設定されている権利の内容、建築物の建築制限の内容等を勘案して評価する。ただし、次の算式により計算した金額によって評価することができるものとする。

$$A \times \left[1 - \frac{B}{C}\right]$$

上の算式中の「A」、「B」及び「C」は、それぞれ次による。
「A」＝余剰容積率を移転している宅地について、11《評価の方式》から21-2《倍率方式による評価》までの定めにより評価した価額
「B」＝区分地上権の設定等に当たり収受した対価の額

「C」＝区分地上権の設定等の直前における余剰容積率を移転している宅地の通常の取引価額に相当する金額
（２）　余剰容積率の移転を受けている宅地の価額は，原則として，11《評価の方式》から21-2《倍率方式による評価》までの定めにより評価したその宅地の価額を基に，容積率の制限を超える延べ面積の建築物を建築するために設定している権利の内容，建築物の建築状況等を勘案して評価する。ただし，次の算式により計算した金額によって評価することができるものとする。

$$D \times \left[1 - \frac{E}{F} \right]$$

上の算式中の「D」，「E」及び「F」は，それぞれ次による。
「D」＝余剰容積率の移転を受けている宅地について，11《評価の方式》から21-2《倍率方式による評価》までの定めにより評価した価額
「E」＝区分地上権の設定等に当たり支払った対価の額
「F」＝区分地上権の設定等の直前における余剰容積率の移転を受けている宅地の通常の取引価額に相当する金額
（注）　余剰容積率を有する宅地に設定された区分地上権等は，独立した財産として評価しないこととし，余剰容積率の移転を受けている宅地の価額に含めて評価するものとする。

（余剰容積率を移転している宅地又は余剰容積率の移転を受けている宅地）
23-2　前項の「余剰容積率を移転している宅地」又は「余剰容積率の移転を受けている宅地」とは，それぞれ次のものをいう。
（１）　「余剰容積率を移転している宅地」とは，容積率の制限に満たない延べ面積の建築物が存する宅地（以下「余剰容積率を有する宅地」という。）で，その宅地以外の宅地に容積率の制限を超える延べ面積の建築物を建築することを目的とし，区分地上権，地役権，賃借権等の建築物の建築に関する制限が存する宅地をいう。
（２）　「余剰容積率の移転を受けている宅地」とは，余剰容積率を有する宅地に区分地上権，地役権，賃借権の設定を行う等の方法により建築物の建築に関する制限をすることによって容積率の制限を超える延べ面積の建築物を建築している宅地をいう。

3
私道の用に供されている宅地の評価

1 私道とは

　私道とは公衆用道路（以下「公道」といいます）に対峙する概念で，主に個人が所有し管理する道路のことをいいます。公道とは，国または都道府県等地方公共団体が所有し管理する道路であり，道路交通法の規制を受ける道路のことをいいます。国が認定するものは国道，都道府県等が認定するものは都道府県道，市町村が認定するものは市区町村道といいます。私道と市道はどちらも「しどう」と表現されるため，区別するために私道は「わたくしどう」，市道を「いちどう」ということもあります。また，登記が公衆用道路となっていても，個人が所有する土地の場合もあります。

　私道とは，おおむね次の図の宅地に面した道路部分をいいます。小規模に造成された宅地で一般的な例です。道路部分は最奥部と両側に面した敷地の所有者の通行の用に供しています。

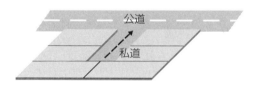

2 私道の評価

(1) 私道の価額を減じる理由

　私道の用に供されている宅地は，所有者の自由な通行ができることは当然，第三者の通行を容認せざるを得ない，私道の廃止を所有者の自由にできない場

合がある等，自用宅地よりは利用に制限を受けます。そのため一定の制限のある宅地として減額することとなっています。また，宅地所有者が所有していることが多く，宅地化の可能性もあることから，30％を残したともいえます。

(2) 正面路線価を基とした私道の評価

路線価の付されている道路に面した私道の価額は，その路線価を基に評価します。具体的には，奥行価格補正，間口狭小補正等補正率を乗じて画地調整を行い，その価額に私道の補正率30％を乗じます（評基通24）。

$$私道の価額 = 正面路線価 \times 奥行価格補正率 \times 間口狭小補正率 \times 奥行長大補正率 \times 0.3 \times 地積$$

(3) 特定路線価が付された私道の評価

私道に接する宅地を評価するために特定路線価が付された場合，その私道の価額は，その特定路線価の30％で評価してもいいことになっています。この方法は簡便法なので画地調整は行いません。(2)で計算した価額と比較して有利な方を選択できます。

$$特定路線価が付された私道の価額 = 特定路線価 \times 0.3 \times 地積$$

(4) 倍率地域にある私道の評価

倍率地域にある私道の用に供されている宅地は，固定資産税評価額の30％相当額で評価します。

ただし，固定資産税評価額が私道であることを考慮して付されている場合には，その宅地が私道でないものとした場合の固定資産税評価額に倍率を乗じて評価した価額の30％相当額で評価します。

$$倍率地域の私道の価額 = その私道の固定資産税評価額 \times 0.3$$

3 私道評価しない場合

(1) 公衆用道路

　公衆の通行の用に供されている道路は，所有者が自由な利用ができませんので宅地としての価値はほとんどありません。一般的には，固定資産税が課税されていません。このような道路は原則的に評価しません。

(2) 不特定多数の者が利用している場合

　私道が不特定多数の者の通行の用に供されているときは，その私道の所有者にとって自由な活用がほとんどできません。このような宅地は所有権はあっても使用収益することができないので，その部分は公道と同様評価しません。

　道路部分が私道又は公道の判断を適切に行う必要があります。「不特定多数の者の通行の用に供されている」とは次のような場合のことをいいます。

① 公道から公道へ通り抜けできる私道

　下図のように，個人が所有する道路部分であっても通り抜けできる道路ですので，不特定多数の通行の用に供していると認められます。このような道路は実質的に公道と同様であると認められますので評価しません。

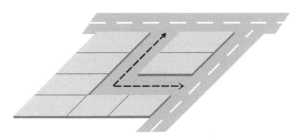

② 不特定多数の者が利用している行き止まりの私道

　行き止まりの私道であるが，その私道を通行して不特定多数の者が地域等の集会所，地域センター及び公園などの公共施設や商店街等に出入りしている場合などにおけるその私道は，実質的に公道として利用しているようなことから，所有者の自由な利用ができないため評価しません。

③ 私道の一部に公共バスの転回場や停留所が設けられている私道

下図のように，行き止まりの道路ではありますが，不特定多数の者が利用する状況にあるような場合は，同様に所有者の自由な利用ができないため評価しません。

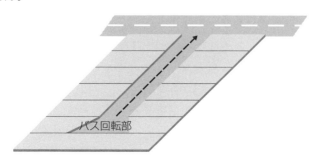

(3) 宅地の一部と認められる場合

宅地から公道に接続する道路であっても，その宅地の所有者等の通行の用に供している場合は，私道として評価することはできません。その宅地の所有者にとって，第三者の通行の容認という阻害要因がないため，その宅地は自由に使用することができます。このような宅地は，道路と使用している場合でも宅地の一部とみなされます。

例えば，次図のようにＡ宅地とＢ宅地の敷地の所有者が同一で，Ｂ宅地の一部として自己の通行のみで利用している場合は，Ａ宅地について，私道評価はできません。この場合はＡＢ合わせたところで１画地とし全体を一括して評価します。

実務的には，不整形地であるためその宅地全体の間口狭小補正や不整形地等の画地調整を行って計算します。

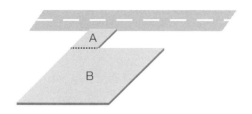

私道に接している宅地全体が貸付地である場合の私道の評価

私道に接する宅地全体が貸宅地です。この宅地を利用するために設けられている私道は自用地としての価額の30％で評価するのでしょうか。

——貸宅地にある私道はその土地全体が所有者が利用しているわけではなくまた自由な利用に制限があります。その宅地が接する私道部分については私道として30％を減じた上で貸宅地として評価します。

　貸家建付地にある私道についても同様，私道として評価を行った後に貸家建付地として評価します。

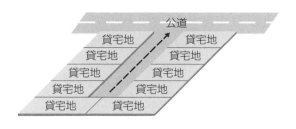

固定資産税評価で公衆用道路と表示された宅地

宅地のうち道路として利用している部分は固定資産税評価では公衆用道路として固定資産税が課税されていません。この土地は公衆用道路であるため，評価しなくてもいいのでしょうか。

——固定資産税評価における土地評価の地目が公衆用道路となっている場合でも，必ずしも公道であるとは限らないことに注意します。財産評価においては，固定資産税が公衆用道路として非課税となっているか否かということにかかわらず，実際の利用状況で判断します。実質的に私道とみなされる場合は，公衆用道路として固定資産税が賦課されない場合でも私道として評価します。

<u>マンションの敷地にある，歩道状空地は私道として評価できる場合がある</u>

マンションの敷地脇にある道路に沿って，敷地内に歩道が設けられています。この道路はインターロッキング舗装が施されており，居住者等以外の第三者が自由に通行できます。このような敷地も，マンションの敷地として評価するのでしょうか。

——空地とは，空き地や公園など利用されていない土地のことをいいます。敷地の一部ではあるが，実態は歩道として設置されている宅地を「歩道状空地」といいます。本来は，マンション等の敷地の一部として自用地評価すべきものですが，第三者の自由な通行の用に供されている場合，敷地の所有者の利用する権利が一定程度阻害されており，客観的交換価値に低下が認められます。このような歩道状空地は，私道として評価します。ただし，次の①～③に該当しており不特定多数の者の通行の用に供されている場合には，公衆用道路と同等であることから，その価額は評価しません（参考：2017年9月7日最高裁判決）。

① 都市計画法所定の開発行為の許可を受けるために，地方公共団体の指導要綱等を踏まえた行政指導によって整備されている

② 道路に沿って，歩道としてインターロッキングなどの舗装が施されている

③ 居住者等以外の第三者による自由な通行の用に供されている

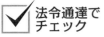
法令通達でチェック

財産評価基本通達
（私道の用に供されている宅地の評価）
24　私道の用に供されている宅地の価額は，11《評価の方式》から21-2《倍率方式による評価》までの定めにより計算した価額の100分の30に相当する価額によって評価する。この場合において，その私道が不特定多数の者の通行の用に供されているときは，その私道の価額は評価しない。

道路法
(用語の定義)
第2条　この法律において「道路」とは，一般交通の用に供する道で次条各号に掲げるものをいい，トンネル，橋，渡船施設，道路用エレベーター等道路と一体となつてその効用を全うする施設又は工作物及び道路の附属物で当該道路に附属して設けられているものを含むものとする。
2〜5　省略

道路交通法
(定義)
第2条　この法律において，次の各号に掲げる用語の意義は，それぞれ当該各号に定めるところによる。
一　道路　道路法(昭和27年法律第180号)第2条第1項に規定する道路，道路運送法(昭和26年法律第183号)第2条第8項に規定する自動車道及び一般交通の用に供するその他の場所をいう。

4

土地区画整理事業施行中の宅地の評価

1　土地区画整理事業とは

　土地区画整理事業とは，土地区画整理法に基づいて，都市計画区域内の土地を，公共施設の整備改善や宅地の利用の増進を図ることを目的として，土地の区画形質の変更及び公共施設の新設や変更する事業のことをいいます。

　具体的に言いますと，ある特定の地域で区画整理を行うと決定したとします。地域内の土地の所有者や借地権者等（以下「地権者」といいます）からその権利に応じて土地等の提供を受け，土地の区画を整えて宅地の利用を促進し，また，提供を受けた土地を道路・公園などの公共用地に充てる他，その一部（「保留地」といいます）を売却し，事業資金等に充てる事業のことをいいます。宅地を提供することにより，地権者の所有する面積が従前に比して減少します（「減歩」といいます）が，土地の区画が整い，都市計画道路や公園等の公共施設が整備される等，利用価値の高い宅地が得られるという大きなメリットがあります。

　土地区画整理事業を遂行するために土地を提供した地権者に対して，整理後の新たな宅地を提供します。この宅地を換地といいますが，土地区画整理事業そのものが完遂していない場合は，換地予定地の状態であるため仮換地といいます。「仮」の換地という表現をしますが，仮換地はその位置・形状等が明確であり測量も済んでいますので，事業が完了した場合は，その宅地がそのまま換地となります。

【土地区画整理事業のイメージ】

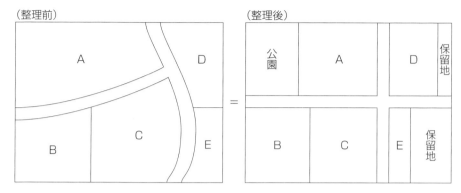

2 土地区画整理事業施行中の宅地の評価

　土地区画整理事業施行中の宅地の価額は，仮換地が指定されている場合と指定されていない場合とによって異なります（評基通24-2）。概要は次の表のとおりです。

仮換地の指定の有無	評価の方法	
仮換地が指定されていない場合	従前の宅地の価額で評価する	
仮換地が指定されている場合	仮換地の指定がある	財産評価基本通達の価額で評価する
	工事完了まで1年を超える	財産評価基本通達の価額の95％で評価する
	使用開始日が決められて使用ができず，かつ造成工事が行われていない	従前の宅地の価額で評価する

3 仮換地が指定されていない土地区画整理事業施行中の宅地の評価

　土地区画整理事業が進んでいる地域にある土地であっても，仮換地の指定が

いまだされていない土地については従前の土地の価額で評価します。整備未済の土地であり課税時期現在において整備された宅地としての価額が見込めないことによります。

4　仮換地が指定されている土地区画整理事業施行中の宅地の評価

(1)　仮換地が指定されている場合

①　事業者は換地処分を行う前に，土地の区画形質の変更や公共施設の新設，変更の工事のため必要がある場合や，換地計画に基づき換地処分を行うため必要がある場合は，土地区画整理法第98条「仮換地の指定」の規定に基づいて施行地区内の宅地について，仮換地を指定することができます。仮換地が指定されている場合には，その宅地を従前の宅地と同様に使用収益することができますので，財産評価基本通達に基づいて評価した価額に相当する価額によって評価します。財産評価基本通達は11（評価の方式）から21-2（倍率方式による評価）及び24（私道の用に供されている宅地の評価）のことをいい，路線価方式又は倍率方式により評価した価額です（評基通24-2）。

②　実務的には，仮換地の指定の通知で宅地が特定できますので，その宅地に付された路線価により画地調整を行って評価することができます。また，路線価が付されていない場合でも，土地区画整理事業施行中の宅地については，個別評価を行っていることが多いので管轄の税務署で確認できます。なお，路線価図や評価倍率表に「個別評価」と表示されている地域があります。このような地域は，公表されている路線価図等を基に評価できませんので，国税庁様式「個別評価申出書」及び「別紙1」「別紙2」(後掲)を使用して，評価する土地等の所在する地域の評定担当署の署長に提出します。個別評価対象地の評定担当署は，国税庁又は各国税局のホームページで確認できます。

(2) 仮換地指定されているが工事完了まで1年を超える場合

その仮換地が造成中で，工事が完了するまでの期間が1年を超えると見込まれる場合の仮換地の価額は，造成工事が完了したものとして，財産評価基本通達に基づいて評価した価額の95％に相当する金額によって評価します（評基通24-2）。

仮換地の指定を受けて，その宅地を使用収益する権利を取得した場合であっても，工事が進行中であり1年を超えるような場合は，地権者の自由な利用が制限されることによります。

(3) 使用又は収益を開始する日が定められ，造成工事が行われていないとき

仮換地が指定されている場合であっても，土地区画整理法第99条（仮換地の指定の効果）第2項の規定により，仮換地について使用又は収益を開始する日を別に定めるとされているため仮換地について，使用又は収益を開始することができず，かつ仮換地の造成工事が行われていないような場合は，従前の宅地をそのまま使用していることになります。このような場合は仮換地の価額で評価することは不合理であるので，従前の宅地の価額で評価します。この場合は95％評価できません。

清算金の授受がある場合

土地区画整理事業区域内の土地があり，仮換地の指定がありました。仮換地の評価を行いましたが，従前の土地と清算金として65万円支払うことになっていました。この清算金は土地評価の上で考慮されますか。

——土地区画整理事業は，錯綜した土地の権利関係や位置関係を整理するために行われます。そのため，従前の土地と異なった状況の換地となる場合があり，従前の土地の価額と換地の価額とはどうしても差が生じます。この差額が清算金で，清算金は支払う場合と受け取る場合があります。土地

区画整理事業の最終段階である換地処分の公告前であり，課税時期において確実と見込まれる清算金は，その金額を評価上考慮して，徴収されるものは仮換地の価額から減算し，交付されるものは加算して評価します。実務的には，ほとんどの場合，清算する金額が事前に計算されていますので，換地処分の公告が行われる前には明確となっています。

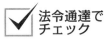 **法令通達でチェック**

財産評価基本通達
（土地区画整理事業施行中の宅地の評価）

24-2　土地区画整理事業（土地区画整理法（昭和29年法律第119号）第2条《定義》第1項又は第2項に規定する土地区画整理事業をいう。）の施行地区内にある宅地について同法第98条《仮換地の指定》の規定に基づき仮換地が指定されている場合におけるその宅地の価額は，11《評価の方式》から21-2《倍率方式による評価》まで及び前項の定めにより計算したその仮換地の価額に相当する価額によって評価する。

　　ただし，その仮換地の造成工事が施工中で，当該工事が完了するまでの期間が1年を超えると見込まれる場合の仮換地の価額に相当する価額は，その仮換地について造成工事が完了したものとして，本文の定めにより評価した価額の100分の95に相当する金額によって評価する。

（注）　仮換地が指定されている場合であっても，次の事項のいずれにも該当するときには，従前の宅地の価額により評価する。

1　土地区画整理法第99条《仮換地の指定の効果》第2項の規定により，仮換地について使用又は収益を開始する日を別に定めるとされているため，当該仮換地について使用又は収益を開始することができないこと。
2　仮換地の造成工事が行われていないこと。

土地区画整理法
（定義）

第2条　この法律において「土地区画整理事業」とは，都市計画区域内の土地について，公共施設の整備改善及び宅地の利用の増進を図るため，この法律で定めるところに従って行われる土地の区画形質の変更及び公共施設の新設又は変更に関する事業をいう。

2～8　省略

（仮換地の指定）
第98条　施行者は，換地処分を行う前において，土地の区画形質の変更若しくは公共施設の新設若しくは変更に係る工事のため必要がある場合又は換地計画に基づき換地処分を行うため必要がある場合においては，施行地区内の宅地について仮換地を指定することができる。この場合において，従前の宅地について地上権，永小作権，賃借権その他の宅地を使用し，又は収益することができる権利を有する者があるときは，その仮換地について仮にそれらの権利の目的となるべき宅地又はその部分を指定しなければならない。
2～7　省略

（仮換地の指定の効果）
第99条　前条第1項の規定により仮換地が指定された場合においては，従前の宅地について権原に基づき使用し，又は収益することができる者は，仮換地の指定の効力発生の日から第103条第4項の公告がある日まで，仮換地又は仮換地について仮に使用し，若しくは収益することができる権利の目的となるべき宅地若しくはその部分について，従前の宅地について有する権利の内容である使用又は収益と同じ使用又は収益をすることができるものとし，従前の宅地については，使用し，又は収益することができないものとする。
2・3　省略

【個別評価申出書】

平成＿＿年分　個別評価申出書

整理簿 ※

※印欄は記入しないでください。

＿＿＿＿＿＿＿税務署長

平成＿＿年＿＿月＿＿日　　申出者　住所(所在地)　〒＿＿＿＿＿＿＿＿＿＿＿
　　　　　　　　　　　　　(納税義務者)

　　　　　　　　　　　　　　　　　氏名(名称)＿＿＿＿＿＿＿＿＿＿＿印

　　　　　　　　　　　　　　　　　職業(業種)＿＿＿＿＿電話番号＿＿＿＿＿

相続税等の申告のため、財産評価基準書に「個別評価」と表示されている土地等を評価する必要があるので、次のとおり申し出ます。

1　個別評価を必要とする理由	☐　相続税申告のため（相続開始日＿＿年＿＿月＿＿日） 　　被相続人　住所＿＿＿＿＿＿＿＿＿＿＿＿ 　　　　　　　氏名＿＿＿＿＿＿＿＿＿＿＿＿ 　　　　　　　職業＿＿＿＿＿＿ ☐　贈与税申告のため（受贈日＿＿年＿＿月＿＿日）
2　個別評価する土地等の所在地、状況等	「別紙1　個別評価により評価する土地等の所在地、状況等の明細書」のとおり
3　添付資料	「別紙2　個別評価申出書添付資料一覧表」のとおり
4　連絡先	〒 住　所＿＿＿＿＿＿＿＿＿＿＿＿＿＿＿＿＿＿＿＿ 氏　名＿＿＿＿＿＿＿＿＿＿＿＿＿＿＿＿＿＿＿＿ 職　業＿＿＿＿＿＿＿＿＿電話番号＿＿＿＿＿＿＿
5　送付先	☐　申出者に送付 ☐　連絡先に送付

＊　☐欄には、該当するものにレ点を付してください。

記 載 方 法 等

　この申出書は、課税の対象となる土地等について、財産評価基準書の表示が「個別評価」と表示されている場合、又は評価倍率表に「個別」若しくは「個」と表示されている場合に、その土地等の評価を申し出るときに使用します。

1　この申出書は、相続税又は贈与税の申告のため、路線価図に「個別評価」と表示されている場合、又は評価倍率表に「個別」若しくは「個」と表示されている土地等を評価することが必要な場合に提出してください。

2　この申出書は、原則として、評価する土地等の所在する地域の個別評価の評定を行う税務署に提出してください。

3　個別評価により評価する土地等の所在地、状況等については、「別紙1　個別評価により評価する土地等の所在地、状況等の明細書」に記載してください。
　⑴　「評価する土地等の所在地(住居表示)」欄は、個別評価により評価する土地等(従前の土地)の所在地を1画地ごとに記載し、「評価する土地等の利用者名、利用状況及び地積」欄の利用状況は、「宅地(自用地)」、「宅地(貸地)」、「畑(自用)」などと記載してください。
　⑵　評価する土地等が土地区画整理事業地内の場合は、【土地区画整理事業の場合】の各欄へ以下の事項に留意の上、記載してください。
　　イ　「仮換地の指定の有無及び指定日」欄は、該当するものを〇で囲んでください。
　　ロ　仮換地の指定がある場合は、「仮換地の指定の有無及び指定日」欄にその指定日を記載し、「仮換地の所在地」欄に仮換地の所在地の街区番号及び画地番号を記載してください。
　　ハ　「仮換地の使用収益開始の有無」欄は、該当するものを〇で囲んでください。
　　ニ　使用収益が開始されている場合は、「仮換地の使用収益開始の有無」欄にその開始日を記載し、「利用者名、利用状況及び地積」欄に、その仮換地等の利用者名、利用状況及び地積を記載してください。
　　ホ　仮換地の使用収益が開始されていない場合には、「使用収益が開始されていない理由及び使用収益の開始予定日」欄に、その仮換地等の使用収益が開始されていない理由及び使用収益の開始予定日を記載してください。
　　ヘ　「仮換地の造成工事」及び「従前地の工事の状況」欄は、該当するものを〇で囲んでください。
　　ト　「清算金の有無等」欄は、該当するものを〇で囲み、有の場合は、交付又は徴収される清算金の額(徴収される場合は金額の頭に△を付してください。)を記載してください。
　　チ　「減歩割合」欄は、仮換地の地積を従前地の地積で除した割合(小数点以下2位未満四捨五入)を記載してください。
　⑶　評価する土地等が市街地再開発事業地内の場合は、【市街地再開発事業の場合】の各欄へ市街地再開発事業名及び権利変換期日を記載してください。
　⑷　「【その他】(参考事項)」欄は、上記⑴から⑶以外に土地の価格に影響を及ぼすと認められる事項がある場合に記載してください。

4　「5　送付先」欄は、希望する回答書の送付先にチェックしてください。

5　個別評価により評価する土地等の状況等が分かる資料(「別紙2　個別評価申出書　添付資料一覧表」を参照してください。)を添付してください。

別紙1　個別評価により評価する土地等の所在地、状況等の明細書

評価する土地等の所在地〔住居表示〕	〔　　　　　　　　〕	〔　　　　　　　　〕
評価する土地等の利用者名、利用状況及び地積	(利用者名) (利用状況) (地積)　　　　　　m^2	(利用者名) (利用状況) (地積)　　　　　　m^2

【土地区画整理事業の場合】

仮換地の指定の有無及び指定日	有　・　無 平成　　年　　月　　日	有　・　無 平成　　年　　月　　日
(仮換地の指定がある場合) 仮換地の所在地		
仮換地の使用収益開始の有無	有　・　無 (使用収益の開始日) 平成　　年　　月　　日	有　・　無 (使用収益の開始日) 平成　　年　　月　　日
(仮換地の使用収益が開始されている場合) 利用者名、利用状況及び地積	(利用者名) (利用状況) (地積)　　　　　　m^2	(利用者名) (利用状況) (地積)　　　　　　m^2
(仮換地の使用収益が開始されていない場合) 使用収益が開始されていない理由及び使用収益の開始予定日	(理由) (使用収益の開始予定日) 平成　　年　　月　　日	(理由) (使用収益の開始予定日) 平成　　年　　月　　日
仮換地の造成工事	工事完了・工事中・未着手	工事完了・工事中・未着手
従前地の工事の状況	工事完了・工事中・未着手	工事完了・工事中・未着手
清算金の有無等	有・無　　　　　　　　円	有・無　　　　　　　　円
減歩割合	％	％

【市街地再開発事業の場合】

市街地再開発事業名		
権利変換期日	平成　　年　　月　　日	平成　　年　　月　　日

【その他】

参考事項	

別紙2　個別評価申出書添付資料一覧表

資料の名称等	添付の有無
評価する土地等の案内図	□あり　□一部あり　□なし（添付できない理由等は以下のとおり）

【土地区画整理事業の場合】

資料の名称等	添付の有無
仮換地指定通知書	□あり　□一部あり　□なし（添付できない理由等は以下のとおり）
仮換地位置図	□あり　□一部あり　□なし（添付できない理由等は以下のとおり）
仮換地の公図又は実測図	□あり　□一部あり　□なし（添付できない理由等は以下のとおり）
従前地位置図	□あり　□一部あり　□なし（添付できない理由等は以下のとおり）
従前地の公図又は実測図	□あり　□一部あり　□なし（添付できない理由等は以下のとおり）
重ね図	□あり　□一部あり　□なし（添付できない理由等は以下のとおり）
仮換地の使用収益開始の日の通知書	□あり　□一部あり　□なし（添付できない理由等は以下のとおり）
（評価対象の土地が倍率地域に存する場合）固定資産税評価証明書	□あり　□一部あり　□なし（添付できない理由等は以下のとおり）
（評価対象の土地が倍率地域に存する土地で、宅地以外の場合）近傍宅地の1㎡当たりの固定資産税評価額の表示	□あり　□一部あり　□なし（添付できない理由等は以下のとおり）

【市街地再開発事業の場合】

資料の名称等	添付の有無
権利変換計画書等	□あり　□一部あり　□なし（添付できない理由等は以下のとおり）
権利変換期日等の通知書	□あり　□一部あり　□なし（添付できない理由等は以下のとおり）
権利変換登記後の登記事項証明書等	□あり　□一部あり　□なし（添付できない理由等は以下のとおり）

【その他】

資料の名称等	添付の有無
参考資料	

5
造成中の宅地の評価

1 造成中の宅地とは

　造成中の宅地とは農地に土盛をする，山林を伐採整理する等，宅地として活用するために，大規模な土木工事を行っている途中の宅地のことをいいます。造成中の土地は，元の土地の価額ではないが，かといって造成後の宅地の価額ともなりません。また，造成開始直後と造成完了直前の価額も大きく異なります。

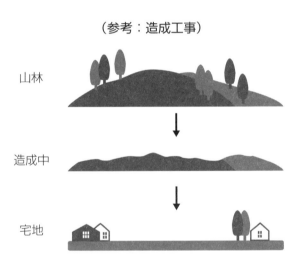

（参考：造成工事）

山林

↓

造成中

↓

宅地

2 造成中の宅地の評価

　宅地を目指して変貌中の土地の価額は，各時点の適正な価額を算出する必要があります。まず，その土地の造成工事着手直前の地目（以下「直前地目」と

いいます）により評価した課税時期における価額を算出します。次に，造成工事に着手した時から課税時期までにかかった造成費用，例えば埋立費，土盛費，土止め費等の合計額を，課税時期現在の価額（費用現価）におきなおします。この価額の80％と，直前地目で評価した価額の合計額が，造成中の宅地の価額となります。

```
造成中の宅地の価額＝
    直前地目で評価した土地の，課税時期現在の価額＋費用現価の80％
```

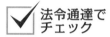法令通達でチェック

財産評価基本通達
（造成中の宅地の評価）
24-3　造成中の宅地の価額は，その土地の造成工事着手直前の地目により評価した課税時期における価額に，その宅地の造成に係る費用現価（課税時期までに投下した費用の額を課税時期の価額に引き直した額の合計額をいう。以下同じ。）の100分の80に相当する金額を加算した金額によって評価する。

6 農業用施設用地の評価

1 農業用施設用地とは

　ここで唐突に農業用施設用地が出てきましたが，農業のために必要な施設の敷地は，基本的に宅地です。

　農業用施設用地とは，農業振興地域の整備に関する法律及び施行規則に定められている農用地の一つで，次の用途に供される土地です。

① 畜舎，蚕室，温室，農産物集出荷施設，農産物調製施設等
② 堆肥舎，種苗貯蔵施設，農機具収納施設等農業生産資材の貯蔵又は保管の用に供する施設
③ 耕作者等が設置する農畜産物の加工販売施設
④ 廃棄された農産物等の処理施設

　農業用施設の敷地は現況地目は宅地ですが営農のために欠かすことのできないもので，農地と同様，住宅等への転用が制限を受けていることから，実質的に農地と同様の扱いとなります。また，宅地ではありますが，通常の宅地価額での取引ができません。そのため，農用地区域内の農業用施設用地の固定資産税評価額は，近傍農地の価額に，造成費に相当する金額を加算した金額となっています。

2 農業用施設用地の評価

(1) 原則的評価

　農業振興地域の整備に関する法律第8条第2項第1号に規定する農用地区域内，又は市街化調整区域内に存する農業用施設の用に供されている宅地の価

額は，その宅地が農地であるとした場合の1㎡当たりの価額に，造成費相当額を加算し，その宅地の地積を乗じて計算した金額によって評価します。

　ここで，農業用施設用地の固定資産税を基に計算するのではないことに留意します。

　なお，造成費とは，整地，土盛り又は土止めに要する費用のことで，財産評価基準書の市街地農地等の宅地造成費を適用します（第Ⅵ章「1　農地の評価」参照）。また農業用施設の1㎡当たりの価額は，その付近にある標準的な宅地の1㎡当たりの価額を限度とします。

> 農業用施設用地の価額＝
>   （近傍農地の固定資産税評価額×評価倍率＋造成費）×地積

(2) 宅地価額で取引されると認められる場合の評価

　評価対象地が，その付近にある宅地の価額と同様の価額で取引されると認められる場合は，敢えて農業用施設用地として区分する必要がありませんので，宅地と同様の評価をします。

> 宅地価額で取引されると認められる場合の価額＝
>   近傍宅地の1㎡当たりの価額×評価倍率×地積

事例でチェック

農用地区域内等以外の地域にある農業用施設用地の評価

農用地区域内等以外の地域に存する，農業用施設の用に供されている土地の評価はどうするのですか。

　――農用地区域内等以外の地域に存する土地は，開発行為，建築物の建築等の土地利用に関して農用地区域内等のような制限がないので，その地目に従って通常の宅地又は雑種地の評価方法により評価します。

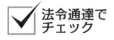 法令通達でチェック

財産評価基本通達
(農業用施設用地の評価)

24-5　農業振興地域の整備に関する法律(昭和44年法律第58号)第8条第2項第1号に規定する農用地区域(以下「農用地区域」という。)内又は市街化調整区域内に存する農業用施設(農業振興地域の整備に関する法律第3条第3号及び第4号に規定する施設をいう。)の用に供されている宅地(以下本項において「農業用施設用地」という。)の価額は、その宅地が農地であるとした場合の1平方メートル当たりの価額に、その農地を課税時期において当該農業用施設の用に供されている宅地とする場合に通常必要と認められる1平方メートル当たりの造成費に相当する金額として、整地、土盛り又は土止めに要する費用の額がおおむね同一と認められる地域ごとに国税局長の定める金額を加算した金額に、その宅地の地積を乗じて計算した金額によって評価する。

　ただし、その農業用施設用地の位置、都市計画法の規定による建築物の建築に関する制限の内容等により、その付近にある宅地(農業用施設用地を除く。)の価額に類似する価額で取引されると認められることから、上記の方法によって評価することが不適当であると認められる農業用施設用地(農用地区域内に存するものを除く。)については、その付近にある宅地(農業用施設用地を除く。)の価額に比準して評価することとする。

(注)
1　その宅地が農地であるとした場合の1平方メートル当たりの価額は、その付近にある農地について37《純農地の評価》又は38《中間農地の評価》に定める方式によって評価した1平方メートル当たりの価額を基として評価するものとする。
2　農用地区域内又は市街化調整区域内に存する農業用施設の用に供されている雑種地の価額については、本項の定めに準じて評価することに留意する。

農業振興地域の整備に関する法律
(定義)

第3条　この法律において「農用地等」とは、次に掲げる土地をいう。
一　耕作の目的又は主として耕作若しくは養畜の業務のための採草若しくは家畜の放牧の目的に供される土地(以下「農用地」という。)
二　木竹の生育に供され、併せて耕作又は養畜の業務のための採草又は家畜の放牧の目的に供される土地(農用地を除く。)
三　農用地又は前号に掲げる土地の保全又は利用上必要な施設の用に供される土地

四　耕作又は養畜の業務のために必要な農業用施設（前号の施設を除く。）で農林水産省令で定めるものの用に供される土地

（市町村の定める農業振興地域整備計画）
第8条　都道府県知事の指定した一の農業振興地域の区域の全部又は一部がその区域内にある市町村は，政令で定めるところにより，その区域内にある農業振興地域について農業振興地域整備計画を定めなければならない。
2　農業振興地域整備計画においては，次に掲げる事項を定めるものとする。
　　一　農用地等として利用すべき土地の区域（以下「農用地区域」という。）及びその区域内にある土地の農業上の用途区分
　　二～六　省略
3・4　省略

農業振興地域の整備に関する法律施行規則

（耕作又は養畜の業務のために必要な農業用施設）
第1条　農業振興地域の整備に関する法律（以下「法」という。）第三条第四号の農林水産省令で定める農業用施設は，次に掲げるものとする。
　　一　畜舎，蚕室，温室，農産物集出荷施設，農産物調製施設，農産物貯蔵施設その他これらに類する農畜産物の生産，集荷，調製，貯蔵又は出荷の用に供する施設
　　二　堆肥舎，種苗貯蔵施設，農機具収納施設その他これらに類する農業生産資材の貯蔵又は保管（農業生産資材の販売の事業のための貯蔵又は保管を除く。）の用に供する施設
　　三　耕作又は養畜の業務を営む者が設置し，及び管理する次に掲げる施設
　　　イ　主として，自己の生産する農畜産物又は当該農畜産物及び当該施設が設置される市町村の区域内若しくは農業振興地域内において生産される農産物（ロにおいて「自己の生産する農畜産物等」という。）を原料又は材料として使用する製造又は加工の用に供する施設
　　　ロ　主として，自己の生産する農畜産物等又は自己の生産する農畜産物等を原料若しくは材料として製造され若しくは加工されたものの販売の用に供する施設
　　四　廃棄された農産物又は廃棄された農業生産資材の処理の用に供する施設（第38条において「農業廃棄物処理施設」という。）

7
セットバックを必要とする宅地の評価

1 セットバックとは

　建物を建築するに際してその敷地は道路に2m以上接していなければなりません（建築基準法43）。ここでいう道路とは，幅員4m以上のものをいいます。幅員4m未満の土地に建物を建築することはできません。しかし現実には，4m未満の道は多くあり，建物が建築されています。

　建築基準法第42条第2項に規定する道路（以下「2項道路」といいます）は将来，建物の建替・増築・大規模修繕等を行う場合（以下「建替え等」といいます）は，その道路の中心線から左右に2mずつ後退した線を境界線として道路として提供しなければなりません。このように現実の道路の境界線から後退することをセットバックといいます。例えば，幅3mの道の両側に家が建ち並んでいて，2項道路に指定されていれば，建替える際には中心線から2m，敷地境から0.5m後退しなければなりません。当然セットバック部分は道路部分として提供されるため建ぺい率・容積率の算定の際，敷地に含めることはできません。建物を建築することができないということは，もちろん塀等も建てることはできません。

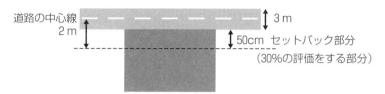

【セットバックの例】

2 セットバックを必要とする宅地の評価

　セットバックする宅地は，現在建物の敷地として利用しているとしても，将来の建替え等の際に利用できない部分となります。そのためセットバックを行う部分については利用制限がある宅地として減額することができます。

　具体的にはその宅地について道路として提供する必要がないものとした場合の価額（自用地価額）から，セットバック部分の価額の70％を控除した価額によって評価します（評基通24-6）。私道と同様30％の価値となります。

$$
\text{セットバックを必要とする宅地の価額} = \text{セットバック部分を含めた評価額（A）} - \left((A) \times \frac{\text{セットバックする地積}}{\text{宅地全体の地積}} \times 0.7 \right)
$$

3 セットバックを必要とする宅地の計算例

　正面路線価が200,000円，道路幅3ｍ，道路の中心線より50cmのセットバックを必要とする宅地の面積が10㎡の場合の宅地の価額は次のとおりです。

【計算の前提】

正面路線価	200,000円/㎡	間口距離	20.0m
奥行距離	15.0m	セットバックする部分	10㎡（50cm×20m）
地積	300.0㎡		

【計算式】

① 宅地全体の価額

　　（正面路線価）　（地積）
　　200,000円 × 300.0㎡ ＝ 60,000,000円

② セットバック部分の計算

　　（①の金額）　　　　　　　（補正率）
　　60,000,000円 × $\dfrac{10.0㎡}{300.0㎡}$ × 0.7 ＝ 1,400,000円

③ 宅地の評価額

　　（①の金額）　　（②の金額）
　　60,000,000円 － 1,400,000円 ＝ 58,600,000円

事例で
チェック

セットバックした宅地の場合

自宅敷地は2項道路に面していたため、建物を建築するに際してセットバックしました。この場合、セットバックした部分の評価はどのようにするのでしょうか。実際上その宅地は近隣の住人の道路としても使用しています。

——セットバックした宅地は道路として使用されていますのでその部分の利用状況に応じて評価します。つまり、私道もしくは通り抜けができ不特定多数の者の通行の用に供しているのであれば、公衆用道路として評価することになります。

市街地農地のセットバック

市街地農地があります。前面道路は3mであるため宅地であれば0.5mのセットバックができますが、市街地農地もセットバックすることができますか。

——市街地農地は、宅地の転用許可を受けているか農業委員会に届出をするだけで転用できるため宅地と同様の評価をし、造成費を控除します。市街

地農地が接している道路が，建築基準法の要件を満たしていない場合，セットバックする必要があります。

市街地農地のセットバックと宅地造成費

市街地農地の評価をするに際して，セットバックが必要であることがわかりました。市街地農地の計算をする場合，宅地造成費を控除しますが，セットバックの計算前の価額から宅地造成費を控除するのでしょうか。
──市街地農地の評価は，その農地が宅地であるとした場合の1㎡当たりの価額から宅地造成費を控除して計算します。セットバックを必要とする宅地の場合，セットバック後の価額によります。宅地造成費はセットバックの計算をした価額から控除します。

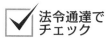

財産評価基本通達
（セットバックを必要とする宅地の評価）
24-6　建築基準法第42条第2項に規定する道路に面しており，将来，建物の建替え時等に同法の規定に基づき道路敷きとして提供しなければならない部分を有する宅地の価額は，その宅地について道路敷きとして提供する必要がないものとした場合の価額から，その価額に次の算式により計算した割合を乗じて計算した金額を控除した価額によって評価する。ただし，その宅地を24-4《広大地の評価》(1)又は(2)により計算した金額によって評価する場合には，本項の定めは適用しないものとする。

$$\frac{\text{将来，建物の建替え時等に道路敷きとして提供しなければならない部分の地積}}{\text{宅地の総地積}} \times 0.7$$

建築基準法
（道路の定義）
第42条　この章の規定において「道路」とは，次の各号の1に該当する幅員4メートル（特定行政庁がその地方の気候若しくは風土の特殊性又は土地の状況により必要と認めて都

道府県都市計画審議会の議を経て指定する区域内においては，6メートル。次項及び第3項において同じ。）以上のもの（地下におけるものを除く。）をいう。
　一～五　省略
2　この章の規定が適用されるに至つた際現に建築物が立ち並んでいる幅員4メートル未満の道で，特定行政庁の指定したものは，前項の規定にかかわらず，同項の道路とみなし，その中心線からの水平距離2メートル（前項の規定により指定された区域内においては，3メートル（特定行政庁が周囲の状況により避難及び通行の安全上支障がないと認める場合は，2メートル）。以下この項及び次項において同じ。）の線をその道路の境界線とみなす。ただし，当該道がその中心線からの水平距離2メートル未満でがけ地，川，線路敷地その他これらに類するものに沿う場合においては，当該がけ地等の道の側の境界線及びその境界線から道の側に水平距離4メートルの線をその道路の境界線とみなす。

8
都市計画道路予定地の区域内にある宅地の評価

1 都市計画道路とは

　都市計画道路とは，都市計画法に基づいて整備される公共施設の一環としての道路のことをいいます（都市計画法11）。都市計画法には道路の他公園用地，河川，学校用地等々，様々な施設が予定されています。これらに該当する用地の利用には当然，一定の制限があります。都市計画道路予定地の区域内では，2階以下で容易に移転又は除去できる建物しか建築できません。将来道路予定地として買収の対象となることがはっきりしているため，普通の宅地として利用するには制限があります。

【都市計画道路の例】

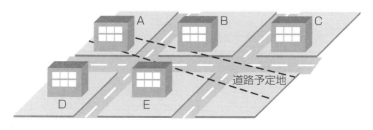

2 都市計画道路予定地にある宅地の評価

　都市計画道路予定地の区域内となる部分を有する宅地の価額は，建築に対する一定の制限を見込んで減額することとなっています。事業決定が行われ，買収されるまでの時期や期間が明確ではありませんが，いずれかは事業が施行されるため土地の活用が阻害されます。そこで，評価にあたっても一定の割合を

第Ⅳ章　特殊な宅地の評価

減額することとなっています。評価対象地が，都市計画道路予定地となる部分が都市計画道路予定地の区域内となる部分でないものとした場合の価額に，地区区分，容積率，地積割合の別に応じて，財産評価基本通達に定める補正率を乗じて計算した価額によって評価します（評基通24-7）。

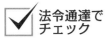

財産評価基本通達
（都市計画道路予定地の区域内にある宅地の評価）
24-7　都市計画道路予定地の区域内（都市計画法第4条第6項に規定する都市計画施設のうちの道路の予定地の区域内をいう。）となる部分を有する宅地の価額は，その宅地のうちの都市計画道路 予定地の区域内となる部分が都市計画道路予定地の区域内となる部分でないものとした場合の価額に，次表の地区区分，容積率，地積割合の別に応じて定める補正率を乗じて計算した価額によって評価する。

地区区分 容積率 地積割合	ビル街地区 高度商業地区			繁華街地区 普通商業・併用住宅地区			普通住宅地区 中小工場地区 大工場地区	
	600%未満	600%以上700%未満	700%以上	300%未満	300%以上400%未満	400%以上	200%未満	200%以上
30%未満	0.91	0.88	0.85	0.97	0.94	0.91	0.99	0.97
30%以上60%未満	0.82	0.76	0.70	0.94	0.88	0.82	0.98	0.94
60%以上	0.70	0.60	0.50	0.90	0.80	0.70	0.97	0.90

（注）　地積割合とは，その宅地の総地積に対する都市計画道路予定地の部分の地積の割合をいう。

9

文化財建造物である家屋の敷地の用に供されている宅地の評価

1 文化財建造物とは

　文化財とは，文化財保護法で保護される建造物，絵画，彫刻，工芸品，書跡，典籍，古文書その他の有形の文化的所産です。我が国にとって歴史上又は芸術上価値の高いものである「有形文化財」，演劇，音楽，工芸技術その他の無形の文化的所産である「無形文化財」，その他にも「民俗文化財」「記念物」「文化的景観」「伝統的建造物群」等があります（文化財保護法2）。

　このうち文化財建造物とは，文化財保護法第27条第1項に規定する重要文化財に指定された建造物（久能山東照宮，旧岩崎家住宅等），同法第58条第1項に規定する登録有形文化財である建造物（高知県の畠中家住宅等）及び文化財保護法施行令第4条第3項第1号に規定する伝統的建造物（秋田県角館の武家屋敷群等）である家屋のことをいいます。

2 文化財建造物である家屋の敷地の用に供されている宅地の評価

(1) 文化財建造物の敷地の評価

　重要文化財，登録有形文化財及び伝統的建造物である家屋について，管理や形状の変更は，その区分により文化庁長官に届け出る等の規制があり，その家屋を所有者が自由に改変することはできません。その家屋の敷地についても，自由な処分をすることができず，所有権に対して大きな制限が加えられます。また文化財保護法第2条第1項で「建造物，絵画，彫刻，工芸品，書跡，典籍，古文書その他の有形の文化的所産で，我が国にとつて歴史上又は芸術上価値の高いもの（これらのものと一体をなして，その価値を形成している土地その他

の物件を含む。)」としてその敷地の保護もされています。そのため文化財建造物の敷地となっている宅地の価額は，それが文化財建造物である家屋の敷地でないものとした場合の価額，いわゆる自用地価額から，その自用地としての価額に次表の「文化財建造物の種類に応じて定める割合」を乗じて計算した金額を控除した金額によって評価します（評基通24-8）。また，その文化財建造物である家屋と一体をなして価値を形成している土地がある場合には，その土地の価額についても，この取扱いによることに留意してください（評基通24-8注）。

この控除割合は文化財建造物自体の評価においても適用されます（評基通89-2）。

【文化財建造物の種類に応じて定める割合】

文化財建造物の種類	控除割合
重要文化財	0.7
登録有形文化財	0.3
伝統的建造物	0.3

> 文化財建造物である家屋の敷地の価額＝
>   宅地の自用地価額×（1-0.7（又は0.3））

(2) 固定資産税評価額が付されていない場合

文化財建造物である家屋及びその敷地の用に供されている宅地は，固定資産税が賦課されないものがあり，固定資産税評価額が付されていない場合があります。倍率方式により評価する場合は，固定資産税評価額が基準となりますが，付されていない場合は，その宅地と状況が類似する付近の宅地の固定資産税評価額を基として，付近の宅地とその宅地との位置，形状等の条件差を考慮した上で，その宅地の固定資産税評価額に相当する額を算出します。その額に倍率を乗じて計算した金額を基に(1)の控除割合を適用します。実務的には，この様

な土地の評価は困難ですが，事例としては多くないでしょう。

(3) 文化財建造物である家屋と一体となっている土地の評価

　文化財建造物である家屋の敷地とともに，その文化財建造物である家屋と一体をなして価値を形成している土地がある場合，財産評価基本通達24-8を適用して評価します。例えば，その文化財建造物である家屋と一体をなして，価値を形成している山林がある場合，財産評価基本通達により評価した山林の価額から，その価額に，文化財建造物の種類に応じて定める割合を乗じて計算した金額を，控除した金額によって評価します（評基通24-8注）。

3　文化財建造物である構築物の敷地の用に供されている土地の評価

　文化財建造物である構築物，例えば仏塔，橋梁や隧道などの敷地の用に供されている土地は宅地ではなく雑種地です。それらの敷地の用に供されている土地の価額は，雑種地として評価した価額から，その価額に上記 2 (1)「文化財建造物の種類に応じて定める割合」に定める割合を乗じて計算した金額を控除した金額によって評価します（評基通83-3）。構築物の敷地は雑種地となることから，別途定められていますが，評価の基本は「文化財建造物である家屋の敷地の用に供されている宅地の評価」と同様です。

　なお，文化財建造物である構築物の敷地とともに，その文化財建造物である構築物と一体をなして価値を形成している土地がある場合には，文化財家屋の敷地と同様，その土地の価額は，財産評価基本通達24-8（注）に準じて評価します。

| 景観重要建造物の家屋と敷地の評価

相続した家屋及びその敷地が景観重要建造物に指定されています。この家屋や敷地は，増改築に制限を受けますので，評価にあたって減額できますか。

――景観法に基づき景観重要建造物に指定された家屋及びその敷地は，一定の制限を受けるため通常の評価をすることは納税者にとって不利益になることから，文化財建造物である登録有形文化財の家屋の評価（評基通89-2）及びその敷地の評価（評基通24-8）方法に準じて，自用としての価額から30％を控除した金額で評価をすることが適切です。

　景観重要建造物とは「景観法」に基づいて指定された建造物及びその敷地をいいます。景観法とは，良好な景観の形成を促進するため，景観計画の策定その他の施策を総合的に講ずることにより，美しく風格のある国土の形成，潤いのある豊かな生活環境の創造及び個性的で活力ある地域社会の実現を図り，もって国民生活の向上並びに国民経済及び地域社会の健全な発展に寄与することを目的とします（景観法1）。景観行政団体の長は，景観計画区地内の良好な景観の形成に重要な建造物を景観重要建造物として指定することができます（景観法19）。そして景観行政団体の長の許可を受けなければ，景観重要建造物の増築，改築，移転若しくは除却，外観を変更することとなる修繕若しくは模様替又は色彩の変更ができません（景観法22）。代表的な地域として平泉町景観地区（岩手県），高野山景観地区（和歌山県）及び倉敷市美観地区（岡山県）などがあります。

歴史的風致形成建造物の家屋と敷地の評価

相続した家屋及びその敷地が歴史的風致形成建造物に指定されています。この家屋や敷地は，増改築に制限を受けますので，評価にあたって減額できますか。

　――歴史まちづくり法に基づき歴史的風致形成建造物に指定された家屋及びその敷地は，一定の制限を受けるため通常の評価をすることは納税者にとって不利益になることから，文化財建造物である登録有形文化財の家屋の評価（評基通89-2）及びその敷地の評価（評基通24-8）方法に準じて，自用としての価額から30％を控除した金額で評価をすることが適切です。

歴史的風致形成建造物とは「地域における歴史的風致の維持及び向上に関する法律（以下「歴史まちづくり法」といいます）に基づいて指定された建造物及びその敷地をいいます。歴史まちづくり法とは，地域における歴史上価値の高い建造物及びその周辺の市街地とが一体となって形成してきた良好な市街地の環境の維持及び向上を図るため，文部科学大臣等による歴史的風致維持向上基本方針の策定及び市町村が作成する歴史的風致維持向上計画の認定，及び歴史的風致維持向上計画に基づく特別の措置等を講ずることにより，個性豊かな地域社会の実現を図り，もって都市の健全な発展及び文化の向上に寄与することを目的とします（歴史まちづくり法1）。　歴史的風致形成建造物の増築，改築，移転又は除却をしようとする場合，着手する日の30日前までに，市町村長に届け出ることとなっています（歴史まちづくり法15）。代表的な街として金沢市（石川県），鎌倉市（神奈川県）及び萩市（山口県）などがあります。

法令通達でチェック

財産評価基本通達
（文化財建造物である家屋の敷地の用に供されている宅地の評価）
24-8　文化財保護法（昭和25年法律第214号）第27条第1項に規定する重要文化財に指定された建造物，同法第58条第1項に規定する登録有形文化財である建造物及び文化財保護法施行令（昭和50年政令第267号）第4条第3項第1号に規定する伝統的建造物（以下本項，83-3《文化財建造物である構築物の敷地の用に供されている土地の評価》，89-2《文化財建造物である家屋の評価》及び97-2《文化財建造物である構築物の評価》において，これらを「文化財建造物」という。）である家屋の敷地の用に供されている宅地の価額は，それが文化財建造物である家屋の敷地でないものとした場合の価額から，その価額に次表の文化財建造物の種類に応じて定める割合を乗じて計算した金額を控除した金額によって評価する。
　なお，文化財建造物である家屋の　敷地の用に供されている宅地（21《倍率方式》に定める倍率方式により評価すべきものに限る。）に固定資産税評価額が付されていない場合には，文化財 建造物である家屋の敷地でないものとした場合の価額は，その宅地

と状況が類似する付近の宅地の固定資産税評価額を基とし，付近の宅地とその宅地との位置，形状等の条件差を考慮して，その宅地の固定資産税評価額に相当する額を算出し，その額に倍率を乗じて計算した金額とする。

文化財建造物の種類	控除割合
重要文化財	0.7
登録有形文化財	0.3
伝統的建造物	0.3

（注）文化財建造物である家屋の敷地とともに，その文化財建造物である家屋と一体をなして価値を形成している土地がある場合には，その土地の価額は，本項の定めを適用して評価することに留意する。したがって，例えば，その文化財建造物である家屋と一体をなして価値を形成している山林がある場合には，この通達の定めにより評価した山林の価額から，その価額に本項の文化財建造物の種類に応じて定める割合を乗じて計算した金額を控除した金額によって評価する。

（文化財建造物である構築物の敷地の用に供されている土地の評価）

83-3 文化財建造物である構築物の敷地の用に供されている土地の価額は，82《雑種地の評価》の定めにより評価した価額から，その価額に24-8《文化財建造物である家屋の敷地の用に供されている宅地の評価》に定める割合を乗じて計算した金額を控除した金額によって評価する。

なお，文化財建造物である構築物の敷地とともに，その文化財建造物である構築物と一体をなして価値を形成している土地がある場合には，その土地の価額は，24-8の（注）に準じて評価する。

地方税法

（固定資産税の非課税の範囲）

第348条

2 固定資産税は，次に掲げる固定資産に対しては課することができない。ただし，固定資産を有料で借り受けた者がこれを次に掲げる固定資産として使用する場合においては，当該固定資産の所有者に課することができる。

一～七の二（省略）

八 文化財保護法（昭和25年法律第214号）の規定によつて国宝，重要文化財，重要有形民俗文化財，特別史蹟，史蹟，特別名勝，名勝，特別天然記念物若しくは天然記念物として指定され，若しくは旧重要美術品等の保存に関する法律（昭和8年法律第43

号）第2条第1項の規定により認定された家屋又はその敷地

八の二　文化財保護法第144条第1項に規定する重要伝統的建造物群保存地区内の家屋で政令で定めるもの

九〜四十三（省略）

3〜6（省略）

10
利用価値の著しく低下している宅地の評価

1　利用環境等が悪い土地

　今まで述べてきました宅地の評価については，画地調整や形状等の違いによるものがほとんどです。

　しかし，住宅等として活用する宅地については，保有する価値だけではなく，実際に利用する住環境においても価額の差異が生じます。例えば，不快な臭気を発する工場や墓地等に隣接する宅地，道路から低い位置にあるような宅地は，当然のことながら，取引の際の減額要素となります。踏切と道路に挟まれ騒音が絶え間のない宅地もそうでしょう。端的に言いますと，恒常的に平穏な日常生活が阻害されているような場所のことでもあります。

2　利用価値の著しく低下している宅地の評価

　利用価値が著しく低下しているとは，その宅地が接する路線に付された路線価を基に，同一路線であっても，特にその宅地の価格形成に及ぶと考えられる特殊事情があるような場合のことをいうと考えられます。路線価は一定の水準での取引価額を基に策定されていますので，個別の住環境については対応できません。つまり，このような要素については減額を適用する基準がありません。

　そこで利用価値が著しく低下している土地については，利用価値が低下していると認められる部分の面積に対応する価額に10％を乗じて計算した金額を控除した価額により評価します。利用価値が著しく低下している部分を，適切に判断する必要があります。また，評価は10％を減じることとなっているので，10％以内での任意の減額をすることではないことに留意してください。なお，

この取扱いは通達等ではなく、国税庁ホームページのタックスアンサーで公開されています。

利用価値の著しく低下しているとは、具体的には次のような宅地のことをいいます。

① 道路より高い位置にある宅地又は低い位置にある宅地で、その付近にある宅地に比し著しく高低差があるもの
② 地盤に甚だしい凹凸のある宅地
③ 振動の甚だしい宅地
④ ①から③までに掲げる宅地以外の宅地で、騒音、日照阻害、臭気、忌み等により、その取引金額に影響を受けると認められるもの

3　農地又は山林の場合

市街地農地、市街地周辺農地及び市街地山林は宅地比準方式で評価します。造成費用を投下しても、周辺環境が著しく悪く、利用価値が低下しているような場合についても同様に減額することができます。

4　減額できない場合

利用価値が著しく低下している宅地であっても、その利用価値の低下について考慮した上で路線価又は倍率が付されている場合には、減額はできないことに注意してください。つまり、その路線に面する地域全体が利用価値が著しく減じられている区域に該当する場合は、その条件で路線価が付されていると考えられます。またよくある例ですが、丘陵地帯を階段状に開発した団地などは、その宅地の高低差を加味したところで路線価が付されていますので、減額できないことになります。

その宅地だけ低い位置にある場合

路線価100,000円に面した宅地200㎡があります。この路線に面している宅地のうち，評価対象地とその両隣の土地が道路から3mから5mほど低いところにあります。評価する上で何らかの斟酌ができますか。

――路線価は原則として，道路に水平に接している宅地を基に付されています。この道路に面した他の宅地より著しく低いところにあるとして，利用価値の著しく低下している宅地となり10%を減じた評価をすることができます。なお，宅地としての効用はありますので，道路までのかさ上げ費用等，宅地造成に要する費用を控除することはできないと考えます。

一般的には，道路から1.2m低いだけでも家屋内がよく見えるので，斟酌可能です。逆に2.3m高い場合は，使い勝手がよくなります。

宅地の価額は次の計算によります。

100,000円×200㎡×（1－0.1）＝18,000,000円

周囲に寺院が多い場合

評価対象地の周辺は寺院や墓が多くあります。利用価値が著しく低下している宅地として評価額の10%減ができますか。

――路面に甚だしい凹凸がある宅地や，高低差のある土地，忌み地等については利用価値が著しく低下しており，通常の価額での売買は難しいということで評価額の10%を減じることができます。これはその宅地固有の事象として対象になります。

近隣が寺院や墓が多い地域は，そのことを前提として売買が行われており，路線価は売買実例を基に策定されています。であるため，その周囲の環境等については路線価に織り込み済みであると考えられ，10%減はできないと考えます。

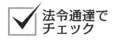 法令通達でチェック

タックスアンサー

（No.4617 利用価値が著しく低下している宅地の評価）

　次のようにその利用価値が付近にある他の宅地の利用状況からみて，著しく低下していると認められるものの価額は，その宅地について利用価値が低下していないものとして評価した場合の価額から，利用価値が低下していると認められる部分の面積に対応する価額に10％を乗じて計算した金額を控除した価額によって評価することができます。

1　道路より高い位置にある宅地又は低い位置にある宅地で，その付近にある宅地に比べて著しく高低差のあるもの
2　地盤に甚だしい凹凸のある宅地
3　震動の甚だしい宅地
4　1から3までの宅地以外の宅地で，騒音，日照阻害（建築基準法第56条の2に定める日影時間を超える時間の日照阻害のあるものとします。），臭気，忌み等により，その取引金額に影響を受けると認められるもの

　また，宅地比準方式によって評価する農地又は山林について，その農地又は山林を宅地に転用する場合において，造成費用を投下してもなお宅地としての利用価値が著しく低下していると認められる部分を有するものについても同様です。

　ただし，路線価又は倍率が，利用価値の著しく低下している状況を考慮して付されている場合にはしんしゃくしません。

11
短期間の賃貸借契約のある土地等の評価

1 短期間の賃貸借契約のある土地とは

　土地の貸付けは，借地権を設定して長期間の契約をするものから，一時貸しのような短期間の契約のものがあります。短期間の貸付けの例としては，月極め駐車場や資材置場などが代表的なものでしょう。数か月若しくは1年単位の短期間の貸付であるため，借地権や地上権等その土地に対する権利を発生することなく，契約の満了をもって終了することが一般的です。契約内容にもよりますが，慣習的に賃貸人，借地人ともに納得している利用形態です。

2 短期間の賃貸借契約の土地の評価

　1年契約のような短期間の土地使用契約に基づく土地の権利は，契約満了と同時に返却され，所有者の利用を妨げるものではないため，その土地の評価は借地権や地上権等がない自用地として評価するのが実態に合っています。また，利用者にとっても，その土地に対する権利が発生していないため，その利用権は評価しません。

　駐車場として貸し付けている土地については，一定期間その土地の上で車を保管管理することを契約するものであり，その土地そのものに対する借り受け者の権利があるわけではないので，自用地として評価します。

一時利用のための建物等の権利

マンションの建築現場の隣接地に，建築資材や簡易事務所のためのプレハブを設置する契約を結びました。契約期間は2年です。この土地を評価する上で何らかの斟酌ができるでしょうか。

――建設現場等，その性質上一時的な事業に必要とされる臨時的な設備を所有することを目的とする，いわゆる一時使用のための借地権については，存続期間及びその更新などについて，借地借家法の適用がありません。そのため，借地権に比較し，その権利は著しく弱いということがいえます。このような一時使用のための借地権の価額は，雑種地の賃借権の評価方法に準じて評価します。

12

負担付贈与又は対価を伴う取引により取得した土地等及び家屋等の評価

1 負担付贈与とは

　負担付贈与とは，贈与者が受贈者に対して，一定の条件を提示した贈与契約のことです。一定の条件というのが「負担」です。例えば，3,000万円の土地を贈与するが，この土地についているローン1,000万円の返済が条件，というようなケースです。贈与行為は契約ですから，受贈者がその負担を納得すれば贈与は成立します。

　平成初頭は土地や建物を3,000万円のローンで取得してその3,000万円の負担付で贈与するケースが大変多かったようです。いわゆるバブルによって，資産価値とりわけ地価が急上昇しました。3,000万円の土地があっという間に5,000万円，1億円となった時代です。実勢価額が急上昇しても，相続税評価額は実勢価額に引きずられて上昇することはなく，この価格差に目を付けて負担付贈与を行ったものです。

　① 一般の贈与の場合

贈与財産

| 通常の取引価額 1,000万円 | 相続税評価額 800万円 | → 受贈価額 800万円 |

② 土地建物以外の負担付贈与の場合

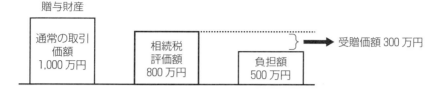

③ 土地建物の負担付贈与の場合

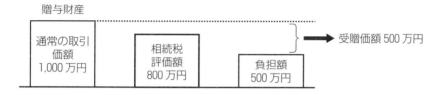

2 負担付贈与又は対価を伴う取引により取得した土地等の評価

　負担付贈与の場合の贈与財産の価格は，負担がなかったものとした場合の贈与財産の価額から，負担額を控除した価額となります（相基通21の2－4）。

　ただし，土地及び土地の上に存する権利並びに家屋を負担付贈与又は個人間の対価を伴う取引により取得したものの価額は，その取得時の通常の取引価額に相当する金額，つまり時価によって評価します（「負担付贈与又は対価を伴う取引により取得した土地等及び家屋等に係る評価並びに相続税法第7条及び第9条の規定の適用について」（1989年（平成元年）3月29日）。以下「負担付贈与通達」といいます）。偶発的に発生する相続の場合と異なり，贈与は生存する当事者間の契約であるため，贈与の際に評価額と時価との差を考慮することができます。財産評価基本通達は厳密な時価の算定が困難であるため，時価相当額から安全性を考慮した価額を採用しています。負担付贈与のような契約行為に対しては，安全性を考慮する必要が認められないことによります。

　ただし，贈与者又は譲渡者が取得又は新築した土地等又は家屋等の取得価額が，課税時期における通常の取引価額であると認められる場合には，その取得

価額に相当する金額で評価することができます。

> 負担付贈与財産の価額＝通常の取引価額－負担額

|時価より低額で購入した場合|

父親が土地を1億円で取得しました。この土地の相続税評価額は7,000万円です。直後に長男が父親から5,000万円でこの土地を買取りました。

――この契約は対価を伴う取引です。負担付贈与の通達は贈与の場合だけではなく売買取引の場合にも適用があります。父親の取得価額1億円と父親からの買取価額5,000万円との差額5,000万円が贈与対象金額となります。

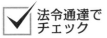

負担付贈与又は対価を伴う取引により取得した土地等及び家屋等に係る評価並びに相続税法第7条及び第9条の規定の適用について
（個別通達，平成元年3月29日）
　標題のことについては，昭和39年4月25日付直資56，直審（資）17「財産評価基本通達」（以下「評価基本通達」という。）第2章から第4章までの定めにかかわらず，下記により取り扱うこととしたから，平成元年4月1日以後に取得したものの評価並びに相続税法第7条及び第9条の規定の適用については，これによられたい。
（趣旨）
　最近における土地，家屋等の不動産の通常の取引価額と相続税評価額との開きに着目しての贈与税の税負担回避行為に対して，税負担の公平を図るため，所要の措置を講じるものである。

　　　　　　　　　　　　記
1　土地及び土地の上に存する権利（以下「土地等」という。）並びに家屋及びその附属

設備又は構築物（以下「家屋等」という。）のうち，負担付贈与又は個人間の対価を伴う取引により取得したものの価額は，当該取得時における通常の取引価額に相当する金額によって評価する。

　ただし，贈与者又は譲渡者が取得又は新築した当該土地等又は当該家屋等に係る取得価額が当該課税時期における通常の取引価額に相当すると認められる場合には，当該取得価額に相当する金額によって評価することができる。

（注）「取得価額」とは，当該財産の取得に要した金額並びに改良費及び設備費の額の合計額をいい，家屋等については，当該合計金額から，評価基本通達130《償却費の額等の計算》の定めによって計算した当該取得の時から課税時期までの期間の償却費の額の合計額又は減価の額を控除した金額をいう。

2　1の対価を伴う取引による土地等又は家屋等の取得が相続税法第7条に規定する「著しく低い価額の対価で財産の譲渡を受けた場合」又は相続税法第9条に規定する「著しく低い価額の対価で利益を受けた場合」に当たるかどうかは，個々の取引について取引の事情，取引当事者間の関係等を総合勘案し，実質的に贈与を受けたと認められる金額があるかどうかにより判定するのであるから留意する。

（注）その取引における対価の額が当該取引に係る土地等又は家屋等の取得価額を下回る場合には，当該土地等又は家屋等の価額が下落したことなど合理的な理由があると認められるときを除き，「著しく低い価額の対価で財産の譲渡を受けた場合」又は「著しく低い価額の対価で利益を受けた場合」に当たるものとする。

13
土壌汚染地の評価

1　土壌汚染地とは

　工場地域は，住宅地が押し寄せると，住環境の悪化の懸念等から事業の継続が困難となることがあります。郊外への移転，廃業により，土地が放出されます。工場跡地は，平坦で広大なところが多く，再開発による住宅地化が進められます。しかし，工場跡地から重金属や揮発性有機化合物等の土壌汚染が発覚することがあります。土壌が汚染されると，体内に悪影響を及ぼすことは言うまでもありません。

　土壌が汚染されていることが判明した土地は，積極的に買い取られることはありません。住宅として活用する場合は，汚染を除去しなければ全く売れないでしょう。汚染された土地は，市場価格が算出されないかもしれません。相続等により取得した財産の評価にあたって，土壌が汚染されている土地を通常の評価することは，その土地の取得者にとって不利益となります。そこで，土壌汚染地は次のように，汚染がないものとして評価した価額から，浄化費用を控除して評価します（2004年（平成16年）7月5日「土壌汚染地の評価等の考え方について（情報）」）。

2　土壌汚染地の評価

(1)　土壌汚染地の評価

　土壌汚染地の評価方法には，①原価方式，②比較方式，③収益還元法式があります。財産評価で適用するのは，原価方式で，次のように計算します。

原価方式

| 土壌汚染地の評価額 | ＝ | 汚染がないものとした場合の評価額 | － | 浄化・改善費用に相当する金額 | － | 使用収益制限による減価に相当する金額 | － | 心理的要因による減価に相当する金額 |

上記算式中の注意点は次の通りです。

① **浄化・改善費用とは**

「浄化・改善費用」とは，土壌汚染対策として，土壌汚染の除去，遮水工封じ込め（汚染土壌を除去する工法のひとつ）等を実施するための費用をいいます。汚染がないものとした場合の評価額が，地価公示価格レベルの80％相当額となることから，控除すべき浄化・改善費用についても見積額の80％相当額を浄化・改善費用とするのが相当です。土壌汚染地の評価を，財産評価基本通達レベルで考える場合，時価を財産評価基本通達レベルに置き直すことによります。

なお，各控除額の合計額が，汚染がないものとした場合の評価額を超えるときには，汚染がないものとした場合の価額を限度とします。

② **使用収益制限による減価とは**

「使用収益制限による減価」とは，土壌汚染の除去以外の措置を実施した場合に，その措置の機能を維持するための利用制限に伴い生ずる減価のことをいいます。例えば，宅地ではあるが住宅として利用できないため駐車場やその他の用途でしか活用できない等が想定されます。その土地の有り様による個別的判断になります。

③ **心理的要因による減価とは**

「心理的要因による減価」とは，土壌汚染の存在，あるいは過去の存在に起因する心理的な嫌悪感から生ずる減価要因をいいます。この価額の算定についても個別的判断となりますが，大変難しいです。

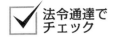

土壌汚染地の評価等の考え方について（情報）抜粋（平成16年7月5日　資産課税課情報第13号）

1　土壌汚染地の評価（省略）
1　土壌汚染対策法の施行及びその概要

　　企業の工場跡地の再開発等に伴い，重金属，揮発性有機化合物等（特定有害物質）による土壌汚染が判明する場合が生じている。この土壌汚染を放置すれば，汚染された土壌を直接摂取したり，汚染された土壌から有害物質が地下水に溶け出し，その地下水を飲用することなどにより，人の健康に影響を及ぼすことが懸念される。

　　このため，土壌汚染による人の健康への対策の確立など，土壌汚染対策に関する法制度の制定についての社会的要請が強まり，土壌汚染対策法（平成14年法律第53号，平成15年2月15日施行）が制定された。

　　土壌汚染対策法の下では，次に掲げることなどの措置がとられることになる。

① 　都道府県知事は，土壌の汚染状態が基準に適合しない土地について，その区域を指定区域として指定・公示するとともに，指定区域の台帳を調製し，閲覧に供する（土壌汚染対策法5，6）。

② 　都道府県知事は，指定区域内の土地のうち，土壌汚染により人の健康被害が生ずるおそれがあると認めるときは，土地の所有者等に対し，有害物質の除去，拡散の防止その他の汚染の除去等の措置を命ずる（土壌汚染対策法7，参考1を参照）。

2　土壌汚染地の評価方法
（1）　土壌汚染地の評価方法（基本的な考え方）

　　平成14年7月3日付の「不動産鑑定評価基準」の改正（平成15年1月1日施行）により，不動産鑑定士が鑑定評価を行う場合は，土壌汚染の状況を考慮すべきこととされているが，現在のところ，標準となる鑑定評価の方法は公表されていない。

　　そこで，米国における土壌汚染地の鑑定評価を参考にすると，①原価方式，②比較方式及び③収益還元方式の3つの評価方式がある。これらのうち，②比較方式は，多数の売買実例が収集できるときには，評価上の基本的な方法であると考えられるが，土壌汚染地の売買実例の収集は困難であり，③収益還元方式についても，汚染等による影響を総合的に検討した上で純収益及び還元利回りを決定することは困難であるので，②及び③のいずれの方式についても現段階において標準的な評価方法とすることは難しいと考えられる。

一方，①原価方式は「使用収益制限による減価」及び「心理的要因による減価」をどのようにみるかという問題はあるものの，「汚染がないものとした場合の評価額」及び「浄化・改善費用に相当する金額」が把握できることからすると，土壌汚染地の基本的な評価方法とすることが可能な方法であると考えられる。

　なお，相続税等の財産評価において，土壌汚染地として評価する土地は，「課税時期において，評価対象地の土壌汚染の状況が判明している土地」であり，土壌汚染の可能性があるなどの潜在的な段階では土壌汚染地として評価することはできない。

　① 原価方式

| 土壌汚染地の評価額 | ＝ | 汚染がないものとした場合の評価額 | － | 浄化・改善費用に相当する金額 | － | 使用収益制限による減価に相当する金額 | － | 心理的要因による減価に相当する金額 |

　（注）1　「浄化・改善費用」とは，土壌汚染対策として，参考1に掲げる土壌汚染の除去，遮水工封じ込め等の措置を実施するための費用をいう。汚染がないものとした場合の評価額が地価公示価格レベルの80％相当額（相続税評価額）となることから，控除すべき浄化・改善費用についても見積額の80％相当額を浄化・改善費用とするのが相当である。

　　　　2　「使用収益制限による減価」とは，上記1の措置のうち土壌汚染の除去以外の措置を実施した場合に，その措置の機能を維持するための利用制限に伴い生ずる減価をいう。

　　　　3　「心理的要因による減価（「スティグマ」ともいう。）」とは，土壌汚染の存在（あるいは過去に存在した）に起因する心理的な嫌悪感から生ずる減価要因をいう。

　　　　4　汚染の浄化の措置等については，評価時期において最も合理的と認められる措置によることとする。なお，各控除額の合計額が汚染がないものとした場合の評価額を超えるときには，その価額（汚染がないものとした場合の評価額）を限度とするのが相当である。

（省略）

（2）　浄化・改善費用の取扱い

　イ　土壌汚染地を評価する場合，どのような措置（除去，遮断封じ込め，遮水工封じ込めなど）を採るかによって負担する浄化・改善費用が大きく異なり，また，選択した措置に伴い生ずる使用収益制限の内容も変わることから，選択した措置により評価額に大きな影響を及ぼすことになる。

　ロ　汚染の除去等の措置は，本来ならば，指定区域から解除される有害物質の除去措

置を選択することが望ましいと考えられる。しかし，土壌汚染対策法に基づく汚染の除去等の措置については，
① 基準を超える汚染が確認された場合に，直ちにその土地所有者等に除去命令が出されるものではなく，都道府県知事が汚染状況や措置の技術的な実施可能性等を踏まえ，有害物質が他へ流出することがないよう適切に管理することが可能な措置を命じることになっていること（参考１）
② 除去措置を行わないと土壌汚染地が全く利用できないともいえないことから，合理的な経済人であれば，封じ込め等の措置費用とその措置後の使用収益制限等に伴う土地の減価の合計額が除去措置費用よりも安価である場合，封じ込め等の措置を選択するのが一般的であると考えられる。例えば，汚染の封じ込め措置を行う土地については，一定の使用収益制限があり，掘削工事を伴うマンション等の堅固な建物の建築はできないものの，駐車場や資材置き場等として使用することができる場合が多いと考えらる。

ハ しかし，封じ込め等の措置費用とその措置後の使用収益制限等に伴う土地の減価の合計額が除去措置費用を上回るような場合には，その選択する措置は，除去措置となるものと考えられる。

　以上のことからすると，土壌汚染地について行われる措置は，法令に基づく措置命令，浄化・改善費用とその措置により生ずる使用収益制限に伴う土地の減価とのバランスを考慮し，その上でその土地について最有効使用ができる最も合理的な措置を専門家の意見をも踏まえて決めることになると考えられる。

ニ なお，浄化・改善方法については，現段階では，様々な手法，技術等が研究されている状態であり，標準的な手法，技術等が確立されていない。したがって，標準的な浄化・改善方法に基づき，これに要する費用相当額を定めることができないので，当面は，土壌汚染対策法第13条に規定している指定調査機関の見積もった費用により計算せざるを得ない（複数の調査機関の見積もりをとることが望ましい。）と考えられる。

　　（注）１　環境大臣が指定する指定調査機関（平成16年５月17日現在，1,485機関を指定）の最新情報は，環境省のホームページ（http://www.env.go.jp/water/dojo/kikan/index.html）にて公表されている。
　　　　　２　上記（１）の算式を適用する場合において，除去措置済みであれば，使用収益制限がなくなるため，使用収益制限による減額はなく，心理的要因による減価のみとなる。

（3） 使用収益制限による減価の取扱い

　土壌汚染地に対する措置が，例えば，遮水工封じ込め措置（汚染土壌をその土地から掘削し，地下水の浸出を防止するための構造物を設置し，その構造物の内部に掘削した汚染土壌を埋め戻す措置）である場合には，その措置の効果を維持するために遮水機能等を損ねない範囲の土地利用しかできないことになる。

　このため，封じ込め等の措置後の土地には，一般に使用収益制限が生ずることになると考えられるが，この使用収益制限については，取引の実例がほとんどない中で一定の減価割合（減価に相当する金額）を定めることができないことから，当面は，個別に検討せざるを得ないと考えられる。

（4） 心理的要因による減価の取扱い

　心理的要因による減価（スティグマ）については，これまで，その減価の割合等が公表されたことはなく，一般に数値化することも困難であり，取引の実例もほとんどないことから，それを基に標準化することも困難である。

　また，措置の内容（除去措置済み，又は封じ込め等の措置済み）に加えて措置前か措置後かによっても減価の程度が異なり，さらに，措置後の期間の経過によっても減価の程度が逓減していくとも考えられていることから，一律に減価率を定めることも相当ではない。したがって，当面は，個別に検討せざるを得ないと考えられる。

（以下省略）

14

原子力発電所周辺の避難指示区域内に存する土地等の評価

1 通達の趣旨

　2011年（平成23年）3月11日の東北地方太平洋沖地震による津波の影響により，東京電力の福島第一原子力発電所で原子力事故が発生しました。事故により放射性物質が拡散し，居住できなくなった地域があります。このような帰還困難地域に所在する土地等については，当面活用することができませんので，その地域の土地等の評価について，別途対応しています（後掲「平成30年中に相続等により取得した原子力発電所周辺の避難指示区域内に存する土地等の評価について（法令解釈通達）」）。

2 避難指示区域内に存する土地等の評価

(1) 評　価

　2018年（平成30年）1月1日から2018年（平成30年）12月31日までの間に，相続等により取得した避難指示区域内の土地等（2018年（平成30年）1月1日現在において帰還困難区域，居住制限区域及び避難指示解除準備区域に設定されている区域内に存する，土地及び土地の上に存する権利をいいます）の価額については，評価しません。

　なお，2018年（平成30年）1月1日から同年12月31日までの間に相続等により取得した，総資産価額方式により評価する株式及び出資についても，同様に評価しません。

(2) 帰還困難区域等

帰還困難区域等の内容は次の通りです
（福島県ホームページ＞ふくしま復興ステーション＞避難区域の状況・被災者支援＞避難指示区域の状況）。

帰還困難区域	放射線量が非常に高いレベルにあることから，バリケードなど物理的な防護措置を実施し，避難を求めている区域。
居住制限区域	将来的に住民の方が帰還し，コミュニティを再建することを目指して，除染を計画的に実施するとともに，早期の復旧が不可欠な基盤施設の復旧を目指す区域。
避難指示解除準備区域	復旧・復興のための支援策を迅速に実施し，住民の方が帰還できるための環境整備を目指す区域。

(3) 具体的な地域

帰宅困難区域等の具体的な地域は，該当地域の評価倍率表に表示しています。なお，この地域は，状況に応じて変更されており，通達も毎年公表されていますので注意してください。

平成30年分　倍　率　表　　　　1頁

市区町村名：双葉郡浪江町　　　　　　　　　　　　　　　　相馬税務署

音順	町（丁目）又は大字名	適用地域名	借地権割合	固定資産税評価額に乗ずる倍率等					
				宅地	田	畑	山林	原野	牧場 池沼
	一部	帰還困難区域	％ —	倍 (0)	(0)	(0)	(0)	(0)	
う	請戸	全域		1.1	純 1.1	純 3.1	純 3.9	純 3.9	
	牛渡	都市計画法上の用途地域		1.1	周比準	周比準	比準	比準	
		上記以外の地域		1.1	純 1.4	純 3.4	純 3.9	純 3.9	

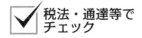

平成30年中に相続等により取得した原子力発電所周辺の避難指示区域内に存する土地等の評価について（法令解釈通達）（平成30年6月21日　課評2-21他）

標題のことについては，下記により取り扱うこととしたから，これによられたい。
（趣旨）
平成30年1月1日から平成30年12月31日までの間に相続，遺贈又は贈与により取得した土地等で，平成30年1月1日現在において原子力発電所周辺の帰還困難区域，居住制限区域及び避難指示解除準備区域に設定されている区域内に存するものの評価を行う場合等の取扱いを定めたものである。

記

（用語の意義）
1　この通達において，次に掲げる用語の意義は，それぞれ次に定めるところによる。
　（1）　純資産価額方式　昭和39年4月25日付直資56，直審（資）17「財産評価基本通達」（法令解釈通達）185《純資産価額》に定める1株当たりの純資産価額（相続税評価額によって計算した金額）によって評価する方式をいう。
　（2）　評価対象法人　評価しようとする株式の発行法人又は出資に係る出資のされている法人をいう。
　（3）　課税時期　相続，遺贈（贈与をした者の死亡により効力を生ずる贈与を含む。以下同じ。）若しくは贈与（贈与をした者の死亡により効力を生ずる贈与を除く。以下同じ。）により財産を取得した日又は相続税法（昭和25年法律第73号）の規定により相続，遺贈若しくは贈与により取得したものとみなされた財産のその取得の日をいう。
　（4）　帰還困難区域　原子力災害対策特別措置法（平成11年法律第156号）第20条《原子力災害対策本部長の権限》第2項の規定に基づき，原子力災害対策本部長が帰還困難区域に設定した区域をいう。
　（5）　居住制限区域　原子力災害対策特別措置法第20条第2項の規定に基づき，原子力災害対策本部長が居住制限区域に設定した区域をいう。
　（6）　避難指示解除準備区域　原子力災害対策特別措置法第20条第2項の規定に基づき，原子力災害対策本部長が避難指示解除準備区域に設定した区域をいう。
（平成30年中に取得した避難指示区域内の土地等の価額）
2　平成30年1月1日から平成30年12月31日までの間に相続，遺贈又は贈与により取得し

た避難指示区域内の土地等（平成30年1月1日現在において帰還困難区域，居住制限区域及び避難指示解除準備区域に設定されている区域内に存する土地及び土地の上に存する権利をいう。以下同じ。）の価額については評価しない。
（平成30年中に取得した株式等を純資産価額方式により評価する場合における避難指示区域内の土地等の価額）
3　平成30年1月1日から平成30年12月31日までの間に相続，遺贈又は贈与により取得した株式及び出資を純資産価額方式によって評価する場合における評価対象法人が保有する避難指示区域内の土地等の価額については評価しない。

15
売買契約中の土地の評価

1　売買契約中とは

　我が国の土地等不動産の売買は，通常，売買契約に伴い手付金として，売買代金の1割若しくは2割程度の授受が行われます。売買契約締結の日から1～2か月経過後に，残代金の授受及び登記のための関係書類の交付が行われ，これにより売買対象物件の引渡となり，取引が完結します。

　売買契約の日から引き渡しの日まで，一定の期間が経過するため，その間に売主若しくは買主が死亡することがあります。この場合，相続財産とは何か，その評価はどうするのかという問題が起きます。

2　売買契約後，引渡しまでの間に相続の開始があった場合の相続財産の価額

　売買契約締結後，引渡の日前までの売買契約中の土地は，所有権が売主に残っていたとしても，その土地の価額ではなく，売買代金債権の価額になります。これは，買主にとっても同様です。売買契約が締結されていること，それにより土地の時価が明白となっていること等から，財産評価基本通達により評価することが適切でないことによります。

　実務的には，次のように取り扱われます。

(1)　売主に相続が開始した場合

　売主の相続又は遺贈により取得した財産は，売主の地位を引き継いだ相続人又は受遺者は引渡義務を負いますので，買主に対する売買残代金債権（未収金）となります。

既に受け取った手付金は，現金・預貯金等として，相続開始日現在の姿で相続財産に加えます。

(2) 買主に相続が開始した場合
① 原則的な取扱い
　買主の相続等により取得した財産は，売買契約に係る土地の引渡請求権（売買契約価額）とします。売買契約価額から手付金を控除した額が，売買残代金支払債務（未払金）として債務計上します。
② 特例的な取扱い
　(イ) 売買契約の日から，相続開始の日まで長期間である場合
　　　売買契約の日から相続開始の日までの期間が，通常の売買に比して長期間であるなど，対価の額が相続開始の日の土地の時価として適当でない場合，他の適切な売買実例を参酌して，評価することができます。
　(ロ) 土地等の価額を相続税評価額で申告する場合
　　　売買契約中の土地は，引渡請求権であることから相続財産になりませんが，相続財産として土地等の評価額で申告した場合は認められます。この場合，次の点に留意します。
　　ⅰ　土地の評価額とは，財産評価基本通達に基づいて評価した価額のことをいいます。
　　ⅱ　土地について，租税特別措置法第69条の4（小規模宅地等の課税価格の計算の特例）の適用が受けられます。
　　ⅲ　土地の引渡請求権は，相続財産となりません。

相続後に相続人が売買契約を解除した場合

　被相続人は，宅地を売却する契約を結び，売却代金の1割の手付金を受領した後死亡しました。相続人は，売買契約を解除し手付金の倍額を買受人に振

り込みました。相続税の申告は，財産評価基本通達に基づいて計算した価額による評価をしました。

──売買契約が有効に成立した後に売主に相続が開始した場合，その土地が主売の名義であるとしても，売主の財産は売買残金請求権となります。その土地はもはや独立して相続税の課税財産を構成しません。売買契約が相続後に解除されたとしても，それは相続人の行為であり，契約解除の効果が遡及されるとしても，相続開始日現在の相続財産には影響を及ぼしません（参考：2009年（平成21年）9月16日裁決）。

16 使用貸借により貸し付けている土地等の評価

1 使用貸借とは

　使用貸借とは，当事者の一方が無償で使用および収益をした後に返還することを約して，相手方からあるものを受け取ることによって効力を生ずる契約行為です（民法593）。この規定の趣旨は，借用物をその性質によって定まった用法に従って使用収益をし，原状回復して返還することをいいます。空き室や車を子に貸し，使用後にそのまま返してもらうようなイメージです。家賃や使用料の授受がない点が賃貸借と決定的に異なるところです。

2 土地の使用貸借

　土地の上に土地所有者以外の者が建物等を建築した場合，借地権の取引の慣行がある地域においては土地所有者と建物所有者との間で借地権相当額の権利金等の授受が行われ，建物所有者に借地権としての権利が発生します。建物の所有を目的とする賃借権を含めこの権利は借地借家法により保護の対象となり，その意に反して土地の立退きを迫られることはない等その権利が強固なものとなります。

　契約観念の薄い親子夫婦等親族間では借地権の認識がなく，権利金の授受や借地契約を行なわないケースがほとんどです。借地権の取引の慣行のある地域において建物を所有すると同時に借地権相当額を子に移した場合，資産価値のある権利の無償移転となり，原則として贈与税の課税対象となります。しかし，借地権の認識が薄い親族間での建物の所有を目的とした土地の使用に対して贈与税の課税が行われると多数の税務上のトラブルが発生することが想定されま

す。

そこで，土地を使用貸借により借り受けることにより借地権等を発生させない契約を整理し，課税関係をシンプルにするために1973年（昭和48年）に「使用貸借に係る土地についての相続税及び贈与税の取扱いについて（以下「使用貸借通達」といいます）」が公表されました。この通達は借地権課税の詳細な取り扱いが示されていますが，基本的に民法の使用貸借の概念を，自用地や底地に適用したものです。

3 使用貸借による土地の借受けがあった場合

親族間において，土地を無償使用により借り受ける契約が行われた場合は，民法の使用貸借の概念を取り入れて，土地の使用貸借ととらえることとしています。つまり，建物を所有するにあたって，その土地を借用することは，使用貸借契約によるものであり，将来その土地は更地のままの状態，つまり，自用地として返還するということになります。

その結果，建物所有者には借地権等の権利が付随しないため，将来建物所有者に相続等がある場合は，建物のみの価額が相続財産となり，土地所有者は権利のない土地であることから自用地として評価した価額が相続財産となります。

権利者	財産の価額
建物を相続等により取得した場合	建物の価額
土地を相続等により取得した場合	土地の自用地としての価額

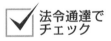 法令通達でチェック

使用貸借に係る土地についての相続税及び贈与税の取扱いについて（昭和48.11.1直資2-189）
（使用貸借による土地の借受けがあった場合）
1　建物又は構築物（以下「建物等」という。）の所有を目的として使用貸借による土地

の借受けがあった場合においては，借地権（建物等の所有を目的とする地上権又は賃借権をいう。以下同じ。）の設定に際し，その設定の対価として通常権利金その他の一時金（以下「権利金」という。）を支払う取引上の慣行がある地域（以下「借地権の慣行のある地域」という。）においても，当該土地の使用貸借に係る使用権の価額は，零として取り扱う。

　この場合において，使用貸借とは，民法（明治29年法律第89号）第593条に規定する契約をいう。したがって，例えば，土地の借受者と所有者との間に当該借受けに係る土地の公租公課に相当する金額以下の金額の授受があるにすぎないものはこれに該当し，当該土地の借受けについて地代の授受がないものであっても権利金その他地代に代わるべき経済的利益の授受のあるものはこれに該当しない。

（使用貸借に係る土地等を相続又は贈与により取得した場合）

3　使用貸借に係る土地又は借地権を相続（遺贈及び死因贈与を含む。以下同じ。）又は贈与（死因贈与を除く。以下同じ。）により取得した場合における相続税又は贈与税の課税価格に算入すべき価額は，当該土地の上に存する建物等又は当該借地権の目的となっている土地の上に存する建物等の自用又は貸付けの区分にかかわらず，すべて当該土地又は借地権が自用のものであるとした場合の価額とする。

（使用貸借に係る土地等の上に存する建物等を相続又は贈与により取得した場合）

4　使用貸借に係る土地の上に存する建物等又は使用貸借に係る借地権の目的となっている土地の上に存する建物等を相続又は贈与により取得した場合における相続税又は贈与税の課税価格に算入すべき価額は，当該建物等の自用又は貸付けの区分に応じ，それぞれ当該建物等が自用又は貸付けのものであるとした場合の価額とする。

第 V 章

宅地の上に存する権利及びその権利がある宅地の評価

　第Ⅳ章は宅地の画地調整等の話で，いわば宅地の平面の話でした。この章では立面をとらえ，宅地の上に地上権，借地権，借家権等の権利がある場合の宅地の評価について解説します。借地権等その宅地に権利が設定されている場合，平面の基本的な評価をすると同時に，権利の配分割合を適切に判断することになります。宅地所有者が自分で利用している場合，借用している場合，また借用している場合でも借地人が利用しているか他人に貸付けているかにより，それぞれ権利の割合が異なります。

　財産評価基本通達では，土地の上に存する権利を①地上権，②区分地上権，③永小作権，④区分地上権に準ずる地役権，⑤借地権，⑥定期借地権等，⑦耕作権，⑧温泉権，⑨賃借権，⑩占用権の別に評価することとなっています（評基通9）。宅地を評価する上で欠かすことができない，立体的に切り取った場合の取扱いを解説します。

1 地上権の評価

1 地上権とは

　地上権とは「他人の土地において工作物又は竹木を所有するため，その土地を使用する権利」のことです（民法265）。地上権は物件であり，登記することにより土地に対する強固な権利を有します。地上権者は地主の承諾なく登記し，その権利を譲渡，転貸することもできます。

　工作物とは建物，橋梁，トンネル，鉄塔等地上及び地下の施設のことをいいます。

2 地上権の評価

　地上権は建物の所有を目的とするものも含まれますが，現実には建物を目的とする地上権の登記はほとんどありません。建物を目的とする土地の借用は，賃貸借によるものが大半であり，借地権として借地借家法で強く保護されています。そのため，地上権の評価は借地借家法第2条に規定される借地権は除かれます（評基通9(1)）。

　地上権の価額は残存期間に応じ，地上権が設定されていない場合の時価に，残存期間に応じた次の地上権割合を乗じて算出します（相法23）。

> 地上権の価額＝地上権が設定されていない場合の時価×地上権割合

【地上権の残存期間と地上権割合】

地上権の残存期間	地上権割合(%)	地上権の残存期間	地上権割合(%)
10年以下	5	30年を超え35年以下	50
10年を超え15年以下	10	35年を超え40年以下	60
15年を超え20年以下	20	40年を超え45年以下	70
20年を超え25年以下	30	45年を超え50年以下	80
25年を超え30年以下 存続期間の定めのないもの	40	50年を超えるもの	90

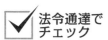法令通達でチェック

相続税法

(地上権及び永小作権の評価)

第23条　地上権(借地借家法(平成3年法律第90号)に規定する借地権又は民法第269条の2第1項(地下又は空間を目的とする地上権)の地上権に該当するものを除く。以下同じ。)及び永小作権の価額は,その残存期間に応じ,その目的となつている土地のこれらの権利を取得した時におけるこれらの権利が設定されていない場合の時価に,次に定める割合を乗じて算出した金額による。

　　残存期間が10年以下のもの　100分の5
　　残存期間が10年を超え15年以下のもの　100分の10
　　残存期間が15年を超え20年以下のもの　100分の20
　　残存期間が20年を超え25年以下のもの　100分の30
　　残存期間が25年を超え30年以下のもの及び地上権で存続期間の定めのないもの　100分の40
　　残存期間が30年を超え35年以下のもの　100分の50
　　残存期間が35年を超え40年以下のもの　100分の60
　　残存期間が40年を超え45年以下のもの　100分の70
　　残存期間が45年を超え50年以下のもの　100分の80
　　残存期間が50年を超えるもの　100分の90

財産評価基本通達

（土地の上に存する権利の評価上の区分）

9　土地の上に存する権利の価額は，次に掲げる権利の別に評価する。

（1）　地上権（民法（明治29年法律第89号）第269条の2《地下又は空間を目的とする地上権》第1項の地上権（以下「区分地上権」という。）及び借地借家法（平成3年法律第90号）第2条《定義》に規定する借地権に該当するものを除く。以下同じ。）

（2）　区分地上権

（3）　永小作権

（4）　区分地上権に準ずる地役権（地価税法施行令第2条《借地権等の範囲》第1項に規定する地役権をいう。以下同じ。）

（5）　借地権（借地借家法第22条《定期借地権》，第23条《事業用定期借地権等》，第24条《建物譲渡特約付借地権》及び第25条《一時使用目的の借地権》に規定する借地権（以下「定期借地権等」という。）に該当するものを除く。以下同じ。）

（6）　定期借地権等

（7）　耕作権（農地法（昭和27年法律第229号）第2条《定義》第1項に規定する農地又は採草放牧地の上に存する賃借権（同法第18条《農地又は採草放牧地の賃貸借の解約等の制限》第1項本文の規定の適用がある賃借権に限る。）をいう。以下同じ。）

（8）　温泉権（引湯権を含む。）

（9）　賃借権（（5）の借地権，（6）の定期借地権等，（7）の耕作権及び（8）の温泉権に該当するものを除く。以下同じ。）

（10）　占用権（地価税法施行令第2条第2項に規定する権利をいう。以下同じ。）

民法

（地上権の内容）

第265条　地上権者は，他人の土地において工作物又は竹木を所有するため，その土地を使用する権利を有する。

2

区分地上権及び区分地上権に準ずる地役権の評価

1 区分地上権

(1) 区分地上権とは

　区分地上権とは，民法第269条の2に規定されている，地下又は空間に工作物の所有を目的とする地上権のことをいいます。地下の工作物とは，地下鉄のトンネルや地下駐車場などがあり，空中の工作物とは，地上空間に橋やモノレールを架けるようなことをいいます。都市部では地価や空中の活用が積極的に行われています。また，対抗要件として地上権と同様に登記を要します（不動産登記法78②，⑤）。

　個人が設定する区分地上権の例はほとんどないと考えられますが，関係法人の株式を評価する場合，資産として評価しなければならないことがあります。

(2) 区分地上権の評価

　区分地上権の価額は，その区分地上権の目的となっている宅地の自用地としての価額に，その区分地上権の設定契約の内容に応じた土地利用制限率を基とした割合（以下「区分地上権の割合」といいます）を乗じて計算した金額によって評価します（評基通27-4）。

　地下鉄等のずい道（トンネル）の所有を目的として設定した場合の区分地上権の割合は，一律100分の30とすることができます。

　なお，区分地上権の設定が，宅地の評価単位である一画地の宅地の一部分である場合，その部分に対応する価額となります。

2　区分地上権に準ずる地役権

(1)　区分地上権に準ずる地役権とは

　区分地上権に準ずる地役権とは，区分地上権とほぼ同様に，特別高圧架空電線の架設や高圧ガス管の敷設等を目的として設定される地役権のことをいい，建造物の設置を制限するものです。登記の有無は問いません。

(2)　区分地上権に準ずる地役権の評価

　区分地上権に準ずる地役権の価額は，その区分地上権に準ずる地役権の目的となっている承役地である宅地の自用地価額に，その区分地上権に準ずる地役権の設定契約の内容に応じた，土地利用制限率を基とした割合を乗じて計算した金額によって評価します（評基通27-5）。
　この場合，区分地上権に準ずる地役権の割合は，次の承役地に係る制限の内容の区分に従い，それぞれ次に掲げる割合とします。

制限の内容	地役権の割合
家屋の建築が全くできない場合	・100分の50 又は ・区分地上権に準ずる地役権が借地権であるとした場合に，その承役地に適用される借地権割合のいずれか高い割合
家屋の構造，用途等に制限を受ける場合	100分の30

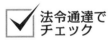
法令通達でチェック

財産評価基本通達
（区分地上権の評価）
27-4　区分地上権の価額は，その区分地上権の目的となっている宅地の自用地としての

価額に，その区分地上権の設定契約の内容に応じた土地利用制限率を基とした割合（以下「区分地上権の割合」という。）を乗じて計算した金額によって評価する。

　この場合において，地下鉄等のずい道の所有を目的として設定した区分地上権を評価するときにおける区分地上権の割合は，100分の30とすることができるものとする。

（注）
1　「土地利用制限率」とは，公共用地の取得に伴う損失補償基準細則（昭和38年3月7日用地対策連絡協議会理事会決定）別記2《土地利用制限率算定要領》に定める土地利用制限率をいう。以下同じ。
2　区分地上権が1画地の宅地の一部分に設定されているときは，「その区分地上権の目的となっている宅地の自用地としての価額」は，1画地の宅地の自用地としての価額のうち，その区分地上権が設定されている部分の地積に対応する価額となることに留意する。

（区分地上権に準ずる地役権の評価）

27-5　区分地上権に準ずる地役権の価額は，その区分地上権に準ずる地役権の目的となっている承役地である宅地の自用地としての価額に，その区分地上権に準ずる地役権の設定契約の内容に応じた土地利用制限率を基とした割合（以下「区分地上権に準ずる地役権の割合」という。）を乗じて計算した金額によって評価する。

　この場合において，区分地上権に準ずる地役権の割合は，次に掲げるその承役地に係る制限の内容の区分に従い，それぞれ次に掲げる割合とすることができるものとする。

（1）　家屋の建築が全くできない場合100分の50又はその区分地上権に準ずる地役権が借地権であるとした場合にその承役地に適用される借地権割合のいずれか高い割合
（2）　家屋の構造，用途等に制限を受ける場合100分の30

民法

（地下又は空間を目的とする地上権）

第269条の2　地下又は空間は，工作物を所有するため，上下の範囲を定めて地上権の目的とすることができる。この場合においては，設定行為で，地上権の行使のためにその土地の使用に制限を加えることができる。

2　前項の地上権は，第三者がその土地の使用又は収益をする権利を有する場合においても，その権利又はこれを目的とする権利を有するすべての者の承諾があるときは，設定することができる。この場合において，土地の使用又は収益をする権利を有する者は，その地上権の行使を妨げることができない。

3
貸家建付地の評価

1　貸家建付地とは

　貸家建付地とは字の如く，貸家が建っている宅地のことをいいます。宅地の上に建物があっても，それが自用建物であればその敷地はいつでも自由に処分することができます。しかし，貸家やアパートが建っている場合，処分するためにはその家を借りて住んでいる人や，その建物で商売をしている人，つまり借家人に立ち退いてもらわなくてはなりません。契約期間が残っていれば，建物所有者が勝手に処分することはできませんし，借地借家法で保護されている借家人の都合を十分に汲み取らなければなりません。また，立退きのためには相応の費用の負担も考慮する必要があります。このような理由で，貸家が建っている宅地は，自用宅地に比して所有者の自由な処分等の権利行使ができないため幾分か減価します。

　また，貸家建付地は様々な態様があるため，評価にあたって注意すべき点が多くあります。

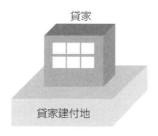

第Ⅴ章　宅地の上に存する権利及びその権利がある宅地の評価

2　貸家建付地の評価

(1) 評価の方法

　貸家の敷地の用に供されている宅地（貸家建付地）の価額は，その宅地に対する借家人の借家権に相当する金額を控除した価額によって評価します（評基通26）。

　借家権割合は，国税局長の定める割合によります（評基通94）。現在は全ての国税局で30％となっています。

```
貸家建付地の価額＝
　宅地の自用地
　価額（A）　　－A×借地権割合×借家権割合×賃貸割合
　　　　＝A×（1－借地権割合×借家権割合×賃貸割合）
```

(2) 建物の一部を貸付けている場合

　アパートのように，建物の全体を複数人に賃貸するために所有している場合であっても，課税時期現在（評価日）に貸家を実際に貸付けていない部分がある場合，その部分は貸家とはなりません。当然，敷地も貸家建付地評価することはできません。実際に貸付けている部分のみに対応する宅地の部分だけが，貸家建付地として評価します。

　「賃貸割合」は，その貸家に係る各独立部分がある場合に，その賃貸の状況に基づいて，各独立部分床面積の合計額に対する割合をいいます。

3　具体的計算例

　敷地面積300㎡の土地にアパート兼自宅建物があります。建物面積600㎡のうち400㎡を貸し付けていました。この場合の敷地の計算は次のように行います。

【計算の前提】

正面路線価	200,000円／㎡	借地権割合	70%
借家権割合	30%	地積	300.0㎡
建物面積	600.0㎡	貸付面積	400.0㎡

【計算式】

　　（正面路線価）　（地積）　（借地権割合）（借家権割合）（賃貸割合）
　　200,000円×300.0㎡＝(1－0.7 × 0.3×400 ／ 600)＝51,600,000円

4 区分地上権等の目的となっている貸家建付地の評価

　地下鉄のトンネルや高圧架設電線の敷設の目的となっている区分地上権や，区分地上権に準ずる地役権の目的となっている土地が，貸家の用に供されている場合（貸家建付地）のその土地は，次の価額で評価します（評基通26-2）。

区分地上権等の目的となっている貸家建付地の価額＝
　区分地上権等の目的となっている宅地の価額（A）－A×借地権割合
　×借家権割合×賃貸割合
　＝A×（1－借地権割合×借家権割合×賃貸割合）

従業員の社宅の土地の評価

被相続人の経営していた会社は，従業員のための社宅があります。株式の評価における純資産の計算上，この建物は貸家として評価し，その敷地を貸家建付地として評価できますか。
　——従業員に住まわせているいわゆる社宅は，通常社員の福利厚生施設の一環として設けられているものであり，家賃もその地域の相場より低廉であることが多いようです。また，会社との雇用関係に基づくものであり，一

般的に借地借家法の適用が及ばないため，自用家屋として評価し，その敷地についても自用地としての評価を行います。

│貸家の目的で建築中の家屋の敷地

貸家が数棟ある敷地に隣接して，更に2棟の貸家を建築していました。建築途中で相続開始があったため，家屋は建築中の家屋の評価をしましたが，その敷地は貸家建付地として評価することができるでしょうか。

──貸家の目的で家屋を建築中の場合，その敷地については自用地で評価をします。他に貸家を多く所有し，明らかに貸家の用に供するために建築していると推測される場合であっても，相続等の時点で借家人が居住又は利用していないことから，敷地に対する制限がないためです。

│貸家が空き家であった場合

貸家（一軒家）が相続開始日当日たまたま空き家となっていました。この家屋はもとより貸家として建築し，20年以上貸付けていたものです。この建物は貸家として，敷地は貸家建付地として評価することができますか。

──貸家が空き家となっている場合の考え方は次のとおりです。
① 借家人が立ち退いたあとに空き家となっている家屋の敷地の価額は，自用地として評価します。所有者が他に居住用の家屋を所有している等の状況から，その家屋がもっぱら他人に対する賃貸用として建築されたものであっても，評価時点でその家屋に対して他者の使用権等の制約がないため，その敷地は貸家建付地評価できません。
② 貸家に独立部分がある建物で他の部屋に賃借人がおり，継続して賃貸されていたが相続等の時点で一時的な空室があった場合は，その空室部分も含めて貸家とみなし，敷地は貸家建付地として評価します。アパートが典型的な例ですが，この場合であっても全室が空室の場合はその家屋は自用家屋となり，当然，敷地は自用地評価となります。課税時期において，一時的に賃貸されていなかったと認められる部分に該当するか

どうかは，次のような場合をいいます。
① 各独立部分が課税時期前に継続的に賃貸されてきたものであること
② 賃借人の退去後速やかに新たな賃借人の募集が行われ，空室の期間中，他の用途に供されていないこと
③ 空室の期間が，課税時期の前後の例えば1か月程度であるなど，一時的な期間であること
④ 課税時期後の賃貸が一時的なものではないこと

使用貸借で貸家を所有している場合の敷地

父の所有する宅地に，子が使用貸借によりアパートを建築して賃貸していたところ，父が亡くなりました。アパートの敷地は貸家建付地評価できますか。
――使用貸借により土地を借り受けた場合は，借受人はその土地に対する借地権等の権利は発生しません。借受人が貸付用家屋を建築した場合であっても使用貸借による場合は使用権の価額がゼロとなりますので，貸家の敷地は自用地価額で評価します。(「使用貸借に係る土地についての相続税及び贈与税の取扱いについて（昭48.11.2直資2-189)」を参照してください。)

貸家のみを贈与した場合の敷地

長年貸付けていた貸家を子に贈与しました。貸家の敷地はそのまま贈与者が所有しています。将来贈与者に相続があった場合，自用地評価となりますか。
――宅地を使用貸借により借り受けた場合は，その宅地の使用借地権はゼロとして取り扱われます。その宅地の上に建物を建築し，それが貸家であっても同様です。子が貸家のみの贈与を受け，その後地代の支払いが行われない場合，その敷地は使用貸借によるとみられます。
　借家人と建物所有者が，その建物の賃貸借契約を結んだ時には，借家人はその建物の使用権を得るだけではなく，建物の敷地に対する一定の使用権も含みます。建物の所有者に変更があったとしても，当初の契約者に変

更がないことから，敷地に対する使用権はそのまま認められると考えられます。その敷地は貸家建付地として評価します。

アパートの駐車場の評価

部屋数10室のアパートがあります。アパートの住人のための10室分の駐車スペースが敷地にあります。この駐車場は貸家建付地評価できますか。

――駐車場は雑種地として評価します。ただし，契約内容によりますが，その駐車場が全体がアパートの住人のためのものである場合は，貸家と一体としてその駐車場を利用していると考えられますので，アパート及び駐車場の敷地全体を貸家建付地評価することができます。

その駐車場がアパートの住人のためだけではなく，外部の者が借りているような場合は，駐車場部分は雑種地として評価することに留意してください。

借家人が長期間不在である場合の，家屋の敷地の評価

借家人が1年以上不在で，家賃も納めていません。このような家屋とその敷地は，自用として評価するのでしょうか。

――家屋は賃貸借契約が解消された場合，他者の使用する権利が消滅したため自用家屋として評価します。

賃貸借契約が締結されてはいるが，その家屋が使用されておらず，家賃が未払であるような場合，その家屋は賃借人の使用権があり，所有者の利用権が阻害されているかが問題となります。基本的に賃貸借契約の内容を確認の上判断しますが，賃借人が契約を継続している場合，その家屋の使用権は賃借人にあります。家賃の滞納があった場合，それは債権債務関係で検討されるべきものであり，家屋の使用権は契約の解除がない限り継続しているものとみなされます。家屋の所有者は一方的に家屋にある賃借人の財産を処分，再賃貸等再利用することはできません。

利用されていないが賃貸借契約が継続している家屋の評価は，貸家と判

断します。

> 【参考：2009年（平成21年）10月23日裁決】
> 　仮に賃借人が電気，ガス，水道を使用していなかったとしても，不在により使用がなかったにすぎず，本件家屋が賃貸借の目的となっていない理由とはならず，また，賃料の支払を確認できないことについては，確かに，平成10年1月以降支払われていないことが認められるが，被相続人が賃借人に対し借地借家法第26条第1項及び第27条第1項に規定する解約の申入れをした事実は認められず，借地借家法には賃料が未払である事実があれば解約されたものとみなす規定もないから家賃が未払になった後も賃貸借契約は継続していたというべきである。

法令通達でチェック

財産評価基本通達
（貸家建付地の評価）

26　貸家（94《借家権の評価》に定める借家権の目的となっている家屋をいう。以下同じ。）の敷地の用に供されている宅地（以下「貸家建付地」という。）の価額は，次の算式により計算した価額によって評価する。

　　その宅地の自用地としての価額 － その宅地の自用地としての価額 × 借地権割合 × 94《借家権の評価》に定める借家権割合 × 賃貸割合

　この算式における「借地権割合」及び「賃貸割合」は，それぞれ次による。
（1）「借地権割合」は，27《借地権の評価》の定めによるその宅地に係る借地権割合（同項のただし書に定める地域にある宅地については100分の20とする。次項において同じ。）による。
（2）「賃貸割合」は，その貸家に係る各独立部分（構造上区分された数個の部分の各部分をいう。以下同じ。）がある場合に，その各独立部分の賃貸の状況に基づいて，次の算式により計算した割合による。

$$\frac{\text{Aのうち課税時期において賃貸されている}}{\text{当該家屋の各独立部分の床面積の合計（A）}}$$

(注)
1　上記算式の「各独立部分」とは，建物の構成部分である隔壁，扉，階層（天井及び床）等によって他の部分と完全に遮断されている部分で，独立した出入口を有するなど独立して賃貸その他の用に供することができるものをいう。したがって，例えば，ふすま，障子又はベニヤ板等の堅固でないものによって仕切られている部分及び階層で区分されていても，独立した出入口を有しない部分は「各独立部分」には該当しない。

　なお，外部に接する出入口を有しない部分であっても，共同で使用すべき廊下，階段，エレベーター等の共用部分のみを通って外部と出入りすることができる構造となっているものは，上記の「独立した出入口を有するもの」に該当する。

2　上記算式の「賃貸されている各独立部分」には，継続的に賃貸されていた各独立部分で，課税時期において，一時的に賃貸されていなかったと認められるものを含むこととして差し支えない。

（区分地上権等の目的となっている貸家建付地の評価）

26-2　区分地上権又は区分地上権に準ずる地役権の目的となっている貸家建付地の価額は，次の算式により計算した価額によって評価する。

25《貸宅地の評価》の評価から25-3《土地の上に存する権利が競合する場合の宅地の評価》までの定めにより評価したその区分地上権又は区分地上権に準ずる地役権の目的となっている宅地の価額（A）　－　A　×　次項の定めによるその宅地に係る借地権割合　×　94《借家権の評価》に定める借家権割合　×　26《貸家建付地の評価》の（2）の定めによるその家屋に係る賃貸割合

財産評価基準書

（借家権割合）

　財産評価基本通達94（借家権の評価）の定めにより借家権の価額を評価する場合における借家権割合は，100分の30です。

　なお，借家権の価額は，その権利が権利金等の名称をもって取引される慣行のない地域にあるものについては評価しません。

4 借地権の評価

1 借地権とは

　借地権とは，建物の所有を目的とする地上権又は土地の賃借権をいい，借地権を有するものを借地権者といいます（借地借家法1）。土地に対する所有権の概念が発生すると，その土地を使用したい者が現れるのは必然でしょう。土地の貸借が行われるようになっても，もとよりその土地に対する一定の権利を認めるものではありませんでした。土地の取引が相応の価額をもって行われるようになると，その土地の使用による相応の対価（権利金）の授受が行われるようになり，その土地は賃貸借となり，賃借人の利用権が生じてきました。

　我国においても建物所有者等の賃借人の権利を保護する目的等から，古くは「建物保護に関する法律」から始まり，近年の「借地借家法」等に至るまで各種の整備が行われ，ここでいう借地権が確固たるものになりました。

　借地権の価額や借地権割合は，特定の場所で定型的にあるわけではありませんが，地価が高額な地域ほど土地の価額に占める借地権の価額が高額となります。そのため借地権割合という概念が生じてきます。財産評価の上では，国税庁の公表する財産評価基準書，いわゆる路線価図や評価倍率表で，一定地域における借地権割合を公表しています。

2 借地権の評価

(1) 借地権の価額

　借地権の価額が問題となるのは，借地権の設定に際し，その設定の対価として通常権利金その他の一時金を支払うなど借地権の取引慣行があると認められ

る地域においてです。主に都市部市街化区域において借地権が認められるのでしょうが，必ずしも借地権の認識があるわけではない地域もあります。評価に際しては，財産評価基準書に借地権の表示がある地域はそれを基に計算します。

借地権の価額は，その借地権の目的となっている宅地の自用地としての価額を計算し，その価額に借地権割合を乗じて評価します（評基通27）。特に難しいものではありません。

借地権の価額＝路線価（円／㎡）×地積（㎡）×借地権割合（％）

---

(2) **借地権割合**

ここでいう借地権割合とは，売買実例価額や不動産鑑定士等の精通者意見価格や，地代の額等を基として評定した借地権の価額の割合（借地権割合）がおおむね同一と認められる地域ごとに，国税局長が定めたものをいいます。路線価のある地域は，路線価に借地権割合が表示されていますし，倍率地域においては，倍率表にその地域ごとの借地権割合が表示されています。

借地権の取引慣行があると認められる地域以外の地域にある借地権の価額は評価しません。借地権割合が30％までしか表示されていませんので，30％未満の地域については評価しなくてもよいと考えられます。

路線価に表示されている借地権割合は，次の記号によります。

記号	A	B	C	D	E	F	G
借地権割合	90%	80%	70%	60%	50%	40%	30%

3 具体的計算例

次図の宅地は路線価200,000円，借地権割合Dの路線に面していますので，借地権割合は60％の宅地です。価額は次のように求めます。

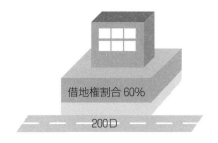

【計算の前提】

正面路線価	200,000円／㎡	地積	100.0㎡
借地権割合（D）	60%	地区区分	普通住宅地区

【計算式】

(正面路線価)　　(地積)　　(借地権割合)
200,000円 × 100.0㎡ ×　0.6　＝12,000,000円

 事例で
チェック

構築物の所有を目的とする賃借権等の場合

知人の土地を賃借して、塀で囲って作業場として使用していました。敷地には日よけのための屋根つきの施設もあります。この土地には借地権が発生するのでしょうか。

――屋根つきの施設は構築物と思われます。財産評価基本通達上の借地権は、借地借家法の規定による、建物の所有を目的とする地上権又は土地の賃借権に限られることから、構築物の所有を目的とする権利は含まれません。構築物の所有を目的とする賃借権の価額は「賃借権の評価」の定めにより評価します。

借地権の及ぶ範囲

会社の事務所や作業員の仮宿泊棟の建物を建築するために、土地を借りていました。建物以外にも社用車を5台ほど駐車するスペースがあります。建物

の敷地には借地権があると思いますが，駐車スペースは借地権が及ばないのでしょうか。

——借地権はその本来の目的とする建物の敷地と，その敷地を活用する合理的な範囲まで及びます。駐車スペースが，会社の業務の遂行の範囲を超えるほど広大であるとか，他人に転貸ししているような場合は念を入れて検討する必要があります。業務の遂行上合理的な範囲の駐車場であればその部分にも借地権が及ぶと考えます。

ただし，駐車場が建物の敷地と不特定多数の者の通行の用に供されている道路等で物理的に分離されている場合は，一体的利用といえないので，それぞれの権利として評価します。

財産評価基本通達
（借地権の評価）
27 借地権の価額は，その借地権の目的となっている宅地の自用地としての価額に，当該価額に対する借地権の売買実例価額，精通者意見価格，地代の額等を基として評定した借地権の価額の割合（以下「借地権割合」という。）がおおむね同一と認められる地域ごとに国税局長の定める割合を乗じて計算した金額によって評価する。ただし，借地権の設定に際しその設定の対価として通常権利金その他の一時金を支払うなど借地権の取引慣行があると認められる地域以外の地域にある借地権の価額は評価しない。

5 貸家建付借地権の評価

1 貸家建付借地権とは

　貸家建付借地権とは、借地権を取得した者が、その借地の上に貸家を建築している場合の、その借地権のことをいいます。借地人自身がその借地権を居住用や事業用として利用せず、アパートや貸家を建築して第三者に賃貸している場合は、借家人に借地に対する使用権が生じ、借地権者の使用権は制限されます。そのため自用の借地権の価額に比して価値が減じます。

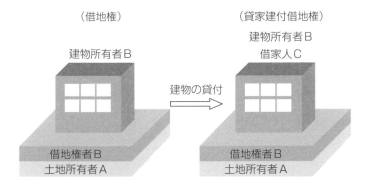

2 貸家建付借地権の評価

　借地権の価額は、財産評価基本通達27に則って計算します。貸家建付借地権の価額は、自用借地権の価額から借家権相当金額を控除します。具体的には次の算式による価額によって評価します。要は、借地権の価額を基として貸家建付地の計算と同様の計算を行うため、まず借地権の価額を算出し、次に貸家建付借地権の計算をします。算式のうち「賃貸割合」は貸家建付地の評価にお

ける解説を参考にしてください。

> 貸家建付借地権の価額＝
>   借地権の価額－（借地権の価額×借家権割合×賃貸割合）
>   ＝借地権の価額×（1－0.3×賃貸割合）

3 具体的計算例

借地権者が借地上にアパートを建築して10室を賃貸しています。全室が埋まっています。路線価は200,000円で借地権割合は70％の地区です。この場合の貸家建付借地権は次のように計算します。

【計算の前提】

正面路線価	200,000円／㎡	借地権割合	70％
借家権割合	30％	地積	300.0㎡

【計算式】

　　（正面路線価）　（地積）　（借地権割合）　　（借家権割合）　（賃貸割合）
　　200,000円 × 300.0㎡ × 　0.7　 ×（1－　0.3　×100／100）＝29,400,000円

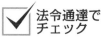
法令通達で
チェック

財産評価基本通達

（貸家建付借地権等の評価）

28　貸家の敷地の用に供されている借地権の価額又は定期借地権等の価額は，次の算式により計算した価額によって評価する。

　　27《借地権の評価》若しくは前項の定めにより評価したその借地権の価額又は27-2《定期借地権の評価》若しくは前項の定めにより評価したその定期借地権等の価額（A）
　－ A ×
　94《借家権の評価》に定める借家権割合
　×
　26《貸家建付地の評価》の（2）の定めによるその家屋に係る賃貸割合

6 転貸借地権の評価

1 転貸借地権とは

　転貸借地権とは，借地権を取得している者が，その借地権を更に他人に使用させている場合のその借地権のことをいいます。具体的にはAの土地にBが借地権を設定しているが，Bが更にその借地権をCに貸し付けて，Cが建物を建築するような場合をいいます。契約はAとB及びBとC間でそれぞれに行われますが，BがCに貸付ける場合は，転貸しの許可をAから受けなくてはなりません（民法612）。転貸しの許可をすることにより，Aが不利になることがないにもかかわらず許可しない場合は，Bは裁判所に申し立てることができ，裁判所は承諾に代わる許可を与えることができます（借地借家法19）。

　Bが建物の建築を目的としないで借地権を取得するというのは，借地権の本来の姿から離れており，権利関係が複雑となります。実例としてはあまりないように思われます。

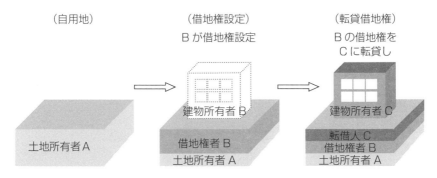

2　転貸借地権の評価

　借地権者がその借地権を他人に転貸している場合の，その借地権の価額は，転貸借地権となります。まず通常の借地権として評価した借地権の価額から，さらに借地権があるとして評価した，その借地権に係る転借権の価額を控除した価額によって評価します（評基通29）。借地権を他人に転貸をすることにより利用制限ができるため，評価額が下がります。借地権の2階建てと考えればわかりやすく，転貸人は転借人から見ると「又貸し人」です。借地権者を地主と見立てて，借地権の上に借地権を設定した場合の底地価額が，転貸借地権の価額となります。

```
借地権の価額（A）＝
    その土地の自用地価額×借地権割合
転貸借地権の価額＝
    A×（1－借地権割合）
```

3　具体的計算例

　路線価200,000円の路線に面している宅地を借地していた借地人が，転借人にその借地を転貸した場合の転貸借地権は，次のように計算します。

【計算の前提】

正面路線価	200,000円／㎡	借地権割合	70%
地積	300.0㎡		

【計算式】

　　　（正面路線価）　　（地積）　（借地権割合）　　　（借地権割合）
　　　200,000円 × 300.0㎡ ×　 0.7 　×（1－　0.7） 　＝12,600,000円

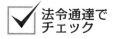

財産評価基本通達

（転貸借地権の評価）

29 転貸されている借地権の価額は，27《借地権の評価》又は27-6《土地の上に存する権利が競合する場合の借地権等の評価》の定めにより評価したその借地権の価額から次項の定め（著者注：財産評価基本通達30）により評価したその借地権に係る転借権の価額を控除した価額によって評価する。

7 転借権の評価

1 転借権とは

　転借権とは，前項「6 転貸借地権の評価」で解説した，借地権者の借地権の上に設定された借地権のことです。借地権と異なり，転借人と土地所有者とは直接の契約はありません。

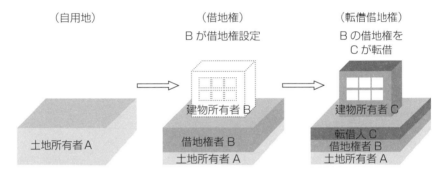

2 転借権の評価

　転借権は，他人の設定する借地権の上にさらに借地権を設定しているため，いわゆる「又借り」状態の権利です。転借権の価額は通常の借地権の価額を算出し，その価額に借地権割合を乗じて評価します（評基通30）。

転借権の価額＝借地権の価額×借地権の評価の基とした借地権割合

　具体的には次の手順で評価します。

① 借地権の価額
　　その土地の自用地としての価額×借地権割合
② 転借借地権の価額
　　①×借地権割合

3　転借権の計算例

　路線価200,000円の路線に面している土地の転借権は，次のように計算します。この計算で得られた価額29,400,000円と，前項6（転貸借地権の評価）の「具体的計算例」で計算した転貸借地権の価額12,600,000円を合計すると42,000,000円となり，借地権相当額となります。

【計算の前提】

正面路線価	200,000円／㎡	借地権割合	70%
地積	300.0㎡		

【計算】

① 借地権の価額

　（正面路線価）　（地積）　（借地権割合）
　200,000円 × 300.0㎡ × 　0.7　 ＝42,000,000円

② 転借権の価額

　（①の価額）　（借地権割合）
　42,000,000円 × 　0.7　 ＝29,400,000円

| 転借権の上に貸家がある場合

　叔父の借地権250㎡の上に借地権を設定してアパートを建築しました。この場合の転借権の評価はどのようにするのでしょうか。なお，この借地の路線価は160,000円で借地権割合は60％です。アパートは全室，借家人がいます。

──貸家建付転借権となります。転借権としての評価を行い,アパートがあるので貸付による減額を行います(評基通30ただし書き)。計算式は次のとおりです。

転借権の評価＝160,000円×250㎡×0.6×0.6＝14,400,000円

貸家建付転借権の評価＝14,400,000円－14,400,000円×0.3(借家権割合)×100／100(貸付割合)＝10,080,000円

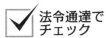

財産評価基本通達
(転借権の評価)
30 借地権の目的となっている宅地の転借権(以下「転借権」という。)の価額は,次の算式1により計算した価額によって評価する。

(算式1)

27《借地権の評価》又は27-6《土地の上に存する権利が競合する場合の借地権等の評価》の定めにより評価したその借地権の価額 × 左の借地権の評価の基とした借地権割合

ただし,その転借権が貸家の敷地の用に供されている場合の転借権の価額は,次の算式2により計算した価額によって評価する。

(算式2)

上記算式1により計算した転借権の価額(A) － A × 94《借家権の評価》に定める借家権割合 × 26《貸家建付地の評価》の(2)の定めによるその家屋に係る賃貸割合

8 貸宅地の評価

1 貸宅地とは

　貸宅地とは，他人が建物を所有する目的で使用している宅地のことをいい，宅地所有者にとっては，借地権が設定されている宅地をいいます。他人が借地権を設定している場合，借地権者には排他的にその宅地を使用する権利があり，所有者はその宅地の所有権を有していたとしても，自由に使用収益することはできません。このような他者の権利がある宅地は「底地」ともいいます。

2 貸宅地の評価

　貸宅地は，借地権がその上にあることにより，所有者自身が自由に使用収益を行うことができる宅地に比して，価額が低くなります。貸宅地の価額は，自用地としての価額から，自用地としての価額に借地権割合を乗じた価額（借地権の価額）を控除して評価します（評基通25）。

　つまり，自用地価額から借地権の価額を控除することにより，貸宅地の価額（底地価額）が計算されます。結果的には借地権価額と底地価額を合計した場合，常に自用地の価額となります。各権利の割合を合計して1.0になるというのが基本的な考え方です。

> 貸宅地の価額＝宅地の自用地価額（A）－（A）×借地権割合

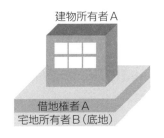

3 貸宅地の計算例

　路線価200,000円に面した宅地が300㎡あります。この宅地は借地権が設定されているため貸宅地です。この宅地の価額は、次のように自用地価額から借地権の価額を控除した金額によって求めます。

【計算の前提】

正面路線価	200,000円／㎡	借地権割合	70%
地積	300.0㎡	地区区分	普通住宅地区

【計算式】

　　　（正面路線価）　（地積）　（正面路線価）　（地積）　（借地権割合）
　　　200,000円 × 300.0㎡ －（200,000円 × 300.0㎡ × 　0.7）　＝18,000,000円

借地権の取引の慣行がない場合

　貸付けている宅地がありますが、この地域は借地権の取引の慣行がない地域です。このような地域で借地権を考慮しないとすると、自用地価額で評価することになるのでしょうか。
　――借地権の設定に際し、その設定の対価として通常権利金その他の一時金を支払うなど、借地権の取引慣行があると認められる地域以外の地域にある場合でも、借地人が現実的に存在する場合、その土地の所有者の使用は

制限されます。このような土地の利用権については、自用地価額の20％とします。そのため更地価額の80％で評価することとなります。

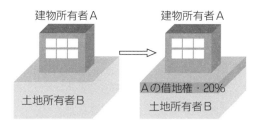

| 底地所有者が複数いる場合の評価

土地所有者A及びBは、借地権者Cに土地を貸しています。借地権の価額は正面路線20万円、側方路線18万円で計算します。Aの底地のみを計算する場合、側方路線18万円を加算しますか。

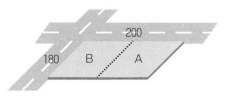

――Aの底地を計算するにあたって、一方の路線にしか接していないことから、側方路線の影響はありません。

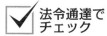

法令通達でチェック

財産評価基本通達
（貸宅地の評価）
25　宅地の上に存する権利の目的となっている宅地の評価は、次に掲げる区分に従い、それぞれ次に掲げるところによる。
　（1）　借地権の目的となっている宅地の価額は、11《評価の方式》から22-3《大規模工場用地の路線価及び倍率》まで、24《私道の用に供されている宅地の評価》、

24-2《土地区画整理事業施行中の宅地の評価》及び24-6《セットバックを必要とする宅地の評価》から24-8《文化財建造物である家屋の敷地の用に供されている宅地の評価》までの定めにより評価したその宅地の価額(以下この節において「自用地としての価額」という。)から27《借地権の評価》の定めにより評価したその借地権の価額(同項のただし書の定めに該当するときは,同項に定める借地権割合を100分の20として計算した価額とする。25-3《土地の上に存する権利が競合する場合の宅地の評価》において27-6《土地の上に存する権利が競合する場合の借地権等の評価》の定めにより借地権の価額を計算する場合において同じ。)を控除した金額によって評価する。

　ただし,借地権の目的となっている宅地の売買実例価額,精通者意見価格,地代の額等を基として評定した価額の宅地の自用地としての価額に対する割合(以下「貸宅地割合」という。)がおおむね同一と認められる地域ごとに国税局長が貸宅地割合を定めている地域においては,その宅地の自用地としての価額にその貸宅地割合を乗じて計算した金額によって評価する。

(2)～(5)　省略

9 相当の地代を収受している貸宅地の評価

　相当の地代を収受している貸宅地の評価については,「相当の地代を支払っている場合等の借地権等についての相続税贈与税の取り扱いについて」(昭60.6.5)等で取り扱われています。

1　通常の地代の支払いがある場合

　評価対象地が存する地域において,賃貸借契約に基づいて通常支払われる地代が授受されている場合の借地権の価額は,財産評価基本通達に基づいて計算される借地権の価額となります。

　貸宅地の評価は,自用地評価額から,その借地権相当額を控除した価額になります。

2　相当の地代の支払いがある場合

　借地権の設定に際して,権利金を支払う取引の慣行のある地域において,その権利金の支払いに代えて相当の地代を支払っている場合には,借地権者に借地権としての利益はないものとして取り扱います。

　相当の地代は次の算式によります。

　　相当の地代＝(土地の更地価額－支払った権利金)×6％/年

　土地の更地価額とは,その借地権の設定時における土地の更地としての通常価額をいい,相続税評価額の過去3年間の平均額によります。

　相当の地代の授受がある場合,あるいは無償返還の届出書が提出されている

場合の借地権及び底地価額（貸宅地価額）は，以下のようになります。

> ① 借地権価額…零
> ただし，被相続人が同族会社に貸付けている場合には，同族会社の株式評価上，その土地の利用価値として更地価額の20%を計上します。
> ② 貸宅地価額…80%

3 相当の地代に満たない地代の支払いがある場合

① 借地権価額

借地権価額は，以下の算式により計算した額によって評価します。

$$借地権価額 = 自用地 \times 借地権割合 \times \left[1 - \frac{実際地代の年額 - 通常地代の年額}{相当地代の年額 - 通常地代の年額} \right]$$

② 貸宅地価額

貸宅地価額は，自用地価額より上記借地権価額を控除した額により評価します。

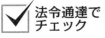
法令通達でチェック

相当の地代を支払っている場合等の借地権等についての相続税及び贈与税の取扱いについて（昭和60年6月5日　直資2-58（例規）他）
（相当の地代を収受している場合の貸宅地の評価）
6　借地権が設定されている土地について，相当の地代を収受している場合の当該土地に係る貸宅地の価額は，次によって評価する。
　（1）　権利金を収受していない場合又は特別の経済的利益を受けていない場合
　　　　当該土地の自用地としての価額の100分の80に相当する金額

（2）（1）以外の場合

　当該土地の自用地としての価額から3《相当の地代を支払っている場合の借地権の評価》の(2)による借地権の価額を控除した金額（以下この項において「相当の地代調整貸宅地価額」という。）

　ただし，その金額が当該土地の自用地としての価額の100分の80に相当する金額を超えるときは，当該土地の自用地としての価額の100分の80に相当する金額

（注）　上記（1）及び（2）のただし書に該当する場合において，被相続人が同族関係者となっている同族会社に対し土地を貸し付けている場合においては，昭和43年10月28日付直資3-22ほか2課共同「相当の地代を収受している貸宅地の評価について」通達（以下「43年直資3-22通達」という。）の適用があることに留意する。

　　この場合において，上記(2)のただし書に該当するときは，43年直資3-22通達中「自用地としての価額」とあるのは「相当の地代調整貸宅地価額」と，「その価額の20％に相当する金額」とあるのは「その相当の地代調整貸宅地価額と当該土地の自用地としての価額の100分の80に相当する金額との差額」と，それぞれ読み替えるものとする。

10
地上権等の目的となっている宅地の評価

1　地上権の目的となっている宅地の評価

　地上権が設定されている宅地の価額は，その宅地の自用地としての価額から，相続税法第23条《地上権及び永小作権の評価》の規定により評価したその地上権の価額を控除した金額によって評価します（評基通25(3)）。

　また，建物の所有を目的とする地上権は借地権に該当します（借地借家法2）。そのため，建物の所有のための地上権の目的となっている宅地は，借地権の目的となっている宅地として評価します。つまり，自用地価額から借地権相当額を控除した底地価額です。

　なお，地上権の評価については，第Ⅴ章「1　地上権の評価」，永小作権の評価については第Ⅵ章「4　農地の上に存する権利」を参照してください。

> 地上権の目的となっている宅地の価額＝
> 　宅地の自用地価額－地上権の価額（宅地の自用地価額×地上権の割合）

2　区分地上権の目的となっている宅地の評価

　区分地上権の目的となっている宅地の価額は，その宅地の自用地としての価額から財産評価基本通達27-4《区分地上権の評価》の定めにより評価したその区分地上権の価額を控除した金額によって評価します（評基通25(4)）。

　なお，区分地上権の評価については，第Ⅴ章「2　区分地上権及び区分地上権に準ずる地役権の評価」を参照してください。

> 区分地上権の目的となっている宅地の価額＝
>   宅地の自用地価額－区分地上権の価額（宅地の自用地価額×区分地上権の割合）

3　区分地上権に準ずる地役権の目的となっている承役地である宅地の評価

　区分地上権に準ずる地役権の目的となっている承役地である宅地の価額は，その宅地の自用地としての価額から財産評価基本通達27-5《区分地上権に準ずる地役権の評価》の定めにより評価したその区分地上権に準ずる地役権の価額を控除した金額によって評価します（評基通25⑸）。

　なお，区分地上権に準ずる地役権の評価については，第Ⅴ章「2　区分地上権及び区分地上権に準ずる地役権の評価」を参照してください。

> 区分地上権に準ずる地役権の目的となっている承役地である宅地の価額＝
>   宅地の自用地価額－区分地上権に準ずる地役権の価額
>   　　　　　　　　　（宅地の自用地価額×区分地上権に準ずる地役権の割合）

地上権を設定している土地の評価

　被相続人Aは，B会社が堅固な建物（居住用マンション）を建築するにあたって，100年の地上権契約を結びました。Aの土地は，地上権が設定されている土地として評価するのでしょうか。
　――建物の所有を目的とする地上権が設定されている宅地は，借地権が設定されている宅地と同様の評価をします。

【参考：1992年（平成4年）4月20日裁決】

　地上権は物権であるのに対し賃借権は債権であり，両者は，その法的性格を異にするものであるが，借地法は，建物を所有するための地上権及び賃借権を借地権として，両者を統一的に扱うとともに特に債権関係に止まる賃借権についての特別の保護を与えているところである。すなわち，その存続期間につき，堅固な建物の所有を目的とするものは60年，その他の建物の所有を目的とするものは30年とし，契約で存続期間を定めた場合でも，その期間は前者については30年，後者については20年を下回ることができないものとして，民法上の賃借権の存続期間最長20年の例外としている。また，借地人からの契約更新の申出に対して地主は正当な事由がなければこれを拒否することができないこと，借地人が借地権消滅後土地の使用を継続する場合において，地主が遅滞なく異議を述べないときは法定更新がされること，そしてこれらの規定に反する契約条件で借地人に不利なものはこれを定めなかったものとみなすこととされている。このように建物の所有を目的とする賃借権は物権とはされないまでも物権的な傾向を強めており，経済的価値及び法的機能の面では建物の所有を目的とする地上権とその実態を同じくするといえる。

　このような事情から，相続税の課税価格の算定のための財産評価においては，建物の所有を目的とする地上権と賃借権とを区別することなく，ともに借地権という種類の財産として評価することは，財産の実態に即した評価を行う趣旨から合理性があると認められる。

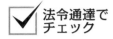

財産評価基本通達
（貸宅地の評価）
25　省略
（1）・（2）　省略
（3）　地上権の目的となっている宅地の価額は，その宅地の自用地としての価額から相続税法第23条《地上権及び永小作権の評価》又は地価税法第24条《地上権及び永小作権の評価》の規定により評価したその地上権の価額を控除した金額によって評価する。
（4）　区分地上権の目的となっている宅地の価額は，その宅地の自用地としての価額から27-4《区分地上権の評価》の定めにより評価したその区分地上権の価額を控除した金額によって評価する。
（5）　区分地上権に準ずる地役権の目的となっている承役地である宅地の価額は，その宅地の自用地としての価額から27-5《区分地上権に準ずる地役権の評価》の定めにより評価したその区分地上権に準ずる地役権の価額を控除した金額によって評価する。

11 倍率地域にある区分地上権等の目的となっている宅地の自用地としての価額

1　区分地上権又は区分地上権に準ずる地役権の目的となっている承役地である宅地

　地下鉄のトンネルの所有のために設定される区分地上権や，区分地上権に準ずる地役権（以下「区分地上権等」といいます）の目的となっている承役地である宅地は，自用宅地として評価した価額からそれぞれの権利の価額を控除した価額で評価します（評基通25(4)(5)）。

2　倍率方式により評価する場合

　区分地上権等の目的となっている承役地である宅地を，倍率方式により評価する場合であっても同様に，自用地としての価額から権利の価額を控除した価額で評価します。ただし，固定資産税の評価を行うにあたって，地下鉄がある場合や高圧線が通っている区分地上権等が設定されている土地について，それらの権利の補正が行われていることがあります。路線価方式で評価する場合は特に問題となりませんが，倍率方式で宅地を評価する場合は，固定資産税評価額から区分地上権等の権利を控除して計算しますので，固定資産税評価額が区分地上権による価値の低下がないものとして評価します（評基通25-2）。固定資産税評価額が，既に区分地上権等の存在を考慮した評価を行っている場合，固定資産税評価額から更に区分地上権等の控除をした場合，二重に控除することになってしまうからです。

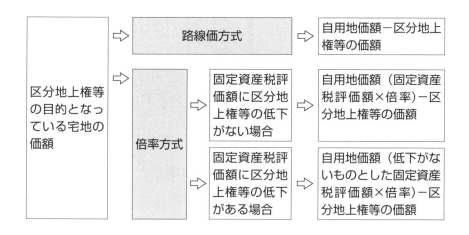

3 倍率方式による宅地以外の土地の評価

　区分地上権が設定されている原野や，雑種地等の倍率方式による評価についても，同様の計算を行います。

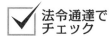

財産評価基本通達
（倍率方式により評価する宅地の自用地としての価額）
25-2　倍率地域にある区分地上権の目的となっている宅地又は区分地上権に準ずる地役権の目的となっている承役地である宅地の自用地としての価額は，その宅地の固定資産税評価額が地下鉄のずい道の設置，特別高圧架空電線の架設がされていること等に基づく利用価値の低下を考慮したものである場合には，その宅地の利用価値の低下がないものとして評価した価額とする。
　　なお，宅地以外の土地を倍率方式により評価する場合の各節に定める土地の自用地としての価額についても，同様とする。

12
土地の上に存する権利が競合する場合の宅地及び権利の評価

1 土地の上に存する権利が競合する場合とは

　宅地は自用で100％利用できればいいのですが，借地権を設定して賃貸することも多く行われています。この場合は土地の表面の活用が目的ですが，借地権を設定している宅地に，更に地下鉄のトンネルや高圧架空電線を建築するために，区分地上権を借地権者とは別の者が設定することがあります。そうするとこの土地は借地権を設定した上で，区分地上権又は区分地上権に準ずる地役権も設定されている，複数の権利が競合している土地ということになります。

　ただし最終的には「1－各権利の価額」です。複雑なようですが，最終的には各権利の合計は自用地価額と一致します。

（土地の上に存する権利が競合するイメージ）

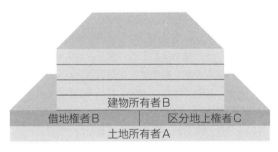

2 土地の上に存する権利が競合する場合の宅地の評価

　土地所有者にとってはその土地の活用が二重に制限されていることになります。そのため権利が競合する土地の評価は，自用地としての価額から，それぞ

れの権利の価額の合計額を控除した価額で評価します。競合する権利の種類により，次の区分により計算した価額で評価します（評基通25-3）。

> 借地権，定期借地権等又は地上権及び区分地上権の目的となっている宅地の価額＝
>   宅地の自用地価額－（その宅地の区分地上権の価額＋評基通27-6(1)により計算した借地権等の価額）

> 区分地上権及び区分地上権に準ずる地役権の目的となっている承役地である宅地の価額＝
>   宅地の自用地価額－（その宅地の区分地上権の価額＋区分地上権に準ずる地役権の価額）

> 借地権，定期借地権等又は地上権及び区分地上権に準ずる地役権の目的となっている承役地である宅地の価額＝
>   宅地の自用地価額－（その宅地の区分地上権に準ずる地役権の価額＋評基通27-6(2)により計算した借地権等の価額）

3　土地の上に存する権利が競合する場合の借地権等の評価

借地権や区分地上権等，土地の上に存する権利が競合している場合のその借地権等の価額は，次の区分により計算した金額で評価します（評基通27-6）。

> 借地権，定期借地権等又は地上権及び区分地上権が設定されている場合の借地権，定期借地権等又は地上権の価額＝
>   地上権，借地権，定期借地権の価額×（1－区分地上権割合）

> 区分地上権に準ずる地役権が設定されている承役地に借地権,定期借地権等又は地上権が設定されている場合の借地権,定期借地権等又は地上権の価額＝地上権,借地権,定期借地権の価額×（1－区分地上権に準ずる地役権の割合）

4 具体的計算例

　宅地の上に借地権が設定されており，更に地下鉄のトンネルの所有のための区分地上権が設定されている場合，次のように計算します。地下鉄のトンネルの所有を目的とした区分地上権割合は，財産評価基本通達27-4により30％です。292頁のイメージ図をご参照ください。

【計算の前提】

自用地価額	2億円	土地所有者	A
借地権割合	70％	借地権者	B
区分地上権割合	30％	区分地上権者	C

【計算式】

① 区分地上権の価額（C）の計算

　（自用地価額）　（区分地上権割合）
　　2億円　×　　0.3　　＝60,000,000円

② 借地権の価額（B）の計算

　（自用地価額）　（借地権割合）　　　（区分地上権割合）
　　2億円　×　　0.7　×　（1－　0.3）　＝98,000,000円

③ 宅地の価額（A）の計算

　（自用地価額）　（区分地上権の価額）　（借地権の価額）
　　2億円　－　（60,000,000円　＋98,000,000円）＝42,000,000円

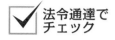

財産評価基本通達
（土地の上に存する権利が競合する場合の宅地の評価）

25-3　土地の上に存する権利が競合する場合の宅地の価額は、次に掲げる区分に従い、それぞれ次の算式により計算した金額によって評価する。

（1）　借地権、定期借地権等又は地上権及び区分地上権の目的となっている宅地の価額

その宅地の自用地としての価額 － ｛27-4《区分地上権の評価》の定めにより評価した区分地上権の価額 ＋ 27-6《土地の上に存する権利が競合する場合の借地権等の評価》（1）の定めにより評価した借地権、定期借地権等又は地上権の価額｝

（2）　区分地上権及び区分地上権に準ずる地役権の目的となっている承役地である宅地の価額

その宅地の自用地としての価額 － ｛27-4の定めにより評価した区分地上権の価額 ＋ 27-5《区分地上権に準ずる地役権の評価》の定めにより評価した区分地上権に準ずる地役権の価額｝

（3）　借地権、定期借地権等又は地上権及び区分地上権に準ずる地役権の目的となっている承役地である宅地の価額

その宅地の自用地としての価額 － ｛27-5の定めにより評価した区分地上権に準ずる地役権の価額 ＋ 27-6（2）の定めにより評価した借地権、定期借地権等又は地上権の価額｝

（注）　国税局長が貸宅地割合を定めている地域に存する借地権の目的となっている宅地の価額を評価する場合には、25《貸宅地の評価》（1）のただし書の定めにより評価した価額から、当該価額に27-4《区分地上権の評価》の区分地上権の割合又は27-5《区分地上権に準ずる地役権の評価》の区分地上権に準ずる地役権の割合を乗じて計算した金額を控除した金額によって評価することに留意する。

（土地の上に存する権利が競合する場合の借地権等の評価）

27-6　土地の上に存する権利が競合する場合の借地権、定期借地権等又は地上権の価額は、次に掲げる区分に従い、それぞれ次の算式により計算した金額によって評価する。

（1） 借地権，定期借地権等又は地上権及び区分地上権が設定されている場合の借地権，定期借地権等又は地上権の価額

27《借地権の評価》の定めにより評価した借地権の価額，27-2《定期借地権等の評価》の定めにより評価した定期借地権等の価額又は相続税法第23条《地上権及び永小作権の評価》若しくは地価税法第24条《地上権及び永小作権の評価》の規定により評価した地上権の価額 × $\left[1 - 区分地上権の割合 \right]$

（2） 区分地上権に準ずる地役権が設定されている承役地に借地権，定期借地権等又は地上権が設定されている場合の借地権，定期借地権等又は地上権の価額

27の定めにより評価した借地権の価額，27-2の定めにより評価した定期借地権等の価額又は相続税法第23条若しくは地価税法第24条の規定により評価した地上権の価額 × $\left[1 - 区分地上権に準ずる地役権の割合 \right]$

13

借家権及び借家人の有する宅地等に対する権利の評価

1 借家権とは

　借家権とは建物を使用する権利のことをいい，権利金として取引が行われている地域にあるものをいいます。一般的には高度繁華街地区にあるビルの飲食店の権利をイメージすればわかりやすいかと思います。権利金等の名目で取引の対象になる地域は極めて限定されていますので，事例としては多くありません。また，家屋の転貸しの場合，それに伴う対価が営業権又は立退料なのか判然としないことが多くあります。借家権という権利を明確に判定するのは難しいところがあります。

2 借家権の評価

　借家権が取引される慣行のある地域にある借家権の価額は次によります（評基通94）。

> 借家権の価額＝借家権の目的となっている家屋の価額×借家権割合×賃借割合

　借家権割合は，国税局長の定める割合によることとなっていますが，現在は借家権割合は一律30％です。
　また，借家権の取引の慣行のない地域におけるものは評価しません。

3 借家人の有する宅地等に対する権利の評価

　借家権のある地域では借家権の評価を行うと同時に，その建物の敷地に対す

る借家人の権利が生じています。この価額についても資産として評価します（評基通31）。ただし，借家権と同様，これらの権利が，権利金等の名称をもって取引される慣行のない地域にあるものについては，評価しません。

借家人がその借家の敷地である宅地等に対して有する権利の価額は，原則として，次に掲げる場合の区分に応じ，それぞれ次に掲げる算式により計算した価額によって評価します。

> その権利が借家の敷地である宅地等に対するものである場合の価額＝
>   借地権の価額×借家権割合×賃借割合

> その権利が転借権に対するものである場合の価額＝
>   転借権の価額×借家権割合×賃借割合

事例でチェック

| 構築物の賃借人の権利

プールを建築し，これを他人Aに貸付けています。この場合，Aにはプールに対する権利が発生するのでしょうか。権利がある場合，プールの敷地は貸家建付地で評価するのでしょうか。

――プールは構築物です。構築物の賃貸借は借地借家法の保護を受けません。そのため構築物の賃借人の構築物及び敷地に対する権利はありません。構築物の敷地は他人の権利がない土地ですので，自用地としての価額で評価します。

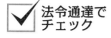

財産評価基本通達
(借家権の評価)

94 借家権の価額は、次の算式により計算した価額によって評価する。ただし、この権利が権利金等の名称をもって取引される慣行のない地域にあるものについては、評価しない。

> 89《家屋の評価》、89-2《文化財建造物である家屋の評価》又は92《附属設備等の評価》の定めにより評価したその借家権の目的となっている家屋の価額 × 借家権割合 × 賃借割合

上記算式における「借家権割合」及び「賃借割合」は、それぞれ次による。

（1）「借家権割合」は、国税局長の定める割合による。

（2）「賃借割合」は、次の算式により計算した割合による。

$$\frac{Aのうち賃借している各独立部分の床面積の合計}{当該家屋の各独立部分の床面積の合計（A）}$$

(借家人の有する宅地等に対する権利の評価)

31 借家人がその借家の敷地である宅地等に対して有する権利の価額は、原則として、次に掲げる場合の区分に応じ、それぞれ次に掲げる算式により計算した価額によって評価する。ただし、これらの権利が権利金等の名称をもって取引される慣行のない地域にあるものについては、評価しない。

（1） その権利が借家の敷地である宅地又はその宅地に係る借地権に対するものである場合

> 27《借地権の評価》又は27-6《土地の上に存する権利が競合する場合の借地権等の評価》の定めにより評価したその借家の敷地である宅地に係る借地権の価額 × 94《借家権の評価》の定めによるその借家に係る借家権割合 × 94《借家権の評価》の（2）の定めによるその家屋に係る賃借割合

（2） その権利がその借家の敷地である宅地に係る転借権に対するものである場合

> 前項の定めにより評価したその借家の敷地である宅地に係る転借権の価額 × 94《借家権の評価》の定めによるその借家に係る借家権割合 × 94《借家権の評価》の（2）の定めによるその家屋に係る賃借割合

14
定期借地権等の評価

1　定期借地権とは

　定期借地権は1992年（平成4年）に施行された借地借家法に規定された権利です。「定期」の名のとおり権利の消滅期限が定められています。一般定期借地権は50年の期日の到来により，契約が自動的に消滅することとなっており，契約の更新はありません。期間内であれば転売や増改築が普通にできます。ただし，残存期間による価額の設定が大変難しいこと，将来の予測も難しいこと，また，権利金の授受や補償金等の有無など，契約の形態が多岐にわたっていることから，非常に個別的要素の多い権利です。

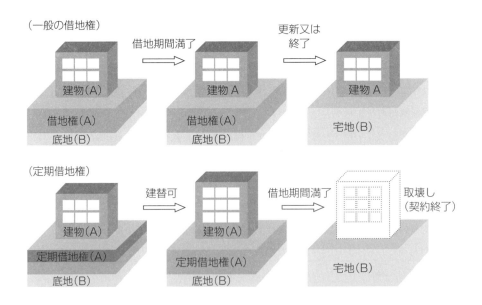

【定期借地権の種類と内容】

種類	内容				借地借家法
	借地権の更新	利用目的	契約方法	契約期間	
一般定期借地権	・更新はできない ・建物の買取り請求をしないことができる	制限なし	公正証書等の書面による	50年以上	第22条
事業用定期借地権	・更新はできない ・建物の買取り請求をしないことができる	もっぱら事業の用に供する建物の所有	公正証書による	30年以上50年未満	第23条
建物譲渡特約付定期借地権	・更新はできない ・建物を借地権設定者に譲渡できる	制限なし	契約の書式制限はない	30年以上	第24条

2 定期借地権等の評価

(1) 定期借地権等の評価の区分

　定期借地権等の価額は，財産評価基本通達27-2によって評価します。また，定期借地権等が設定されている宅地（底地）の評価は，次のように一般定期借地権及びその他の定期借地権により区分されますので，なかなか理解しにくいところがあります。

【定期借地権等及び底地の評価について財産評価基本通達及び個別通達の取扱い】

定期借地権の種類	一般定期借地権		・事業用定期借地権 ・建物譲渡特約付定期借地権
		借地権割合が90%・80%の地区，借地権の取引慣行のない地域及び課税上弊害がある場合	
定期借地権等が設定されている宅地（底地）の評価	個別通達による	評基通25(2)による	
定期借地権等の評価	評基通27-2による		

(2) 定期借地権等の評価

① 定期借地権等の価額は，原則として，課税時期に借地権者に帰属する経済的利益，及びその存続期間を基として評定した価額によって評価します。

② 定期借地権等の価額は①により評価しますが，実務的には経済的利益や存続期間等を基として判断するのは困難と思われます。そこで，課税上弊害がない限り，その定期借地権等の目的となっている宅地の課税時期における自用地としての価額に，次の算式により計算した数値を乗じて計算した金額によって評価します（評基通27-2）。

```
定期借地権等の価額＝

自用地価額 × 定期借地権等の設定の時における借地権者に帰属する経済的利益の総額   × 課税時期におけるその定期借地権等の残存期間年数に応ずる基準年利率による複利年金現価率
            ─────────────────────       ─────────────────────
            定期借地権等の設定の時におけるその宅地の通常の取引価額                    定期借地権等の設定期間年数に応ずる基準年利率による複利年金現価率
```

(3) 経済的利益の総額とは

「定期借地権等の設定の時における借地権者に帰属する経済的利益の総額」は，次に掲げる金額の合計額とします（評基通27-3）。これは，期間満了により返還すべき金額の課税時期現在の価値を求めるものです。

① 定期借地権等の設定に際し，借地権設定者に対して権利金，協力金，礼金など借地契約の終了の時に返還を要しないものとされる金銭の支払い，又は財産の供与がある場合

　課税時期に支払われるべき金額，又は供与すべき財産の価額に相当する金額

② 定期借地権等の設定に際し，借地権設定者に対して保証金，敷金など借地契約の終了の時に返還を要するものとされる金銭等の預託があり，その保証金等に基準年利率未満の約定利率による利息の支払いがあるとき，又は無利息のとき

下記の算式により算出された金額

> 経済的利益の総額＝保証金等の額に相当する金額Ａ－（Ａ×定期借地権等の設定期間年数に応じる基準年利率による複利現価率）－（Ａ×基準年利率未満の約定利率×定期借地権等の設定期間年数に応じる基準年利率による複利年金現価率）

③　定期借地権等の設定に際し，実質的に贈与を受けたと認められる差額地代の額がある場合

　　下記の算式により算出された金額

> 経済的利益の総額＝差額地代の額×定期借地権等の設定期間年数に応じる基準年利率による複利年金現価率

イ　実質的に贈与を受けたと認められる差額地代の額がある場合に該当するかどうかは，個々の取引において取引の事情，取引当事者間の関係等を総合勘案して判定します。

ロ　「差額地代の額」とは，同種同等の他の定期借地権等における地代の額と，その定期借地権等の設定契約において定められた地代の額との差額をいいます。

3　具体的計算例

定期借地権の評価は，実務的には後掲国税庁様式「定期借地権等の評価明細書」を用いたほうが便利です。

【計算の前提】

課税時期における自用地としての相続税評価額	45,000,000円
定期借地権設定時の宅地の価額(通常の取引価額)	50,000,000円
保証金(借地契約満了時に返還するもの。無利息)	9,000,000円
定期借地権の期間	50年
課税時期	設定後10年目
期間40年の年1%の複利年金現価率	32.835
期間50年の年1%の複利年金現価率	39.196
期間50年の年1%の複利現価率	0.608

【計算】

① 経済的利益の計算

・保証金返済の原資に相当する金額

9,000,000円×0.608＝5,472,000円

・契約設定時に借地人に帰属する経済的利益の総額

9,000,000円－5,472,000円＝3,528,000円

② 定期借地権の価額

$$45,000,000円 \times \frac{3,528,000円}{50,000,000円} \times \frac{32.835}{39.196} = 2,659,000円$$

事例で
チェック

| 定期借地権上に賃貸物件がある場合

賃貸マンションを建築するにあたって定期借地権を設定しました。この場合の定期借地権の評価はどのように行うのでしょうか。

——定期借地権の上に賃貸物件を建築している場合，その定期借地権に対応する借家人の使用権等を考慮しますので，定期借地権の価額から借家権割合等を控除した価額によって評価します。

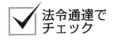

財産評価基本通達
(定期借地権等の評価)

27-2 定期借地権等の価額は，原則として，課税時期において借地権者に帰属する経済的利益及びその存続期間を基として評定した価額によって評価する。

ただし，課税上弊害がない限り，その定期借地権等の目的となっている宅地の課税時期における自用地としての価額に，次の算式により計算した数値を乗じて計算した金額によって評価する。

$$\frac{\text{次項に定める定期借地権等の設定の時における借地権者に帰属する経済的利益の総額}}{\text{定期借地権等の設定の時におけるその宅地の通常の取引価額}} \times \frac{\text{課税時期におけるその定期借地権等の残存期間年数に応ずる基準年利率による複利年金現価率}}{\text{定期借地権等の設定期間年数に応ずる基準年利率による複利年金現価率}}$$

(定期借地権等の設定の時における借地権者に帰属する経済的利益の総額の計算)

27-3 前項の「定期借地権等の設定の時における借地権者に帰属する経済的利益の総額」は，次に掲げる金額の合計額とする。

(1) 定期借地権等の設定に際し，借地権者から借地権設定者に対し，権利金，協力金，礼金などその名称のいかんを問わず借地契約の終了の時に返還を要しないものとされる金銭の支払い又は財産の供与がある場合

　　課税時期において支払われるべき金額又は供与すべき財産の価額に相当する金額

(2) 定期借地権等の設定に際し，借地権者から借地権設定者に対し，保証金，敷金などその名称のいかんを問わず借地契約の終了の時に返還を要するものとされる金銭等(以下「保証金等」という。)の預託があった場合において，その保証金等につき基準年利率未満の約定利率による利息の支払いがあるとき又は無利息のとき

　　次の算式により計算した金額

$$\begin{pmatrix}\text{保証金等の}\\\text{額に相当す}\\\text{る金額}\end{pmatrix} - \begin{bmatrix}\begin{pmatrix}\text{保証金等の}\\\text{額に相当す}\\\text{る金額}\end{pmatrix} \times \text{定期借地権等の設定期間年数に応じる基準年利率による複利現価率}\end{bmatrix}$$

$$- \begin{bmatrix}\begin{pmatrix}\text{保証金等の}\\\text{額に相当す}\\\text{る金額}\end{pmatrix} \times \begin{pmatrix}\text{基準年利}\\\text{率未満の}\\\text{約定利率}\end{pmatrix} \times \text{定期借地権等の設定期間年数に応じる基準年利率による複利年金現価率}\end{bmatrix}$$

(3) 定期借地権等の設定に際し，実質的に贈与を受けたと認められる差額地代の額がある場合

次の算式により計算した金額

$$\text{差額地代の額} \times \text{定期借地権等の設定期間年数に応ずる基準年利率による複利年金現価率}$$

（注）
1 実質的に贈与を受けたと認められる差額地代の額がある場合に該当するかどうかは，個々の取引において取引の事情，取引当事者間の関係等を総合勘案して判定するのであるから留意する。
2 「差額地代の額」とは，同種同等の他の定期借地権等における地代の額とその定期借地権等の設定契約において定められた地代の額（上記（1）又は（2）に掲げる金額がある場合には，その金額に定期借地権等の設定期間年数に応ずる基準年利率による年賦償還率を乗じて得た額を地代の前払いに相当する金額として毎年の地代の額に加算した後の額）との差額をいう。

(表)

定期借地権等の評価明細書

（平成二十年分以降用）

(住居表示) 所在地番			地積 ㎡		設定年月日	平成　年　月　日	設定期間年数	⑦	年
					課税時期	平成　年　月　日	残存期間年数	⑧	年
定期借地権 等の種類	一般定期借地権　・　建物譲渡特約付借地権　・ 事業用定期借地権等				設定期間年数に応ずる基準年利率による	複利現価率	④		
定期借地権等の設定時	自用地としての価額	①	(1㎡当たりの価額　　　　円)	円		複利年金現価率	⑤		
	通常取引価額	②	(通常の取引価額又は①／0.8)	円					
課税時期	自用地としての価額	③	(1㎡当たりの価額　　　　円)	円	残存期間年数に応ずる基準年利率による複利年金現価率		⑥		

(注) ④及び⑤に係る設定期間年数又は⑥に係る残存期間年数について、その年数に1年未満の端数があるときは6ヶ月以上を切り上げ、6ヶ月未満を切り捨てます。

○定期借地権等の評価

経済的利益の額の計算	権利金等の授受がある場合	(権利金等の金額) (A) ＝　　　円　　　　⑨	権利金・協力金・礼金等の名称のいかんを問わず、借地契約の終了のときに返還を要しないとされる金銭等の額の合計を記載します。	(権利金等の授受による経済的利益の金額) ⑨　　　円
	保証金等の授受がある場合	(保証金等の額に相当する金額) (B)　　　円	保証金・敷金等の名称のいかんを問わず、借地契約の終了のときに返還を要するものとされる金銭等(保証金等)の預託があった場合において、その保証金等につき基準年利率未満の約定利率の支払いがあるとき又は無利息のときに、その保証金等の金額を記載します。	(保証金等の授受による経済的利益の金額) ⑩　　　円
		(保証金等の授受による経済的利益の金額の計算) (④の複利現価率)　　　　　(基準年利率未満の約定利率)　(⑤の複利年金現価率) (B) － [(B) × 　　　　　　　　　] － [(B) × 　　　　　　　　　× 　　　　　　　] ＝ ⑩			
	(権利金等の授受による経済的利益の金額)　　(保証金等の授受による経済的利益の金額)　　(贈与を受けたと認められる差額地代の額がある場合の経済的利益の金額)　　　　　　　(経済的利益の総額) ⑨　　　円　＋　⑩　　　円　＋　⑪　　　円　＝　⑫　　　円				
	(注) ⑪欄は、個々の取引の事情・当事者間の関係等を総合勘案し、実質的に贈与を受けたと認められる差額地代の額がある場合に記載します(計算方法は、裏面2参照)。				
評価額の計算	(評価時期における自用地としての価額)　(経済的利益の総額)　(⑥の複利年金現価率)　　　　　　(定期借地権等の評価額) ③　　　円　×　⑫　　　円　　　×　　　　　　　　　　　　＝　⑬　　　円 　　　　　　　　　(設定時の通常取引価額)　(⑤の複利年金現価率)				

(注) 保証金等の返還の時期が、借地契約の終了のとき以外の場合の⑩欄の計算方法は、税務署にお尋ねください。

○定期借地権等の目的となっている宅地の評価

一般定期借地権の目的となっている宅地 (裏面1の Ⓐに該当 するもの)	(課税時期における自用地としての価額) ③　　　円	－	(課税時期における自用地としての価額) ③　　　円	×	底地割合 (裏面3参照) × (1 －　⑥の複利年金現価率 ⑤の複利年金現価率)	＝	⑭　　　円	一般定期借地権の目的となっている宅地の評価額 ⑭　　　円
上記以外の定期借地権等の目的となっている宅地 (裏面1の Ⓑに該当 するもの)	(課税時期における自用地としての価額) ③　　　円	－	(定期借地権等の評価額) ⑬　　　円	＝	⑮　　　円			上記以外の定期借地権等の目的となっている宅地の評価額 (⑮と⑯のいずれか低い金額) ⑰　　　円
	(課税時期における自用地としての価額) ③　　　円	×	(残存期間年数に応じた割合 (裏面4参照)) (1 －　　　　　　　)	＝	⑯　　　円			

(資4-80-1-A4統一)

(裏)

1 定期借地権等の種類と評価方法の一覧

定期借地権の種類	定期借地権等の評価方法	定期借地権等の目的となっている宅地の評価方法
一般定期借地権 (借地借家法第22条)	財産評価基本通達27-2に定める評価方法による	平成10年8月25日付課評2-8・課資1-13「一般定期借地権の目的となっている宅地の評価に関する取扱いについて」に定める評価方法による　Ⓐ
事業用定期借地権等 (借地借家法第23条)		※
建物譲渡特約付借地権 (借地借家法第24条)		財産評価基本通達25(2)に定める評価方法による　Ⓑ

(注) ※印部分は、一般定期借地権の目的となっている宅地のうち、普通借地権の借地権割合の地域区分A・B地域及び普通借地権の取引慣行が認められない地域に存するものが該当します。

2 実質的に贈与を受けたと認められる差額地代の額がある場合の経済的利益の金額の計算

差額地代(設定時)

同種同等地代の年額(C)	円	実際地代の年額(D)	円	設定期間年数に応ずる基準年利率による年賦償還率　⑱

　　　　　　(前払地代に相当する金額)　　　　　　　　　　(実際地代の年額(D))　×　(実質地代の年額(E))
(権利金等⑨)　(⑱の年賦償還率)　(保証金等⑩)　(⑱の年賦償還率)
　　円　×　　　　　＋　　　円　×　　　　　　＋　　　　　円　＝　　　　円

　　　　　(差額地代の額)　　　　　　　　　　(⑤の複利年金現価率)　　⑪　| 贈与を受けたと認められる差額地代の額がある場合の経済的利益の金額 |
(同種同等地代の年額(C))　(実際地代の年額(E))
(　　　円　－　　　　円)　×　　　　　　　　＝　　　　　円

(注)「同種同等地代の年額」とは、同種同等の他の定期借地権等における地代の年額をいいます。

3 一般定期借地権の目的となっている宅地を評価する場合の底地割合

借地権割合		底地割合
路線価図	評価倍率表	
地域区分 C	70%	55%
D	60%	60%
E	50%	65%
F	40%	70%
G	30%	75%

4 定期借地権等の目的となっている宅地を評価する場合の残存期間年数に応じた割合

残存期間年数	割合
5年以下の場合	5%
5年を超え10年以下の場合	10%
10年を超え15年以下の場合	15%
15年を超える場合	20%

(注) 残存期間年数の端数処理は行いません。

(資4-80-2-A4統一)

15 定期借地権等の目的となっている宅地の評価

1 定期借地権等の目的となっている宅地とは

　定期借地権等の目的となっている宅地とは，その宅地に定期借地権等が設定されており，いわゆる底地となった宅地のことをいいます。ある財産の価額からある権利等を控除した場合，残った部分の価額はその残額で評価するというのが財産評価の基本です。定期借地権等の目的となっている宅地（底地）を評価する場合，原則として，自用地価額から定期借地権等の価額を控除した価額が，底地価額となります。ただし，一般定期借地権の目的となっている場合とその他の定期借地権の目的となっている場合では「個別通達による評価」と「財産評価基本通達による基本的評価」があり評価方法が異なります。

　評価の区分は次のチャートによります。

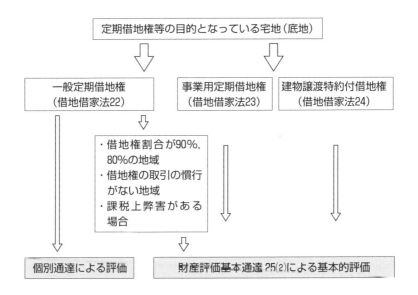

2 基本的評価方法（財産評価基本通達25(2)による場合）

(1) 原則的評価

定期借地権等の目的となっている宅地の評価は，原則的に自用地としての価額から，財産評価基本通達に定める定期借地権等の価額（評基通27-2）を控除した価額になります。この評価方法は大変わかりやすいものです。

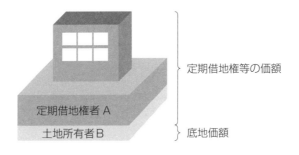

(2) 例外的評価

ただし，(1)で計算した評価通達上の評価額が，その宅地の自用地としての価額に，次に掲げる定期借地権等の残存期間に応じる割合を乗じて計算した金額を下回る場合には，次に掲げる割合を乗じて計算した金額を控除した金額によって評価します。

定期借地権等の残存期間	控除割合（％）
5年以下のもの	5
5年を超え10年以下のもの	10
10年を超え15年以下のもの	15
15年を超えるもの	20

3　個別通達による方法

(1) 一般定期借地権の目的となっている宅地の評価

一般定期借地権の目的となっている宅地の価額は，上記2の基本的な評価方法に替えて，下記の方法で計算した金額を自用地としての価額から控除します（「一般定期借地権の目的となっている宅地の評価に関する取扱いについて」1998年（平成10年）8月25日）。

一般定期借地権の目的となっている宅地の価額＝

自用地価額 ×（1－底地割合）× $\dfrac{\text{課税時期におけるその一般定期借地権の残存期間年数に応ずる基準年利率による複利年金現価率}}{\text{定期借地権等の設定期間年数に応ずる基準年利率による複利年金現価率}}$

この計算式でいう底地割合とは路線価図における借地権割合の区分を基にした次の表によります。なお，この底地割合は，一般の借地権が設定されている土地には適用できません。

路線価図の借地権割合	底地割合
C（70％）	55％
D（60％）	60％
E（50％）	65％
F（40％）	70％
G（30％）	75％

(2) 個別通達による評価の留意点

個別通達による評価は簡便なものとなっていますが，次の点に注意してください。

① 借地権割合がA（90％）及びB（80％）の地域では適用できません。

② 借地権の取引の慣行のない地域では適用できません。

③ 課税上弊害がある場合は適用できません。課税上弊害がある場合とは，定期借地権等の設定が租税回避を目的とする場合や，定期借地権設定者が親族等であるような場合をいいます（後掲「法令通達でチェック」参照）。

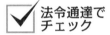
法令通達でチェック

財産評価基本通達
（貸宅地の評価）
25 宅地の上に存する権利の目的となっている宅地の評価は，次に掲げる区分に従い，それぞれ次に掲げるところによる。
　（1）省略
　（2）定期借地権等の目的となっている宅地の価額は，原則として，その宅地の自用地としての価額から，27-2《定期借地権等の評価》の定めにより評価したその定期借地権等の価額を控除した金額によって評価する。
　　ただし，同項の定めにより評価した定期借地権等の価額が，その宅地の自用地としての価額に次に掲げる定期借地権等の残存期間に応じる割合を乗じて計算した金額を下回る場合には，その宅地の自用地としての価額からその価額に次に掲げる割合を乗じて計算した金額を控除した金額によって評価する。

ただし，同項の定めにより評価した定期借地権等の価額が，その宅地の自用地としての価額に次に掲げる定期借地権等の残存期間に応じる割合を乗じて計算した金額を下回る場合には，その宅地の自用地としての価額からその価額に次に掲げる割合を乗じて計算した金額を控除した金額によって評価する。
　　　イ　残存期間が5年以下のもの　　100分の5
　　　ロ　残存期間が5年を超え10年以下のもの　　100分の10
　　　ハ　残存期間が10年を超え15年以下のもの　　100分の15
　　　ニ　残存期間が15年を超えるもの　　100分の20
　（3）～（5）　省略

一般定期借地権の目的となっている宅地の評価に関する取扱いについて （平成10年8月25日　課評2-8他）
（中略）
1　一般定期借地権の目的となっている宅地の評価
　　借地権割合の地域区分のうち，次の2に定める地域区分に存する一般定期借地権の目的となっている宅地の価額は，課税時期における評価基本通達25《貸宅地の評価》の（1）に定める自用地としての価額（以下「自用地としての価額」という。）から「一般定期借地権の価額に相当する金額」を控除した金額によって評価する。
　　この場合の「一般定期借地権の価額に相当する金額」とは，課税時期における自用地としての価額に，次の算式により計算した数値を乗じて計算した金額とする。
（算式）

$$（1-底地割合）\times \frac{課税時期におけるその一般定期借地権の残存期間年数に応ずる基準年利率による複利年金現価率}{一般定期借地権の設定期間年数に応ずる基準年利率のよる複利年金現価率}$$

　（注）　基準年利率は，評価基本通達4-4に定める基準年利率をいう。
2　底地割合
　　1の算式中の「底地割合」は，一般定期借地権の目的となっている宅地のその設定の時における価額が，その宅地の自用地としての価額に占める割合をいうものとし，借地権割合の地域区分に応じ，次に定める割合によるものとする。

（底地割合）

借地権割合			底地割合
	路線価図	評価倍率表	
地域区分	C	70%	55%
	D	60%	60%
	E	50%	65%
	F	40%	70%
	G	30%	75%

（注）
1　借地権割合及びその地域区分は，各国税局長が定める「財産評価基準書」において，各路線価図についてはAからGの表示により，評価倍率表については数値により表示されている。
2　借地権割合の地域区分がA地域，B地域及び評価基本通達27《借地権の評価》ただし書に定める「借地権の設定に際しその設定の対価として通常権利金その他の一時金を支払うなど借地権の取引慣行があると認められる地域以外の地域」に存する一般定期借地権の目的となっている宅地の価額は，評価基本通達25の（2）に定める評価方法により評価することに留意する。
3　「課税上弊害がない」場合とは，一般定期借地権の設定等の行為が専ら税負担回避を目的としたものでない場合をいうほか，この通達の定めによって評価することが著しく不適当と認められることのない場合をいい，個々の設定等についての事情，取引当事者間の関係等を総合勘案してその有無を判定することに留意する。
　　なお，一般定期借地権の借地権者が次に掲げる者に該当する場合には，「課税上弊害がある」ものとする。
（1）　一般定期借地権の借地権設定者（以下「借地権設定者」という。）の親族
（2）　借地権設定者とまだ婚姻の届出をしないが事実上婚姻関係と同様の事情にある者及びその親族でその者と生計を一にしているもの
（3）　借地権設定者の使用人及び使用人以外の者で借地権設定者から受ける金銭その他の財産によって生計を維持しているもの並びにこれらの者の親族でこれらの者と生計を一にしているもの
（4）　借地権設定者が法人税法（昭和40年法律第34号）第2条第15号《定義》に規定する役員（以下「会社役員」という。）となっている会社

（5） 借地権設定者，その親族，上記（2）及び（3）に掲げる者並びにこれらの者と法人税法第2条第10号《定義》に規定する政令で定める特殊の関係にある法人を判定の基礎とした場合に同号に規定する同族会社に該当する法人
（6） 上記（4）又は（5）に掲げる法人の会社役員又は使用人
（7） 借地権設定者が，借地借家法第15条《自己借地権》の規定により，自ら一般定期借地権を有することとなる場合の借地権設定者

第VI章
宅地以外の土地の評価

　この章では，宅地以外の土地の評価を解説します。日本の国土総面積は377.9㎢です。そのうち宅地は18.2㎢，約0.5％しかありません（総務省統計局統計データ）。ほとんどが山林や農地等宅地以外の土地ということになります。土地の活用効果が高く，それに伴って価額も高くなっている宅地の重要性が劣ることはありませんが，財産としての面積では宅地以外の土地が多くなります。この章では「農地」「山林」「原野」「雑種地」等の評価について解説します。

1 農地の評価

1 農地とは

(1) **農地**

　農地とは，農地法で保護されている「耕作の目的に供される土地」のことをいいます（農地法2）。

　農地といっても，現実には様々な形態や耕作状況がありますので，課税時期の現況により判定します。登記簿の地目が山林等であっても，その土地が耕作の目的に供されている限り農地として扱われ，農地法の対象となります。耕作とは土地に労費を加え肥培管理を行って作物を栽培することをいいます。耕作の目的に供される土地とは，現に耕作されている土地のほか，客観的に見てその現状が耕作しようとすればいつでも耕作できると認められる土地のことをいい，休耕地や不耕作地なども含むものとされています（1952年（昭和27年）12月20日農林事務官通達「農地法の施行について」）。

　ただし，長期間放置され雑草が生い茂っており，容易に農地として復元できないようなものや，砂利などを入れて駐車場にしているような農地があります。このような農地は雑種地又は原野としての扱いとなり，財産評価でも雑種地又は原野として評価します。

　農地法には「採草放牧地」の区分もあります。採草放牧地とは，農地以外の土地で，主として耕作又は養畜の事業のための採草や家畜の放牧の目的に供されるものをいいます（農地法2①）。土地の評価は課税時期の現況で判断することとなっているので，採草放牧地は実際の利用状況によって，牧場や原野の区分で評価されることが多いでしょう。

(2) **農地の区分**

　財産評価の対象となる農地の区分は，農地法との関連から純農地，中間農地，市街地周辺農地，市街地農地に分類されています。農地の周辺の状況や処分の難易等により，実勢価額が異なるため財産評価もそれに応じたものとなっています。農地法等にいう農地の区分は，大まかに次のとおりです。

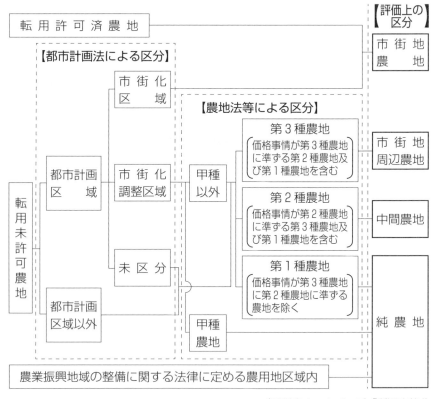

（国税庁ホームページ「質疑応答」）

2　農地の評価単位

　農地は，耕作の単位となっている１区画の農地である１枚の農地を評価単位とします。ただし，市街地周辺農地，市街地農地及び生産緑地は，それぞれ

を利用の単位となっている一団の農地を評価単位とします。具体的には次の表の「農地の評価単位」によります。市街地農地及び市街地周辺農地は宅地の価額の影響を強く受けるため、宅地としての効用を考慮した評価となります。

　ただし、贈与や遺産分割協議等で宅地の分割が親族間等で行われた場合、分割後の画地が通常の用途に供することができないなど、その分割が著しく不合理であると認められるときは、不合理分割とみなされその分割前の画地で評価することに注意してください（評基通7－2(2)）。

【農地の評価単位】

農地の区分	評価単位
原則	1枚の農地（耕作の単位となっている1区画の農地）
市街地農地・市街地周辺農地	利用の単位となっている1団の農地。 ただし、次に該当する場合は次によります。 (1) 所有している農地を自ら使用している場合には、耕作の単位にかかわらず、その全体をその利用の単位となっている一団の農地とします。 (2) 所有している農地を自ら使用しており、その一部が生産緑地である場合には、生産緑地とそれ以外の部分をそれぞれ利用の単位となっている一団の農地とします。 (3) 所有する農地の一部について、永小作権又は耕作権を設定させ、他の部分を自ら使用している場合には、永小作権又は耕作権が設定されている部分と、自ら使用している部分を、それぞれ利用の単位となっている一団の農地とします。 (4) 所有する農地を区分して複数の者に対して、永小作権又は耕作権を設定させている場合には、同一人に貸し付けられている部分ごとに、利用の単位となっている一団の農地とします。

生産緑地	利用の単位となっている1団の農地。 ただし，所有している農地を自ら使用しているおり，その一部が生産緑地である場合には，生産緑地とそれ以外の部分をそれぞれ利用の単位となっている一団の農地とします。 生産緑地は，農地等として管理しなければならないという制約があることから，市街地農地と隣接しているような場合であっても，それぞれを「利用の単位となっている一団の農地」としています。

3 農地の評価

(1) 純農地

　純農地とは，純粋に農地として活用しており，宅地の価額に影響を受けない土地であり，具体的には次に掲げる農地をいいます。当然「市街地農地の範囲（評基通36-4）」に該当する農地を除きます。

①　農用地区域内にある農地

　農業振興地域の整備に関する法律（昭和44年7月1日法律第58号）に定める農業振興地域整備計画に基づいて定められた農用地等として利用すべき土地の区域（農用地区域）内にある農地のことをいいます。

②　市街化調整区域内にある農地のうち，第1種農地又は甲種農地に該当するもの

　第1種農地とは，10ha以上の規模の一団の農地等良好な営農条件を備えている農地で，原則として農地以外への転用は許可されません。甲種農地とは，第1種農地の条件を満たす市街化調整区域内農地で，おおむね20ha以上の農地で，原則として農地以外への転用は許可されません。

③　上記①及び②に該当する農地以外の農地のうち，第1種農地に該当するもの（ただし，近傍農地の売買実例価額，精通者意見価格等に照らし，第2種農地又は第3種農地に準ずる農地と認められるものを除きます）

　純農地は田又は畑の別に倍率方式で求めた価額によって評価します（評基通37）。

> 純農地の価額＝固定資産税評価額×評価倍率

(2) **中間農地**

中間農地とは，次に掲げる農地をいいます。ただし「市街地農地の範囲」に該当する農地を除きます。
① 第2種農地に該当するもの
第2種農地とは，10ha未満又は鉄道の駅が500m以内にある等市街地化が見込まれる地域にある農地，又は生産性の低い小集団の農地です。公共性の高い事業に供する場合は転用が許可されます。
② 上記①に該当する農地以外の農地のうち，近傍農地の売買実例価額，精通者意見価格等に照らし，第2種農地に準ずる農地と認められるもの

中間農地は田又は畑の別に倍率方式で求めた価額によって評価します（評基通38）。

> 中間農地の価額＝固定資産税評価額×評価倍率

(3) **市街地周辺農地**

市街地周辺農地とは，次に掲げる農地をいいます。ただし，「市街地農地の範囲」に該当する農地を除きます。
① 第3種農地に該当するもの
第3種農地とは，鉄道の駅が300m以内にある等，市街地化の傾向が著しい区域にある農地のことです。農地以外の転用は比較的簡単に許可されます。
② 上記①に該当する農地以外の農地のうち，近傍農地の売買実例価額，精通者意見価格等に照らし，第3種農地に準ずる農地と認められるもの

市街地周辺農地は近傍宅地の価額により評価します。市街地周辺農地は宅地への転用を受けていない土地であるため，評価は(4)の市街地農地の価額の80％となります。宅地比準価額から整地費や土盛り費用等の造成費を控除し

て算出した額に0.8を乗じた価額です（評基通39）。

> 市街地周辺農地の価額＝
>   （その農地が宅地であるとした場合の1㎡当たりの価額－1㎡当たりの宅地
>   造成費）×地積×0.8

(4) 市街地農地

　市街地農地とは，宅地化が著しい地域にあり，宅地としての効用が見込まれる農地です。そのため農地の価額も宅地の価額を基に，造成費等を控除して評価します（評基通36-4，40）。市街地農地とは，具体的には次のいずれかに該当するものをいいます。
　① 　農地法第4条「農地の転用の制限」又は第5条「農地又は採草放牧地の転用のための権利移動の制限」に規定する許可（転用許可）を受けた農地
　② 　市街化区域内にある農地
　③ 　農地法の規定により，転用許可を要しない農地として，都道府県知事の指定を受けたもの

　市街地農地は，宅地転用許可を受けているか農業委員会に届け出るだけで転用できる農地であるため，その効用は宅地と変わりません。そのため宅地と同様の価額で評価しますが，農地を現実に宅地として利用するためには整地費用，盛り土費用等の造成費用がかかります。そこでその造成費相当額を控除します。造成費は国税局によって金額が異なりますので，国税庁ホームページの財産評価基準書を確認してください。後掲のサンプルは2018年（平成30年）分東京国税局管内のものです。

　市街地農地は近傍宅地の価額により評価します。市街地農地は宅地と同等の基準で評価しますので，市街地周辺農地の80％評価はしないことに注意してください。実務的には，国税庁様式「市街地農地等の評価明細書」を活用して評価します。なお，この様式は，市街地周辺農地，市街地山林及び市街地原野の評価もできるようになっています。

> 市街地農地の価額＝
> （その農地が宅地であるとした場合の1㎡当たりの価額－1㎡当たりの宅地造成費）×地積

　市街地農地のうち市街化区域内にあるものは，その農地の固定資産税評価額を基とした倍率方式による評価をします。

(5) 「地積規模の大きな宅地の評価」の適用

　市街地周辺農地及び市街地農地（以下「市街地農地等」といいます）が広大である場合，広大地の評価の規定に準じて評価をすることができましたが，2017年（平成29年）12月31日をもって廃止されました（評基通旧40-2）。

　しかし，市街地農地等の評価は，その農地等が宅地であるとした場合を前提として評価（宅地比準方式により評価）することになっています（評基通39, 40）。現実には，地積規模の大きな市街地農地等を造成し，戸建住宅用地として分割分譲する場合には，地積規模の大きな宅地の場合と同様に，それに伴う減価が発生します。評価するにあたってこの減価を市街地農地等の価額に反映させないと，納税者にとって酷なことであり，宅地との評価のバランスが悪くなります。そこで，市街地農地等については，「地積規模の大きな宅地の評価」の適用要件を満たせば，その適用をすることができます（評基通40（注））。

　適用にあたって次の点に留意してください。

① 　路線価地域にあっては，宅地の場合と同様に，普通商業・併用住宅地区及び普通住宅地区に所在するものに限られます。

② 　市街地農地等が，宅地への転用が見込めないと認められる場合には，戸建住宅用地としての分割分譲が想定されないことから，「地積規模の大きな宅地の評価」の適用はできません。造成費が多額となるような場合が想定されます。

③ 　市街地農地等の評価にあたって，地積規模の大きな宅地の評価を適用した後，個々の農地等の状況に応じた宅地造成費相当額を別途控除して評価します。

市街地農地等の評価明細書

市街地農地　　市街地山林
市街地周辺農地　市街地原野

（平成十八年分以降用）

所在地番				
現況地目			① 地積	㎡
評価の基とした宅地の1平方メートル当たりの評価額	所在地番			
	② 評価額の計算内容		③（評価額）	円
評価する農地等が宅地であるとした場合の1平方メートル当たりの評価額	④ 評価上考慮したその農地等の道路からの距離、形状等の条件に基づく評価額の計算内容		⑤（評価額）	円

宅地造成費の計算	平坦地費	整地費	（整地を要する面積）　（1㎡当たりの整地費） 　　㎡　×　　　円	⑥	円
		伐採・抜根費	（伐採・抜根を要する面積）（1㎡当たりの伐採・抜根費） 　　㎡　×　　　円	⑦	円
		地盤改良費	（地盤改良を要する面積）（1㎡当たりの地盤改良費） 　　㎡　×　　　円	⑧	円
		土盛費	（土盛りを要する面積）（平均の高さ）（1㎡当たりの土盛費） 　　㎡　×　　m　×　　円	⑨	円
		土止費	（擁壁面の長さ）（平均の高さ）（1㎡当たりの土止費） 　　m　×　　m　×　　円	⑩	円
		合計額の計算	⑥ + ⑦ + ⑧ + ⑨ + ⑩	⑪	円
		1㎡当たりの計算	⑪ ÷ ①	⑫	円
	傾斜地	傾斜度に係る造成費	（傾斜度）　　　度	⑬	円
		伐採・抜根費	（伐採・抜根を要する面積）（1㎡当たりの伐採・抜根費） 　　㎡　×　　　円	⑭	円
		1㎡当たりの計算	⑬ ＋ （⑭ ÷ ①）	⑮	円
市街地農地等の評価額			（⑤ － ⑫（又は⑮））×① （注）市街地周辺農地については、さらに0.8を乗ずる。		円

（注）1　「②評価額の計算内容」欄には、倍率地域内の市街地農地等については、評価の基とした宅地の固定資産税評価額及び倍率を記載し、路線価地域内の市街地農地等については、その市街地農地等が宅地である場合の画地計算の内容を記載してください。なお、画地計算が複雑な場合には、「土地及び土地の上に存する権利の評価明細書」を使用してください。
　　　2　「④評価上考慮したその農地等の道路からの距離、形状等の条件に基づく評価額の計算内容」欄には、倍率地域内の市街地農地等について、「③評価額」欄の金額と「⑤評価額」欄の金額とが異なる場合に記載し、路線価地域内の市街地農地等については記載の必要はありません。
　　　3　「傾斜地の宅地造成費」に加算する伐採・抜根費は、「平坦地の宅地造成費」の「伐採・抜根費」の金額を基に算出してください。

（資4-26-A4統一）

表1　平坦地の宅地造成費

工事費目		造成区分	金額
整地費	整地費	整地を必要とする面積1平方メートル当たり	700円
	伐採・抜根費	伐採・抜根を必要とする面積1平方メートル当たり	900円
	地盤改良費	地盤改良を必要とする面積1平方メートル当たり	1,700円
土盛費		他から土砂を搬入して土盛りを必要とする場合の土盛り体積1立方メートル当たり	6,200円
土止費		土止めを必要とする場合の擁壁の面積1平方メートル当たり	64,900円

（留意事項）
（1）「整地費」とは、①凹凸がある土地の地面を地ならしするための工事費又は②土盛工事を要する土地について、土盛工事をした後の地面を地ならしするための工事費をいいます。
（2）「伐採・抜根費」とは、樹木が生育している土地について、樹木を伐採し、根等を除去するための工事費をいいます。したがって、整地工事によって樹木を除去できる場合には、造成費に本工事費を含めません。
（3）「地盤改良費」とは、湿田など軟弱な表土で覆われた土地の宅地造成に当たり、地盤を安定させるための工事費をいいます。
（4）「土盛費」とは、道路よりも低い位置にある土地について、宅地として利用できる高さ（原則として道路面）まで搬入した土砂で埋め立て、地上げする場合の工事費をいいます。
（5）「土止費」とは、道路よりも低い位置にある土地について、宅地として利用できる高さ（原則として道路面）まで地上げする場合に、土盛りした土砂の流出や崩壊を防止するために構築する擁壁工事費をいいます。

表2　傾斜地の宅地造成費

傾　斜　度	金　　額
３度超　５度以下	17,200 円/㎡
５度超　10度以下	21,200 円/㎡
10度超　15度以下	32,100 円/㎡
15度超　20度以下	45,000 円/㎡
20度超　25度以下	49,900 円/㎡
25度超　30度以下	53,300 円/㎡

（留意事項）
（１）「傾斜地の宅地造成費」の金額は、整地費、土盛費、土止費の宅地造成に要するすべての費用を含めて算定したものです。
　　　なお、この金額には、伐採・抜根費は含まれていないことから、伐採・抜根を要する土地については、「平坦地の宅地造成費」の「伐採・抜根費」の金額を基に算出し加算します。
（２）傾斜度３度以下の土地については、「平坦地の宅地造成費」の額により計算します。
（３）傾斜度については、原則として、測定する起点は評価する土地に最も近い道路面の高さとし、傾斜の頂点（最下点）は、評価する土地の頂点（最下点）が奥行距離の最も長い地点にあるものとして判定します。
（４）宅地への転用が見込めないと認められる市街地山林については、近隣の純山林の価額に比準して評価する（財産評価基本通達49（市街地山林の評価））こととしています。
　　　したがって、宅地であるとした場合の価額から宅地造成費に相当する金額を控除して評価した価額が、近隣の純山林に比準して評価した価額を下回る場合には、経済合理性の観点から宅地への転用が見込めない市街地山林に該当するので、その市街地山林の価額は、近隣の純山林に比準して評価することになります。
　　（注）１　比準元となる具体的な純山林は、評価対象地の近隣の純山林、すなわち、評価対象地からみて距離的に最も近い場所に所在する純山林です。
　　　　　２　宅地造成費に相当する金額が、その山林が宅地であるとした場合の価額の100分の50に相当する金額を超える場合であっても、上記の宅地造成費により算定します。
　　　　　３　宅地比準方式により評価する市街地農地、市街地周辺農地及び市街地原野等についても、市街地山林と同様、経済合理性の観点から宅地への転用が見込めない場合には、宅地への転用が見込めない市街地山林の評価方法に準じて、その価額は、純農地又は純原野の価額により評価することになります。
　　　　　　なお、市街地周辺農地については、市街地農地であるとした場合の価額の100分の80に相当する金額によって評価する（財産評価基本通達39（市街地周辺農地の評価））ことになっていますが、これは、宅地転用が許可される地域の農地ではあるが、まだ現実に許可を受けていないことを考慮したものですので、純農地の価額に比準して評価する場合には、80％相当額に減額する必要はありません。

（国税庁ホームページ（2018年（平成30年）分東京都））

農転許可を受けた土地の評価

甲は畑を農地法第5条の転用許可を得て長男に贈与しました。この畑は農地として倍率方式で評価するのでしょうか。

——農地法第5条の転用許可を得た農地は，市街地農地に該当します。市街地農地は，宅地比準方式により宅地としての1㎡当たりの価額から，造成費を控除して面積を乗じて計算します（評基通34注(1)）。

乾田は地盤改良費を控除できるか

農地を評価するにあたって宅地造成費を控除しますが，乾田の場合，地盤改良費を適用できますか。

——宅地造成費は農地，山林，原野の評価するにあたって「整地費」「伐採抜根費」「地盤改良費」「土盛費」「土止費」等それぞれ土地の状況によって平坦な宅地とする場合の費用を控除するものです。

地盤改良費とは，湿田など軟弱な表土で覆われた土地の宅地造成にあたり，地盤を安定させるための工事費をいいます。排水がよく，灌漑をやめれば畑になる乾田は，地盤改良工事の必要がありませんので適用できません。

複数の地目がある場合の，造成費の適用

市街化区域にある農地と山林があり，一団の土地として評価しますが，農地は少々低地です。このような土地を評価する場合，造成費等の適用はどのようにするのでしょうか。

——複数の地目の土地を一段の土地として評価する場合でも，それぞれの土地の形状は個別性が強いことから，各地目の土地の現況に応じて計算します。造成費等の計算は，それぞれの土地ごとで行うことになります。

農地を複数の相続人が取得した場合の土止費の適用

路線より1m低い農地を，3人の相続人が遺産分割により取得しました。この場合の土止費は，被相続人が所有していた一帯の土地を，一括で適用するのでしょうか。

——財産は，取得した者ごとに評価します。一つの土地を，複数で相続した場合，取得した者ごとに評価をしますので，土止費は各人が取得した土地ごとに適用します。

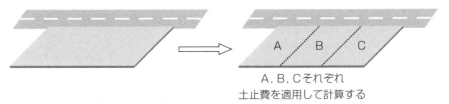

A，B，Cそれぞれ
土止費を適用して計算する

法令通達でチェック

財産評価基本通達
（農地の分類）
34　農地を評価する場合，その農地を36《純農地の範囲》から36-4《市街地農地の範囲》までに定めるところに従い，次に掲げる農地のいずれかに分類する。
（1）　純農地
（2）　中間農地
（3）　市街地周辺農地
（4）　市街地農地
（注）
1　上記の農地の種類と①農地法，②農業振興地域の整備に関する法律，③都市計画法との関係は，基本的には，次のとおりとなる。

イ　農地法との関係
　（イ）農用地区域内にある農地
　（ロ）甲種農地（農地法第4条第2項第1号ロに掲げる農地のうち市街化調整区域内にある農地法施行令（昭和27年政令第445号）第12条に規定する農地。以下同じ。）
　（ハ）第1種農地（農地法第4条第2項第1号ロに掲げる農地のうち甲種農地以外の農地）

　　　　　……純農地

　（ニ）第2種農地（農地法第4条第2項第1号イ及びロに掲げる農地（同号ロ（1）に掲げる農地を含む。）以外の農地）……中間農地
　（ホ）第3種農地（農地法第4条第2項第1号ロ（1）に掲げる農地（農用地区域内にある農地を除く。））……市街地周辺農地
　（ヘ）農地法の規定による転用許可を受けた農地
　（ト）農地法等の一部を改正する法律（平成21年法律第57号）附則第2条第5項の規定によりなお従前の例によるものとされる改正前の農地法第7条第1項第4号の規定により転用許可を要しない農地として，都道府県知事の指定を受けたもの

　　　　　……市街地農地

ロ　農業振興地域の整備に関する法律との関係
　（イ）農業振興地域内の農地のうち
　　　A　農用地区域内のもの……純農地
　　　B　農用地区域外のもの
　（ロ）農業振興地域外の農地

　　　　　……イの分類による。

ハ　都市計画法との関係
　（イ）都市計画区域内の農地のうち
　　　A　市街化調整区域内の農地のうち
　　　　(A)　甲種農地
　　　　(B)　第1種農地

　　　　　……純農地

　　　　(C)　第2種農地………中間農地
　　　　(D)　第3種農地………市街地周辺農地
　　　B　市街化区域（都市計画法第7条第1項の市街化区域と定められた区域をいう。以下同じ。）内の農地……市街地農地

　　　　Ｃ　市街化区域と市街化調整区域とが区分されていない区域内のもの　　　　　……イの分類による。
　（ロ）都市計画区域外の農地
（注）
　2　甲種農地，第1種農地，第2種農地及び第3種農地の用語の意義は，平成21年12月11日付21経営第4530号・21農振第1598号「『農地法の運用について』の制定について」農林水産省経営局長・農村振興局長連名通知において定められているものと同じである。

（純農地の範囲）
36　純農地とは，次に掲げる農地のうち，そのいずれかに該当するものをいう。ただし，36-4《市街地農地の範囲》に該当する農地を除く。
　（1）　農用地区域内にある農地
　（2）　市街化調整区域内にある農地のうち，第1種農地又は甲種農地に該当するもの
　（3）　上記（1）及び（2）に該当する農地以外の農地のうち，第1種農地に該当するもの。ただし，近傍農地の売買実例価額，精通者意見価格等に照らし，第2種農地又は第3種農地に準ずる農地と認められるものを除く。

（中間農地の範囲）
36-2　中間農地とは，次に掲げる農地のうち，そのいずれかに該当するものをいう。ただし36-4《市街地農地の範囲》に該当する農地を除く。
　（1）　第2種農地に該当するもの
　（2）　上記（1）に該当する農地以外の農地のうち，近傍農地の売買実例価額，精通者意見価格等に照らし，第2種農地に準ずる農地と認められるもの

（市街地周辺農地の範囲）
36-3　市街地周辺農地とは，次に掲げる農地のうち，そのいずれかに該当するものをいう。ただし，36-4《市街地農地の範囲》に該当する農地を除く。
　（1）　第3種農地に該当するもの
　（2）　上記（1）に該当する農地以外の農地のうち，近傍農地の売買実例価額，精通者意見価格等に照らし，第3種農地に準ずる農地と認められるもの

（市街地農地の範囲）
36-4　市街地農地とは，次に掲げる農地のうち，そのいずれかに該当するものをいう。
　（1）　農地法第4条《農地の転用の制限》又は第5条《農地又は採草放牧地の転用のための権利移動の制限》に規定する許可（以下「転用許可」という。）を受けた農地
　（2）　市街化区域内にある農地

（3）　農地法等の一部を改正する法律附則第2条第5項の規定によりなお従前の例によるものとされる改正前の農地法第7条第1項第4号の規定により，転用許可を要しない農地として，都道府県知事の指定を受けたもの

（純農地の評価）
37　純農地の価額は，その農地の固定資産税評価額に，田又は畑の別に，地勢，土性，水利等の状況の類似する地域ごとに，その地域にある農地の売買実例価額，精通者意見価格等を基として国税局長の定める倍率を乗じて計算した金額によって評価する。

（中間農地の評価）
38　中間農地の価額は，その農地の固定資産税評価額に，田又は畑の別に，地価事情の類似する地域ごとに，その地域にある農地の売買実例価額，精通者意見価格等を基として国税局長の定める倍率を乗じて計算した金額によって評価する。

（市街地周辺農地の評価）
39　市街地周辺農地の価額は，次項本文の定めにより評価したその農地が市街地農地であるとした場合の価額の100分の80に相当する金額によって評価する。

（市街地農地の評価）
40　市街地農地の価額は，その農地が宅地であるとした場合の1平方メートル当たりの価額からその農地を宅地に転用する場合において通常必要と認められる1平方メートル当たりの造成費に相当する金額として，整地，土盛り又は土止めに要する費用の額がおおむね同一と認められる地域ごとに国税局長の定める金額を控除した金額に，その農地の地積を乗じて計算した金額によって評価する。

　　ただし，市街化区域内に存する市街地農地については，その農地の固定資産税評価額に地価事情の類似する地域ごとに，その地域にある農地の売買実例価額，精通者意見価格等を基として国税局長の定める倍率を乗じて計算した金額によって評価することができるものとし，その倍率が定められている地域にある市街地農地の価額は，その農地の固定資産税評価額にその倍率を乗じて計算した金額によって評価する。

（注）　その農地が宅地であるとした場合の1平方メートル当たりの価額は，その付近にある宅地について11《評価の方式》に定める方式によって評価した1平方メートル当たりの価額を基とし，その宅地とその農地との位置，形状等の条件の差を考慮して評価するものとする。

　　　なお，その農地が宅地であるとした場合の1平方メートル当たりの価額については，その農地が宅地であるとした場合において20-2（《地積規模の大きな宅地の評価》）の定めの適用対象となるとき（21-2（《倍率方式による評価》）ただし書において20-2の定めを準用するときを含む。）には，同項の定めを適用して計算することに留意する。

【参考：財産評価基本通達旧40-2】
（広大な市街地農地等の評価）
　前2項の市街地周辺農地及び市街地農地が宅地であるとした場合において、24-4（（広大地の評価））に定める広大地に該当するときは、その市街地周辺農地及び市街地農地の価額は、前2項の定めにかかわらず、24-4の定めに準じて評価する。ただし、市街地周辺農地及び市街地農地を24-4の定めによって評価した価額が前2項の定めによって評価した価額を上回る場合には、前2項の定めによって評価することに留意する。
　（注）　本項の適用を受ける農地が市街地周辺農地である場合には、24-4の定めに準じて評価した価額の100分の80に相当する金額によって評価することに留意する。

2 生産緑地の評価

1 生産緑地とは

(1) 生産緑地

　生産緑地とは，生産緑地法第3条に定められている区域内にある土地又は森林のことをいいます。大都市近郊は宅地化が著しく，水害等の防止や環境の劣化に歯止めをかける目的で，農地や森林の効用を見直して市街化区域内の土地を保全する目的で創設されたものです。生産緑地に指定されることにより，固定資産税が宅地並みに課税されていたものが農地並みになる，相続税の納税猶予の特例が受けられる等のメリットがあります。ただし，いったん生産緑地に指定された場合，原則として農地以外の利用ができなくなり，建物の建築や宅地造成を行う場合に，市町村長の許可が必要となり，原則として許可が下りないなどの制限があります。

　2018年（平成30年）6月27日に，「都市農地賃借の円滑化に関する法律」（以下「都市農地円滑法」という）が成立し，同年9月1日から施行されました。生産緑地法が施行され，生産緑地の指定があった1992年（平成4年）から30年目が2022年です。生産緑地の指定を受けている大半の農地が，指定解除の対象となり，不動産市場に流入することになります。不動産市況は活発となりますが，都市部に集中している大量土地の供給は，市場価格の暴落ともなり得ます。これが2022年問題といわれるものです。生産緑地指定がある農地を貸し付けた場合でも，相続税の納税猶予が受けられることになりました。

　なお，2016年（平成28年）3月31日現在の生産緑地面積は，全国で13,187ヘクタール（ha）（3,989万坪）となっています。関東地方が7,589.0

ha，次いで近畿地方が4,042.6haです（国土交通省公表資料）。

生産緑地は，具体的には市街化区域内の農地で次のものをいいます。

【生産緑地法の概要】

対象地区	① 市街化区域内の農地等であること ② 公害等の防止，農林漁業と調和した都市環境の保全の効用を有し，公共施設等の用地に適したものであること ③ 用排水等の営農継続可能条件を備えていること
地区面積	500㎡以上
建築等の制限	宅地造成・建物等の建築等には市町村長の許可が必要である（農林漁業を営むために必要である一定の施設，及び市民農園に係る施設等以外の場合は原則不許可）
買取り申出	指定から30年経過後，又は生産緑地に係る主たる農林漁業従事者又はそれに準ずる者の死亡等のとき，市町村長へ時価での買取り申出が可能である。不成立の場合は，申出の日から起算して3か月後に制限解除となる。

(2) **生産緑地の解除**

生産緑地に指定されたからといって，永久に農地として所有しなければならないわけではありません。次に該当した場合は，市区町村の農業委員会に買取りの申出を行うことができます（生産緑地法10）。

① 生産緑地の指定後30年が経過した場合
② 土地所有者又は主たる従事者が，疾病・障害等により農業等の継続が困難な場合
③ 土地所有者の死亡により相続した者が，農業等を営まない場合

市区町村は時価で買い取ることになりますが，できなかった場合は他へ買取りの斡旋等を行い，それでも買取りが成立しなかった場合は，生産緑地の指定が解除されます。

生産緑地は上記のように一定の要件の下，厳格に管理されている農地であるため，財産評価においてもその事情を加味したものとなります。

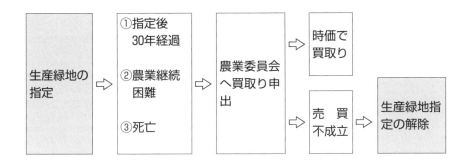

2　生産緑地の評価

(1) 評価の単位

　生産緑地は，利用の単位となっている1団の農地ごとに評価します（322頁参照）。生産緑地以外の農地を一体として利用していても評価は個別に行います。

(2) 生産緑地の評価

　生産緑地（課税時期において，市町村長に対し生産緑地を時価で買い取るべき旨の申出（以下「買取りの申出」といいます）を行った日から起算して3月を経過しているもの以外のもの）の価額は，その生産緑地が生産緑地でないものとして評価した価額から，市町村長に買取りの申出をすることができない生産緑地及び買取りの申出をすることができる生産緑地の別に，それぞれの割合を乗じて計算した金額を控除した金額によって評価します（評基通40-3）。

① 課税時期において，市町村長に対し買取りの申出をすることができない生産緑地

　市町村長に対して買取りの申出をすることができないとは，生産緑地の指定から30年を経過していないためです。買取りは時価で行われることとなっていますので，買取りの申出ができるまでの期間に応じて減額することとなっています。買取りの申出をすることができるときが近づくに従って時価に近づきますので減額率が低くなります。逆に遠い場合は時価が大きく減じますのでその減額率を30％と見たものです。また，買取りが実際に行われ

る場合には相応の手数を要しますので,その分5％を加算して35％としたものです。そのため,買取りの申出ができるようになっている生産緑地の場合でも,手数料等を加味して5％の減額を行っています。

具体的にはその農地が生産緑地でないものとして計算した価額から,その価額に次の表の割合を乗じた金額を控除した金額によって評価します。

課税時期において買取りの申出をすることができない場合とは,贈与の場合が該当します。

```
買取り申出ができない生産緑地の価額＝
  生産緑地でないものとして計算した農地の価額×（1－次表の割合）
```

課税時期から買取りの申出をすることが できることとなる日までの期間	減額割合 （％）
5年以下のもの	10
5年を超え10年以下のもの	15
10年を超え15年以下のもの	20
15年を超え20年以下のもの	25
20年を超え25年以下のもの	30
25年を超え30年以下のもの	35

② 課税時期において,市町村長に対し買取りの申出が行われていた生産緑地,又は買取りの申出をすることができる生産緑地

生産緑地でないとした価額から控除率5％を控除します。

```
買取り申出ができる生産緑地の価額＝
  生産緑地でないものとして計算した農地の価額×（1－0.05）
```

買取りの申出が行われていた又は買取りの申出をすることができる生産緑地とは,次の場合です。

・生産緑地指定後30年を経過した農地

・土地所有者が死亡したこと

　このような土地は時価で買取りを申し出ることができるため，原則として減額する必要はありませんが，買取り請求を行い実際に買取りが成立するまでに，一般の売買と比較して時間や手数が予想されるため，減額を行うこととなっています。その農地が生産緑地でないものとして計算した価額から，その価額に5％を乗じた金額を控除した金額によって評価します。①の買取り申出をすることができない場合の減額割合について，例えば，25年を超え30年以下のものについては35％となっていますが，本来は減額割合30％であり，それに減額が必要ないと考えられる場合でも5％控除している分を加算したと考えるとわかりやすいかも知れません。

　相続税の申告における生産緑地を評価する場合が該当します。

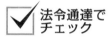法令通達でチェック

財産評価基本通達
（生産緑地の評価）
40-3　生産緑地（生産緑地法（昭和49年法律第68号）第2条《定義》第3号に規定する生産緑地のうち，課税時期において同法第10条《生産緑地の買取りの申出》の規定により市町村長に対し生産緑地を時価で買い取るべき旨の申出（以下「買取りの申出」という。）を行った日から起算して3月（生産緑地法の一部を改正する法律（平成3年法律第39号）附則第2条第3項の規定の適用 を受ける同項に規定する旧第二種生産緑地地区に係る旧生産緑地にあっては1月）を経過しているもの以外のものをいう。以下同じ。）の価額は，その生産緑地が生産緑地でないものとして本章の定めにより評価した価額から，その価額に次に掲げる生産緑地の別にそれぞれ次に掲げる割合を乗じて計算した金額を控除した金額によって評価する。

(1) 課税時期において市町村長に対し買取りの申出をすることができない生産緑地

課税時期から買取りの申出をすることが できることとなる日までの期間	割合
5年以下のもの	100分の10
5年を超え10年以下のもの	100分の15
10年を超え15年以下のもの	100分の20
15年を超え20年以下のもの	100分の25
20年を超え25年以下のもの	100分の30
25年を超え30年以下のもの	100分の35

(2) 課税時期において市町村長に対し買取りの申出が行われていた生産緑地又は買取りの申出をすることができる生産緑地
　　100分の5

生産緑地法
(生産緑地地区に関する都市計画)
第3条　市街化区域（都市計画法第7条第1項の規定による市街化区域をいう。）内にある農地等で，次に掲げる条件に該当する一団のものの区域については，都市計画に生産緑地地区を定めることができる。
　一　公害又は災害の防止，農林漁業と調和した都市環境の保全等良好な生活環境の確保に相当の効用があり，かつ，公共施設等の敷地の用に供する土地として適しているものであること。
　二　500平方メートル以上の規模の区域であること。
　三　用排水その他の状況を勘案して農林漁業の継続が可能な条件を備えていると認められるものであること。
2・3　省略

3 貸付けられている農地の評価

1　貸付けられている農地の評価

　貸付けられている農地の価額は，財産評価の基本である自用地としての価額から，その上に存する権利（耕作権・永小作権等）の価額を控除した価額によって評価します（評基通41）。耕作権・永小作権等の評価は，次項「4　農地の上に存する権利の評価」で解説します。

(1)　耕作権の目的となっている農地の評価

　耕作権の目的となっている農地の価額は，自用地としての価額から，耕作権の価額（評基通42）を控除した金額によって評価します（評基通41(1)）。
　耕作権の価額は，後掲4 4 （耕作権の評価）を参照してください。

```
耕作権の目的となっている農地の価額＝
　　農地の自用地価額－その農地の耕作権の価額
```

(2)　永小作権の目的となっている農地の評価

　永小作権の目的となっている農地の価額は，自用地としての価額から，永小作権の価額（相法23）を控除した金額によって評価します（評基通41(2)）。
　永小作権の価額は，後掲4 3 （永小作権の評価）を参照してください。

```
永小作権の目的となっている農地の価額＝
　　農地の自用地価額－その農地の永小作権の価額
```

(3) 区分地上権の目的となっている農地の評価

　区分地上権の目的となっている農地の価額は，自用地としての価額から，区分地上権の価額（評基通43-2）を控除した金額によって評価します（評基通41(3)）。

　区分地上権の価額は，後掲4|5(1)（区分地上権の評価）を参照してください。

```
区分地上権の目的となっている農地の価額＝
　農地の自用地価額－その農地の区分地上権の価額
```

(4) 区分地上権に準ずる地役権の目的となっている農地の評価

　区分地上権に準ずる地役権の目的となっている農地の価額は，自用地としての価額から，区分地上権に準ずる地役権の価額（評基通43-3）を控除した金額によって評価します（評基通41(4)）。

　区分地上権に準ずる地役権の価額は，後掲4|5(2)を参照してください。

```
区分地上権に準ずる地役権の目的となっている農地の価額＝
　農地の自用地価額－その農地の区分地上権に準ずる地役権の価額
```

2　土地の上に存する権利が競合する場合の農地の評価

　土地の上に存する権利が競合する場合の農地の価額は，次の区分により計算した金額によって評価します（評基通41-2）。

　土地の上に存する権利の価額は，後掲4|6を参照してください。

```
耕作権又は永小作権及び区分地上権の目的となっている農地の価額＝
　農地の自用地価額－（その農地の区分地上権の価額＋評基通43-4(1)で評価
　　　した権利が競合する場合の耕作権等の価額）
```

> 区分地上権及び区分地上権に準ずる地役権の目的となっている承役地である農地の価額＝
>   農地の自用地価額－（その農地の区分地上権の価額＋評基通43－3で評価した区分地上権に準ずる地役権の価額）

> 耕作権又は永小作権及び区分地上権に準ずる地役権の目的となっている承役地である農地の価額＝
>   農地の自用地価額－（その農地の区分地上権に準ずる地役権の価額＋評基通43－4⑵で評価した権利が競合する場合の耕作権等の価額）

事例でチェック

ヤミ小作の農地の評価

父は畑を20年以上前から知人に貸していました。農地法の許可は受けていません。父が死亡したので農地を返してもらおうとしたのですが，権利を主張してなかなか応じてもらえません。この農地を評価するに際して耕作権の目的となっている農地として評価減できるでしょうか。
　――農地の賃借権は農業委員会の許可が必要です。許可なく他人に耕作させているのはヤミ小作であり，耕作人の権利は認められません。したがってこの農地は自用農地として評価します。

10年以上の期間の定めのある賃貸借による貸付け農地の評価

10年以上の期間の定めのある賃貸借により農地を賃貸しています。このような農地は所有者がすぐ利用できないことを理由とした，評価上の斟酌がありますか。
　――10年以上の期間の定めのある賃貸借により貸付けられている農地は，農地法による耕作権としての権利がありません。ただし，現に賃貸借契約に

よる耕作者がいることから，その農地の自用としての価額からその価額の5％を控除した価額により評価します。

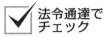
法令通達でチェック

財産評価基本通達
(貸し付けられている農地の評価)
41 耕作権，永小作権等の目的となっている農地の評価は，次に掲げる区分に従い，それぞれ次に掲げるところによる。
 (1) 耕作権の目的となっている農地の価額は，37《純農地の評価》から40《市街地農地の評価》までの定めにより評価したその農地の価額（以下この節において「自用地としての価額」という。）から，42《耕作権の評価》の定めにより評価した耕作権の価額を控除した金額によって評価する。
 (2) 永小作権の目的となっている農地の価額は，その農地の自用地としての価額から，相続税法第23条《地上権及び永小作権の評価》又は地価税法第24条《地上権及び永小作権の評価》の規定により評価した永小作権の価額を控除した金額によって評価する。
 (3) 区分地上権の目的となっている農地の価額は，その農地の自用地としての価額から，43-2《区分地上権の評価》の定めにより評価した区分地上権の価額を控除した金額によって評価する。
 (4) 区分地上権に準ずる地役権の目的となっている農地の価額は，その農地の自用地としての価額から，43-3《区分地上権に準ずる地役権の評価》の定めにより評価した区分地上権に準ずる地役権の価額を控除した金額によって評価する。

財産評価基本通達
(土地の上に存する権利が競合する場合の農地の評価)
41-2 土地の上に存する権利が競合する場合の農地の価額は，次に掲げる区分に従い，それぞれ次の算式により計算した金額によって評価する。
 (1) 耕作権又は永小作権及び区分地上権の目的となっている農地の価額

その農地の自用地としての価額 － 〔43-2《区分地上権の評価》の定めにより評価した区分地上権の価額〕 ＋ 〔43-4《土地の上に存する権利が競合する場合の耕作権又は永小作権の評価》(1)の定めにより評価した耕作権の価額又は永小作権の価額〕

（2） 区分地上権及び区分地上権に準ずる地役権の目的となっている承役地である農地の価額

$$\begin{matrix}\text{その農地の}\\\text{自用地とし}\\\text{ての価額}\end{matrix} - \left[\begin{matrix}\text{43-2の定めにより} & & \text{43-3《区分地上権に準ずる地役権}\\\text{評価した区分地上権} & + & \text{の評価》の定めにより評価した区分}\\\text{の価額} & & \text{地上権に準ずる地役権の価額}\end{matrix}\right]$$

（3） 耕作権又は永小作権及び区分地上権に準ずる地役権の目的となっている承役地である農地の価額

$$\begin{matrix}\text{その農地の}\\\text{自用地とし}\\\text{ての価額}\end{matrix} - \left[\begin{matrix}\text{43-3の定めにより評} & & \text{43-4（2）の定めによ}\\\text{価した区分地上権に準} & + & \text{り評価した耕作権の価額}\\\text{ずる地役権の価額} & & \text{又は永小作権の価額}\end{matrix}\right]$$

4

農地の上に存する権利の評価

1 貸付農地とは

　農地を所有するだけで，実際の耕作等は第三者が行っているケースは多くあります。貸付のパターンは耕作権，小作権といわれる賃貸によるものや，永小作権のように物権によるものもあります。永小作権は小作料を支払って他人の土地において工作又は牧畜をする権利（民法270）ですが，登記をすることができ（不動産登記法3），権利の譲渡をすることができる強固な権利です。一般的に，宅地の貸付における地上権の設定と同様，このような強固な権利の設定を土地所有者が望まないのは当然で，現実にも永小作権はほとんどないようです。

　貸付農地の大半は賃貸借による耕作（小作）権です。賃貸借契約による貸付であっても，農業用地として使用するため農業委員会に届出を行い，許可を得ることが必要となります（農地法3）。届出・許可により貸付事実が明確となります。相続財産の評価を行う上でも，農業委員会の農地基本台帳に賃借権が記載されていなければ，貸付事実はあってもいわゆるヤミ小作となり，貸付けられている農地としての評価はできないことに留意してください。賃貸借を農業委員会に届け出ることにより借地人の権利を認めることを嫌ってヤミ小作にすることも多いようですが，農地の所有者に相続が開始した時に，財産評価のみならず権利関係のトラブルの元となります。

2 使用貸借による権利の設定があった場合の取扱い

　個人が，農地又は採草放牧地について農地法第3条の規定による許可を受

けて，使用貸借による権利（以下「使用借権」といいます）を設定した場合，その使用借権の価額はゼロとして取り扱われます。これは使用貸借通達の取扱いと同様，使用貸借による農地の借用についても，その権利の発生をみない取扱いとしたものです。

権利者	贈与税・相続税の取扱い
農地の借受け人	使用借権はゼロであるため，使用借権の設定や消滅に際して贈与税の課税対象とならない。
農地の所有者	使用借権はゼロであるため，相続の場合，農地の価額は自用地として評価する。

3 永小作権の評価

(1) 永小作権とは

　永小作権とは，民法第270条に規定されている物権で「小作料を支払って他人の土地において工作又は牧畜をする権利」のことをいいます。物権ですから登記ができ，設定行為で禁止されている場合や，農地法の適用を受ける場合を除き，永小作権を他人に譲渡し，又は永小作権の存続期間内において土地を賃貸することができます。永小作権に対して抵当権の設定ができる（民法369②）等非常に強い権利があります。そのためか，永小作権の設定をためらうことが多いようです。事実永小作権の登記件数は2010年（平成22年）から2017年（26年）までは2013年（平成25年）の5件を除き0件です（法務省登記統計2017年年報「種類別土地に関する登記の件数及び個数」より）。

(2) 永小作権の評価

　永小作権の価額は，残存期間に応じ，権利を取得した時の自用地価額に，残存期間に応じた次の割合を乗じて算出した価額によって評価します（相法23）。なお，存続期間の定めがない永小作権の場合は，別段の慣習がない限り存続期間を30年とみなして評価します（評基通43）。

| 永小作権の価額＝農地の自用地価額×永小作権割合 |

【地上権の残存期間と地上権割合】

永小作権の 残存期間	永小作権割合 （％）	永小作権の 残存期間	永小作権割合 （％）
10年以下	5	30年を超え35年以下	50
10年を超え15年以下	10	35年を超え40年以下	60
15年を超え20年以下	20	40年を超え45年以下	70
20年を超え25年以下	30	45年を超え50年以下	80
25年を超え30年以下 存続期間の定めのないもの	40	50年を超える	90

4 耕作権の評価

(1) 耕作権とは

　農地を賃借して耕作する権利であることは，小作権も耕作権も同様です。登記を要し強固な権利としての永小作権は，既述のとおり，相続税法にその評価方法が定められていますが，農地を耕作するだけの賃借権については財産評価基本通達で定められています。純農地及び中間農地は農地としての価額を基に計算し，市街地周辺農地及び市街地農地は宅地比準方式で評価します。

(2) 純農地及び中間農地に係る耕作権の評価

　純農地及び中間農地に設定した耕作権の価額は，それぞれの方式により評価した農地の自用地価額に，財産評価基本通達別表1に定める耕作権割合を乗じて計算した金額によって評価します。この耕作権割合は全国一律50％です。

耕作権の価額＝農地の自用地価額×耕作権割合（50％）

(3) 市街地周辺農地，市街地農地に係る耕作権の評価

　市街地周辺農地，市街地農地の耕作権は，その農地が転用される場合に通常支払われるべき離作料の額や，その農地の付近にある宅地の借地権価額等を参考とした金額によって評価します。現実的に市街地農地等は価額も高額となり，相続人等が，相続税等の申告期限までに諸事情を参酌して耕作権の価額を算出することは大変困難です。そのため簡便法として，農地としての自用地評価額に35％又は40％を乗じた金額で評価しても構わないこととなっている地域もあります（財産評価基準書2018年（平成30年）分耕作権の評価）。東京国税局は35％ですが，関東信越国税局は30％，大阪，名古屋国税局等は40％と国税局によりその割合が異なります。評価にあたっては，財産評価基準書を確認してください。

農地の区分	耕作権割合				
純農地	50％				
中間農地					
市街地周辺農地 市街地農地	・農地が転用される場合に支払われるべき離作料の額，その農地の付近にある宅地の借地権価額等を参酌した価額 ・農地の自用地としての価額に国税局長が定めた割合を乗じた価額				
	国税局	割合（％）	国税局	割合（％）	
	札幌	―	大阪	40	
	仙台	―	広島	―	
	関東信越	30	高松	―	
	東京	35	福岡	40	
	金沢	40	熊本	―	
	名古屋	40	沖縄	―	
	2018年（平成30年）分財産評価基準書				

5　農地の区分地上権及び区分地上権に準ずる地役権の評価

(1)　区分地上権の評価

　農地の上に存する区分地上権の価額は，区分地上権の評価（評基通27-4）を準用して評価します（評基通43-2）。

(2)　区分地上権に準ずる地役権の評価

　農地の上に存する区分地上権に準ずる地役権の価額は，その区分地上権に準ずる地役権の目的となっている承役地である農地の，自用地としての価額を基として，区分地上権に準ずる地役権の評価（評基通27-5）を準用して評価します（評基通43-3）。

6　土地の上に存する権利が競合する場合の耕作権又は永小作権の評価

　区分地上権や，区分地上権に準ずる地役権等，土地の上に存する権利が競合する場合の耕作権又は永小作権の価額は，それぞれ次の算式により計算した金額によって評価します（評基通43-4）。

```
耕作権又は永小作権及び区分地上権が設定されている場合の耕作権，又は永
小作権の価額＝
    耕作権又は永小作権の価額×（ 1 － 区分地上権の価額 / 農地の自用地価額 ）
```

```
区分地上権に準ずる地役権が設定されている承役地に耕作権，又は永小作権
が設定されている場合の耕作権又は永小作権の価額＝
    耕作権又は永小作権の価額×（ 1 － 区分地上権に準ずる地役権の価額 / 農地の自用地価額 ）
```

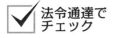

財産評価基本通達
（耕作権の評価）
42 耕作権の評価は，次に掲げる区分に従い，それぞれ次に掲げるところによる。
（1） 純農地及び中間農地に係る耕作権の価額は，37《純農地の評価》及び38《中間農地の評価》に定める方式により評価したその農地の価額に，別表1に定める 耕作権割合（耕作権が設定されていないとした場合の農地の価額に対するその農地に係る耕作権の価額の割合をいう。以下同じ。）を乗じて計算した金額によって評価する。
（2） 市街地周辺農地，市街地農地に係る耕作権の価額は，その農地が転用される場合に通常支払われるべき離作料の額，その農地の付近にある宅地に係る借地権の価額等を参酌して求めた金額によって評価する。

（存続期間の定めのない永小作権の評価）
43 存続期間の定めのない永小作権の価額は，存続期間を30年（別段の慣習があるときは，それによる。）とみなし，相続税法第23条《地上権及び永小作権の評価》又は地価税法第24条《地上権及び永小作権の評価》の規定によって評価する。

（区分地上権の評価）
43-2 農地に係る区分地上権の価額は，27-4《区分地上権の評価》の定めを準用して評価する。

（区分地上権に準ずる地役権の評価）
43-3 農地に係る区分地上権に準ずる地役権の価額は，その区分地上権に準ずる地役権の目的となっている承役地である農地の自用地としての価額を基とし，27-5《区分地上権に準ずる地役権の評価》の定めを準用して評価する。

（土地の上に存する権利が競合する場合の耕作権又は永小作権の評価）
43-4 土地の上に存する権利が競合する場合の耕作権又は永小作権の価額は，次の区分に従い，それぞれ次の算式により計算した金額によって評価する。

(1) 耕作権又は永小作権及び区分地上権が設定されている場合の耕作権又は永小作権の価額

$$
\begin{array}{l}
\text{42《耕作権の評価》の定めにより評価した}\\
\text{耕作権の価額又は相続税法第23条《地上権}\\
\text{及び永小作権の評価》若しくは地価税法第}\\
\text{24条《地上権及び永小作権の評価》の規定}\\
\text{により評価した永小作権の価額}
\end{array}
\times \left\{1-\dfrac{\text{43-2《区分地上権の評価》の定めにより評価した区分地上権の価額}}{\text{その農地の自用地としての価額}}\right\}
$$

(2) 区分地上権に準ずる地役権が設定されている承役地に耕作権又は永小作権が設定されている場合の耕作権又は永小作権の価額

$$
\begin{array}{l}
\text{42の定めにより評価した耕作権}\\
\text{の価額又は相続税法第23条若し}\\
\text{くは地価税法第24条の規定によ}\\
\text{り評価した永小作権の価額}
\end{array}
\times \left\{1-\dfrac{\text{43-3《区分地上権に準ずる地役権の評価》の定めにより評価した区分地上権に準ずる地役権の価額}}{\text{その農地の自用地としての価額}}\right\}
$$

相続税法

(地上権及び永小作権の評価)

第23条 地上権(借地借家法(平成3年法律第90号)に規定する借地権又は民法第269条の2第1項(地下又は空間を目的とする地上権)の地上権に該当するものを除く。以下同じ。)及び永小作権の価額は、その残存期間に応じ、その目的となつている土地のこれらの権利を取得した時におけるこれらの権利が設定されていない場合の時価に、次に定める割合を乗じて算出した金額による。

　　残存期間が10年以下のもの　100分の5

　　残存期間が10年を超え15年以下のもの　100分の10

　　残存期間が15年を超え20年以下のもの　100分の20

　　残存期間が20年を超え25年以下のもの　100分の30

　　残存期間が25年を超え30年以下のもの及び地上権で存続期間の定めのないもの　100分の40

　　残存期間が30年を超え35年以下のもの　100分の50

　　残存期間が35年を超え40年以下のもの　100分の60

　　残存期間が40年を超え45年以下のもの　100分の70

　　残存期間が45年を超え50年以下のもの　100分の80

　　残存期間が50年を超えるもの　100分の90

農地等について使用貸借による権利の設定等をした場合における贈与税又は相続税の取扱いについて（直資2-76，直評16，昭和52年5月12日）

　標題のことについて，岡山県農業会議会長から別紙2のとおり照会があり，これに対し別紙1のとおり資産税課長名で回答したから了知されたい。

（別紙1）

　標題のことについて，個人間の使用貸借に関しては，貴見のとおり取扱って差支えありません。

（別紙2）

　個人が，農地又は採草放牧地（以下「農地等」という。）について農地法第3条の規定による許可を受けて，使用貸借による権利（以下「使用借権」という。）を設定した場合，その使用借権及び使用借権が設定された農地等に係る贈与税又は相続税の取扱いは，下記に掲げるところによるものと理解しておりますが，これについて貴庁の見解を承知したいので照会します。

記

1．使用借権の価額は，その使用借権の設定又は消滅に係る贈与税の課税上ゼロと評価されるので，その時点では贈与税は課税にならない。
2．使用借権が設定された農地等の価額は，その農地等の相続，遺贈又は贈与による移転に係る相続税又は贈与税の課税上自用のものであるとした場合の価額で評価する。

5 山林の評価

1 山林とは

　山林とは，字の如く「山」と「林」ですが，不動産登記事務取扱手続準則第68条第9号で定められている地目「山林」の定義によると，「耕作の方法によらないで竹木の生育する土地」のことをいいます。同じように山林と表現しても，深山から都市部近郊の住宅地に隣接する山林まで，その実態は千差万別です。

2 山林の評価単位と地積

(1) 評価単位

　山林は1筆の山林を評価単位とします。ただし，宅地比準方式により評価する市街地山林は，利用の単位となっている一団の山林を評価単位とします。

　なお，贈与，遺産分割等による分割が親族間等で行われた場合，分割後の画地が通常の用途に供することができないなど，その分割が著しく不合理であると認められるときは，不合理分割とみなしてその分割前の画地を評価することに注意してください（評基通7-2(3)）。

【山林の評価単位】

山林の区分	評価単位
原則	1筆の山林
市街地山林	利用の単位となっている一団の山林

(2) 地積

　山林の地積は課税時期の実際の面積によります（評基通8）。固定資産税評価における地積は登記簿の地積となっています。財産評価における土地等の面積は「実際の面積」によりますが，必ずしも実測を必要としていません。

　ただし，一般的に縄延びのある地域では，実際の面積を反映させる必要があります。航空写真による地積測定や，その地域における平均的な縄延び率を適用して，実際の地積を把握できる場合があります。この場合，その山林の固定資産税評価額を次の算式で調整します。

　山林の地積は，水平面積によります。立木は地表より垂直に育成し，植樹本数は傾斜面積の多少に影響されないことによります。

【山林の面積が実際と異なる場合の修正】

$$\text{固定資産税評価額} \times \frac{\text{実際の地積}}{\text{固定資産税台帳地積}} \times \text{評価倍率}$$

3　山林の評価

　財産評価における山林は，純山林，中間山林及び市街地山林に区分されています。農地の場合と同様，登記上の地目により区分するのではなく，課税時期現在の山林の実態により判断します。そのため，登記が山林となっていても住宅地に隣接し，実際は駐車場や宅地の一部として利用されていることがあります。駐車場として利用している場合は雑種地として評価する等，それぞれ実態に即した区分による評価を行います。

(1) 純山林の評価

　純山林とは山林本来の姿を持ち，市街地付近や別荘地帯のように，宅地としての価額の影響を受けることのない山林のことをいいます。

　純山林の価額は，その山林の固定資産税評価額に，地勢，土層，林産物の搬

出の便等の状況の類似する地域ごとに，その地域にある山林の売買実例価額，精通者意見価格等を基として，国税局長の定める倍率を乗じて計算した金額によって評価します（評基通47）。

純山林の価額＝固定資産税評価額×評価倍率

---

(2) 中間山林の評価

　中間山林とは，純山林と異なり，市街地付近や別荘地帯等，人の営みに接している地域にある山林のことをいいます。純山林と同様の状況の山林であっても，住宅地域にある山林は取引価額が純山林と異なるため，その価額を反映させることとなります。

　中間山林の価額は，その山林の固定資産税評価額に，国税局長の定める倍率を乗じて計算した金額によって評価します（評基通48）。

中間山林の価額＝固定資産税評価額×評価倍率

---

(3) 市街地山林の評価

　土地の利用や価額形成には，人の住居に適合するか否かにより大きく左右されます。建物が建築できるような場所は，取引価額が高くなります。市街地にある山林は，取引価額の形成は宅地と異なりません。そのため宅地の価額と差をつける必要はありません。ただ，山林であること，もしくは山林の様相を呈した土地であることから，宅地化するためにはある程度の整地費用が見込まれるものもあります。市街地山林の価額は，その費用を見込んだところで計算します。

　市街地山林の価額は，その山林が宅地であるとした場合の1㎡当たりの価額から，その山林を宅地に転用する場合，通常必要と認められる1㎡当たりの造成費に相当する金額を控除した金額に，その山林の地積を乗じて計算した金額によって評価します（評基通49）。

ただし，倍率が定められている地域にある市街地山林は，その山林の固定資産税評価額に倍率を乗じて計算した金額によって評価します。

市街地周辺農地は，宅地比準価額から造成費を控除した額に0.8を乗じた価額で評価します。市街地山林は農地と異なり，宅地に転用するに際しての制限がないため減額できないことに注意してください。

> 市街地山林の価額＝（近傍宅地の価額－造成費）×地積
> 又は
> 固定資産税評価額×評価倍率

(4) 「地積規模の大きな宅地の評価」の適用

市街地山林が広大である場合，広大地の評価の規定に準じて評価をすることができましたが，2017年（平成29年）12月31日をもって廃止されました（評基通旧49-2）。

しかし，地積規模の大きな市街地山林を造成し，戸建住宅用地として分割分譲する場合には，地積規模の大きな宅地の場合と同様に，それに伴う減価が発生します。評価するにあたって「地積規模の大きな宅地の評価」の適用要件を満たせば，その適用することができます（評基通49（注））。

適用にあたっての留意点は，市街地農地等の評価の項を参照してください。

4　公益的機能別施業森林区域内の山林の評価

(1) 公益的機能別施業森林区域とは

「公益的機能別施業森林」とは，森林の有する公益的機能の別に応じて，森林の伐期の間隔の拡大及び伐採面積の規模の縮小，その他森林の有する公益的機能の維持増進を特に図るための森林施業を推進すべき森林でのことをいいます。代表的なものとして，次のようなものがあります。具体的には，都道府県知事が定めます（森林法5）。

・水源の涵養の機能の維持増進を図るための，森林施業を推進すべき森林

- 土地に関する災害の防止及び土壌の保全の機能の維持増進を図るための，森林施業を推進すべき森林
- 快適な環境の形成の機能の維持増進を図るための，森林施業を推進すべき森林
- その他，市町村が独自に定める，公益的機能の維持増進を図るための，森林施業を推進すべき森林

(2) **公益的機能別施業森林区域内の山林の評価**

　森林法の規定による市町村の長の認定を受けた，森林経営計画が定められていた区域内に存する山林のうち，相続等により取得したものの価額は，財産評価基本通達45（（評価の方式））に定める方式によって評価した価額から，その価額に別表に掲げる森林の区分に応じて定める割合を乗じて計算した金額に相当する金額を控除した金額によって評価します。

　該当するものについては，後記「法令通達でチェック」を参照してください。

【控除割合】

森林の区分	控除割合
・水源かん養機能等維持増進森林 ・環境保全機能等維持増進森林のうち，「風害の防備のための森林その他の特に帯状に残存すべき森林として市町村森林整備計画において定められている森林」	0.2 （一部皆伐なみ）
・環境保全機能等維持増進森林のうち，「風害の防備のための森林その他の特に帯状に残存すべき森林として市町村森林整備計画において定められている森林」以外の森林	0.4 （択伐なみ）

5　保安林等の評価

(1) **保安林とは**

　保安林とは水源のかん養，土砂の流出の防備，名所又は旧跡の風致の保存の

目的で農林水産大臣が指定した山林のことをいいます（森林法25）。また，森林法の他自然公園法，文化財保護法等の規定に基づいて，土地の利用や立木の伐採に制限を受けている山林もあります。

(2) 保安林等の評価

　保安林等の価額は，土地の利用又は立木の伐採の制限がない山林の評価に基づいて評価した価額（つまり自用地山林の価額）から，保安林等の立木の評価の，次の控除割合を乗じて計算した金額を控除した金額によって評価します（評基通50，123）。

　地方税法第348条第2項第7号の規定により，保安林は固定資産税が非課税となっています。そのため，保安林には固定資産税評価額が付されていません。倍率地区の場合，近傍の森林の固定資産税を採用します。この価額に評価倍率を乗じて，自用地価額を算出します。

【保安林等の立木の控除割合】

法令に基づき定められた伐採関係の区分	控除割合
一部皆伐	0.3
択伐	0.5
単木選伐	0.7
禁伐	0.8

保安林等の価額＝山林の自用地価額×（1－保安林等の立木の控除割合）

　法令による地区の指定等が重複することにより，伐採制限が重複する場合がありますが，この場合には，最も厳しい伐採制限に基づく控除割合によって評価します。

　なお，上記の皆伐・択伐とは次のことをいいます（関東森林管理局ホーム

ページ)。

皆伐	・森林を構成する林木の一定のまとまりを，一度に全部伐採する方法のこと。
択伐	・木材として利用できる大きさになった樹木を，概ね30％以内の伐採率で部分的に伐採する方法のこと。

(3) **森林法以外の法令の具体的控除割合等**

　土地の利用又は立木の伐採についての制限について，森林法以外の法令の具体的な範囲及びその法令により課されている伐採制限の程度に応じた控除割合は，後掲「法令通達でチェック」の「森林法その他の法令の範囲等」のとおりです。

(4) **控除割合を個別に検討することとしている地区等**

　「森林法その他の法令の範囲等」の中には，伐採に係る許可基準が法令に明記されていないこと（自然公園法に規定する地種区分未定地域，自然環境保全法に規定する自然環境保全地域の特別地区，絶滅のおそれのある野生動植物の種の保存に関する法律に規定する管理地区），及び伐採に係る許可基準が都道府県条例により定められること（砂防法に規定する砂防指定地，急傾斜地の崩壊による災害の防止に関する法律に規定する急傾斜地崩壊危険区域）により，伐採制限に基づく控除割合を「個別」に検討することとしているものがあります。これらの地区等については，同一の地区ではあっても，都道府県の定める条例によりその伐採制限が異なることも考えられることから，控除割合を個別に検討します。具体的には，その地区内の山林を評価すべき事案が発生した都度，条例等で規定する伐採制限を個別に検討し，その伐採制限の内容に基づいて控除割合を決定します。

(5) 土地の利用又は立木の伐採についての森林法以外の法令等

　土地の利用や立木の伐採は森林法により制限されていますが，森林法以外の法令によっても禁止若しくは制限されている場合があります。詳細は各年分の財産評価基準書「伐採制限を受けている山林の評価」で確認してください。

6　特別緑地保全地区内にある山林の評価

(1)　特別緑地保全地区とは

　特別緑地保全地区とは，都市計画法第8条（地域地区）第1項第12号に定められた緑地の保全地区のことをいいます。具体的には，都市緑地法第5条の規定による緑地保全地域，同法第12条の規定による特別緑地保全地区又は同法第24条第1項の規定による緑化地域のことで，都市計画区域又は準都市計画区域内の緑地を，無秩序な市街地化の防止や公害，災害の防止や地域住民の健全な生活環境を確保するためです。この地区内では建築物の新築，増改築，宅地の造成，木竹の伐採等緑地の保全に影響を及ぼす行為は都道府県知事等の許可が必要となります（都市緑地法14）。

(2)　特別緑地保全地区内にある山林の評価

　特別緑地保全地区内にある山林の価額は，自用山林として評価した価額から，その価額に100分の80を乗じて計算した金額を控除した金額によって評価します（評基通50-2）。

```
特別緑地保全地区内にある山林の価額＝
　山林の自用地価額（A）－（A）×0.8
```

7　貸付けられている山林の評価

　賃借権等の目的となっている山林の価額は次のとおり，その山林の自用地としての価額から，各権利の価額を控除した価額で評価します（評基通51）。

(1) **賃借権の目的となっている山林の評価**

　賃借権の目的となっている山林の価額は，自用地としての山林の価額から，賃借権の価額（評基通54）を控除して評価します（評基通51(1)）。

```
賃借権の目的となっている山林の価額＝
　山林の自用地価額－その山林の賃借権の価額
```

(2) **地上権の目的となっている山林の評価**

　地上権の目的となっている山林の価額は，自用地としての山林の価額から，地上権及び永小作権の評価（相法23）により評価した価額を控除した金額によって評価します（評基通51(2)）。

```
地上権の目的となっている山林の価額＝
　山林の自用地価額－その山林の地上権の価額
```

(3) **区分地上権の目的となっている山林の評価**

　区分地上権の目的となっている山林の価額は，自用地としての山林の価額から，区分地上権の評価（評基通53-2）により評価した，区分地上権の価額を控除した金額によって評価します（評基通51(3)）。

```
区分地上権の目的となっている山林の価額＝
　山林の自用地価額－その山林の区分地上権の価額
```

(4) **区分地上権に準ずる地役権の目的となっている承役地である山林の評価**

　区分地上権に準ずる地役権の目的となっている承役地である山林の価額は，その山林の自用地としての価額から区分地上権に準ずる地役権の評価（評基通53-3）により評価した，区分地上権に準ずる地役権の価額を控除した金額によって評価します（評基通51(4)）。

区分地上権に準ずる地役権の目的となっている山林の価額＝
　山林の自用地価額－その山林の区分地上権に準ずる地役権の価額

8　山林の上に存する権利の評価

(1) **地上権の評価**

　山林の上に存する地上権の価額は，相続税法第23条（地上権及び永小作権の評価）の規定によって評価します。

(2) **残存期間の不確定な地上権の評価**

　立木一代限りとして設定された地上権のように，残存期間が不確定な地上権契約があります。この地上権の価額は，課税時期においてその時の現況で伐採に至るまでの期間を残存期間として，相続税法第23条又は地価税法第24条の規定によって評価します（評基通53）。

(3) **区分地上権の評価**

　山林の上に存する区分地上権の価額は，区分地上権の評価（評基通27－4）を準用して評価します（評基通53－2）。

(4) **区分地上権に準ずる地役権の評価**

　山林の上に存する区分地上権に準ずる地役権の価額は，その地上権に準ずる地役権の目的となっている承役地である山林の自用地としての価額を基として，区分地上権に準ずる地役権の評価（評基通27－5）を準用して評価します（評基通53－3）。

(5) **賃借権の評価**

　山林の賃借権の価額は，次の区分により評価します（評基通54）。

山林の区分	評価方法
① 純山林	賃借権の残存期間に応じた，相続税法第23条の地上権の評価に準じて評価する。 なお，契約期間の更新が明らかである場合，契約残存期間及び更新により延長される期間の合計を，その残存期間として計算する。
② 中間山林	賃貸借契約の内容，利用状況等に応じて①又は③の方法で評価する。
③ 市街地山林	市街地山林の近傍宅地の借地権の価額を参酌して計算する。

9　土地の上に存する権利が競合する場合の，賃借権又は地上権の評価

　山林の土地の上に区分地上権又は区分地上権に準ずる地役権が設定されている場合の賃借権，又は地上権の価額は，次の算式により計算した金額によって評価します（評基通54-2）。

賃借権又は地上権及び区分地上権が設定されている場合の，賃借権又は地上権の価額＝

　　山林の賃借権又は地上権の価額 × $\left(1 - \dfrac{区分地上権の価額}{山林の自用地価額}\right)$

区分地上権に準ずる地役権が設定されている承役地に，賃借権又は地上権が設定されている場合の，賃借権又は地上権の価額＝

　　山林の賃借権又は地上権の価額 × $\left(1 - \dfrac{区分地上権に準ずる地役権の価額}{山林の自用地価額}\right)$

10　分収林契約に基づいて貸付けられている山林の評価

(1) 分収林契約とは

分収林とは，森林の所有者，造林者，出資者等が契約により森林の造成，育成を行い，相応の収益をあげて契約者間で収益を分けることができる森林のことをいいます。分収林には分収造林と分収育林があります。

①　分収造林契約

国有林野の管理経営に関する法律第9条や分収林特別措置法第2条第1項に規定する，分収造林契約に基づき収益を分収する業務のことをいいます。一定の土地についての造林に関して，その土地の所有者，土地の所有者以外の者で造林を行う者，及びこれらの者以外の者で，その造林費用の全部若しくは一部を負担する3者，又はいずれか2者が当事者となって締結する契約で，その造林による収益を一定の割合で分収するものをいいます。

②　分収育林契約

国有林野の管理経営に関する法律第17条の2や分収林特別措置法第2条第2項に規定する，分収育林契約その他一定の土地に生育する山林の保育及び管理に関して，その土地の所有者，土地の所有者以外の者で育林を行う者，及びこれらの者以外の者で，その育林費用の全部若しくは一部を負担する3者又はこれらの者のうちのいずれか2者が当事者となって締結する契約で，その契約の当事者が育林による収益を一定の割合により分収するものをいいます。

(2) 分収林契約に基づいて貸付けられている山林の評価

分収林契約に基づいて設定された地上権又は賃借権の目的となっている山林は，次の価額により評価します（評基通52）。

> 分収林契約に基づき貸付けられている山林の価額＝
>   （山林の自用地価額（Ａ）×山林所有者の分収割合（Ｂ））＋（（Ａ）－地上
>   権又は賃借権の価額）×（１－（Ｂ））

(3) 分収林契約に基づき設定された地上権等の評価

　分収林契約に基づき設定された地上権又は賃借権の価額は，地上権及び永小作権の評価，賃借権の評価した価額に，その分収林契約に基づき定められた分収割合を乗じて計算した価額によって評価します（評基通55）。

> 分収林契約に基づき設定された地上権等の価額＝
>   山林の地上権又は賃借権の価額×分収割合

| 宅地転用が見込めない市街地山林の評価

　自宅は高台にある路線価地区です。敷地に600㎡の山林がありますが，山林部分は急傾斜となっており，将来的にも宅地となる状況ではありません。このような市街地山林も路線価で評価するのでしょうか。

――市街地山林が宅地への転用が見込めないと認められる場合には，その山林の価額は，近隣の純山林の価額に比準して評価します（評基通49）。宅地への転用が見込めない場合とは，転用する場合の整地等の費用が多額になる場合や，山林の傾斜がきつい等で転用そのものが考えられない場合等があります。一般的には傾斜度30度を超える山林で，宅地転用が見込めないものをいいます（参考：「急傾斜地の崩壊による災害の防止に関する法律」）。近隣の純山林の価額を批准しますが，この場合，評価対象地に距離的に最も近い場所の純山林によります。原則として，評価対象地所在の税務署管内で検索しますが，ない場合は，同一国税局管内で探索します。市

街地にあるため近隣の純山林を探すのが大変です。また，この場合，中間山林として評価するのではなく，純山林として評価することに留意します。

宅地化することに経済合理性がないという考え方は市街地山林に限らず，市街地農地，市街地周辺農地，市街地原野の場合でも同様です。

特別緑地保全地区にある宅地及び農地の評価

特別緑地保全地区にある宅地や農地についても評価の上で何らかの斟酌ができますか。

――特別緑地保全地区は，宅地開発を制限し良好な生活環境を確保することを目的とするものです。既に宅地として利用されている土地は斟酌できません。市街地農地及び市街地周辺農地は宅地転用が認められないため山林と同様，減額割合0.8を適用できると取り扱かわれています。このことにより，市街地周辺農地の価額は，市街地農地の価額の20％で評価することになります。財産評価基本通達39（市街地周辺農地の評価）による，20％の減額は適用できないことに留意します。なお中間農地及び純農地は農地法による制限を加味して評価されているため，それ以上の評価上の減額はできません。

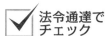

財産評価基本通達
（評価の方式）

45　山林の評価は，次に掲げる区分に従い，それぞれ次に掲げる方式によって行う。
　（1）　純山林及び中間山林（通常の山林と状況を異にするため純山林として評価することを不適当と認めるものに限る。以下同じ。）倍率方式
　（2）　市街地山林　比準方式又は倍率方式

（純山林の評価）

47　純山林の価額は，その山林の固定資産税評価額に，地勢，土層，林産物の搬出の便等の状況の類似する地域ごとに，その地域にある山林の売買実例価額，精通者意見価格

等を基として国税局長の定める倍率を乗じて計算した金額によって評価する。

(中間山林の評価)
48　中間山林の価額は,その山林の固定資産税評価額に,地価事情の類似する地域ごとに,その地域にある山林の売買実例価額,精通者意見価格等を基として国税局長の定める倍率を乗じて計算した金額によって評価する。

(市街地山林の評価)
49　市街地山林の価額は,その山林が宅地であるとした場合の1平方メートル当たりの価額から,その山林を宅地に転用する場合において通常必要と認められる1平方メートル当たりの造成費に相当する金額として,整地,土盛り又は土止めに要する費用の額がおおむね同一と認められる地域ごとに国税局長の定める金額を控除した金額に,その山林の地積を乗じて計算した金額によって評価する。

　ただし,その市街地山林の固定資産税評価額に地価事情の類似する地域ごとに,その地域にある山林の売買実例価額,精通者意見価格等を基として国税局長の定める倍率を乗じて計算した金額によって評価することができるものとし,その倍率が定められている地域にある市街地山林の価額は,その山林の固定資産税評価額にその倍率を乗じて計算した金額によって評価する。

　なお,その市街地山林について宅地への転用が見込めないと認められる場合には,その山林の価額は,近隣の純山林の価額に比準して評価する。

(注)
1　その山林が宅地であるとした場合の1平方メートル当たりの価額は,その付近にある宅地について11《評価の方式》に定める方式によって評価した1平方メートル当たりの価額を基とし,その宅地とその山林との位置,形状等の条件の差を考慮して評価する。

　　なお,その山林が宅地であるとした場合の1平方メートル当たりの価額については,その山林が宅地であるとした場合において20-2《地積規模の大きな宅地の評価》の定めの適用対象となるとき(21-2《倍率方式による評価》ただし書において20-2の定めを準用するときを含む。)には,同項の定めを適用して計算することに留意する。

2　「その市街地山林について宅地への転用が見込めないと認められる場合」とは,その山林を本項本文によって評価した場合の価額が近隣の純山林の価額に比準して評価した価額を下回る場合,又はその山林が急傾斜地等であるために宅地造成ができないと認められる場合をいう。

(保安林等の評価)
50　森林法(昭和26年法律第249号)その他の法令の規定に基づき土地の利用又は立木の伐採について制限を受けている山林(次項の定めにより評価するものを除く。)の価額は,

45《評価の方式》から49《市街地山林の評価》までの定めにより評価した価額（その山林が森林法第25条（《指定》）の規定により保安林として指定されており，かつ，倍率方式により評価すべきものに該当するときは，その山林の付近にある山林につき45から49までの定めにより評価した価額に比準して評価した価額とする。）から，その価額にその山林の上に存する立木について123《保安林等の立木の評価》に定める割合を乗じて計算した金額を控除した金額によって評価する。

(注) 保安林は，地方税法第348条《固定資産税の非課税の範囲》第2項第7号の規定により，固定資産税は非課税とされている。

(特別緑地保全地区内にある山林の評価)

50-2　都市緑地法（昭和48年法律第72号）第12条に規定する特別緑地保全地区（首都圏近郊緑地保全法（昭和41年法律第101号）第4条第2項第3号に規定する近郊緑地特別保全地区及び近畿圏の保全区域の整備に関する法律（昭和42年法律第103号）第6条第2項に規定する近郊緑地特別保全地区を含む。以下本項，58-5《特別緑地保全地区内にある原野の評価》及び123-2《特別緑地保全地区内にある立木の評価》において「特別緑地保全地区」という。）内にある山林（林業を営むために立木の伐採が認められる山林で，かつ，純山林に該当するものを除く。）の価額は，45《評価の方式》から49《市街地山林の評価》までの定めにより評価した価額から，その価額に100分の80を乗じて計算した金額を控除した金額によって評価する。

(貸し付けられている山林の評価)

51　賃借権，地上権等の目的となっている山林の評価は，次に掲げる区分に従い，それぞれ次に掲げるところによる。

(1)　賃借権の目的となっている山林の価額は，47《純山林の評価》から前項までの定めにより評価したその山林の価額（以下この節において「自用地としての価額」という。）から，54《賃借権の評価》の定めにより評価したその賃借権の価額を控除した金額によって評価する。

(2)　地上権の目的となっている山林の価額は，その山林の自用地としての価額から相続税法第23条《地上権及び永小作権の評価》又は地価税法第24条《地上権及び永小作権の評価》の規定により評価したその地上権の価額を控除した金額によって評価する。

(3)　区分地上権の目的となっている山林の価額は，その山林の自用地としての価額から53-2《区分地上権の評価》の定めにより評価した区分地上権の価額を控除した金額によって評価する。

(4)　区分地上権に準ずる地役権の目的となっている承役地である山林の価額は，その山林の自用地としての価額から53-3《区分地上権に準ずる地役権の評価》の定め

により評価したその区分地上権に準ずる地役権の価額を控除した金額によって評価する。

（土地の上に存する権利が競合する場合の山林の評価）

51-2　土地の上に存する権利が競合する場合の山林の価額は，次に掲げる区分に従い，それぞれ次の算式により計算した金額によって評価する。

（1）　賃借権又は地上権及び区分地上権の目的となっている山林の価額

その山林の自用地としての価額 － ｛53-2《区分地上権の評価》の定めにより評価した区分地上権の価額 ＋ 54-2《土地の上に存する権利が競合する場合の賃借権又は地上権の評価》（1）の定めにより評価した賃借権又は地上権の価額｝

（2）　区分地上権及び区分地上権に準ずる地役権の目的となっている承役地である山林の価額

その山林の自用地としての価額 － ｛53-2の定めにより評価した区分地上権の価額 ＋ 53-3《区分地上権に準ずる地役権の評価》の定めにより評価した区分地上権に準ずる地役権の価額｝

（3）　賃借権又は地上権及び区分地上権に準ずる地役権の目的となっている承役地である山林の価額

その山林の自用地としての価額 － ｛53-3の定めにより評価した区分地上権に準ずる地役権の価額 ＋ 54-2（2）の定めにより評価した賃借権又は地上権の価額｝

（分収林契約に基づいて貸し付けられている山林の評価）

52　立木の伐採又は譲渡による収益を一定の割合により分収することを目的として締結された分収林契約（所得税法施行令第78条《用語の意義》に規定する「分収造林契約」又は「分収育林契約」をいう。以下同じ。）に基づいて設定された地上権又は賃借権の目的となっている山林の価額は，その分収林契約により定められた山林の所有者に係る分収割合に相当する部分の山林の自用地としての価額と，その他の部分の山林について51《貸し付けられている山林の評価》又は前項の定めにより評価した価額との合計額によって評価する。

（注）

1　上記の「分収林契約」には，旧公有林野等官行造林法（大正9年法律第7号）第1条《趣旨》の規定に基づく契約も含まれるのであるから留意する。

2　上記の定めを算式によって示せば，次のとおりである。

（その山林の自用地としての価額（A）×山林所有者の分収割合（B））＋（（A）－地上権又は賃借権の価額）×（1－（B））＝分収林契約に係る山林の価額

（残存期間の不確定な地上権の評価）
53　立木一代限りとして設定された地上権などのように残存期間の不確定な地上権の価額は，課税時期の現況により，立木の伐採に至るまでの期間をその残存期間として相続税法第23条《地上権及び永小作権の評価》又は地価税法第24条《地上権及び永小作権の評価》の規定によって評価する。

（区分地上権の評価）
53-2　山林に係る区分地上権の価額は，27-4《区分地上権の評価》の定めを準用して評価する。

（区分地上権に準ずる地役権の評価）
53-3　山林に係る区分地上権に準ずる地役権の価額は，その区分地上権に準ずる地役権の目的となっている承役地である山林の自用地としての価額を基とし，27-5《区分地上権に準ずる地役権の評価》の定めを準用して評価する。

（賃借権の評価）
54　賃借権の評価は，次に掲げる区分に従い，それぞれ次に掲げるところによる。
　（1）　純山林に係る賃借権の価額は，その賃借権の残存期間に応じ，相続税法第23条《地上権及び永小作権の評価》又は地価税法第24条《地上権及び永小作権の評価》の規定を準用して評価する。この場合において，契約に係る賃借権の残存期間がその権利の目的となっている山林の上に存する立木の現況に照らし更新されることが明らかであると認める場合においては，その契約に係る賃借権の残存期間に更新によって延長されると認められる期間を加算した期間をもってその賃借権の残存期間とする。
　（2）　中間山林に係る賃借権の価額は，賃貸借契約の内容，利用状況等に応じ，（1）又は（3）の定めにより求めた価額によって評価する。
　（3）　市街地山林に係る賃借権の価額は，その山林の付近にある宅地に係る借地権の価額等を参酌して求めた価額によって評価する。

（土地の上に存する権利が競合する場合の賃借権又は地上権の評価）
54-2　土地の上に存する権利が競合する場合の賃借権又は地上権の価額は，次に掲げる区分に従い，それぞれ次の算式により計算した金額によって評価する。
　（1）　賃借権又は地上権及び区分地上権が設定されている場合の賃借権又は地上権の価額

54《賃借権の評価》の定めにより評価した賃借権の価額又は相続税法第23条《地上権及び永小作権の評価》若しくは地価税法第24条《地上権及び永小作権の評価》の規定により評価した地上権の価額 × $\left\{ 1 - \dfrac{53\text{-}2《区分地上権の評価》の定めにより評価した区分地上権の価額}{その山林の自用地としての価額} \right\}$

(2) 区分地上権に準ずる地役権が設定されている承役地に賃借権又は地上権が設定されている場合の賃借権又は地上権の価額

$$54の定めにより評価した賃借権の価額又は相続税法第23条若しくは地価税法第24条の規定により評価した地上権の価額 \times \left[1 - \frac{53-3《区分地上権に準ずる地役権の評価》の定めにより評価した区分地上権に準ずる地役権の価額}{その山林の自用地としての価額} \right]$$

(分収林契約に基づき設定された地上権等の評価)
55 分収林契約に基づき設定された地上権又は賃借権の価額は、相続税法第23条《地上権及び永小作権の評価》若しくは地価税法第24条《地上権及び永小作権の評価》の規定又は53《残存期間の不確定な地上権の評価》、54《賃借権の評価》若しくは前項の定めにかかわらず、これらの定めにより評価したその地上権又は賃借権の価額にその分収林契約に基づき定められた造林又は育林を行う者に係る分収割合を乗じて計算した価額によって評価する。

(保安林等の立木の評価)
123 森林法その他の法令に基づき伐採の禁止又は制限を受ける立木（次項の定めにより評価するものを除く。）の価額は、113《森林の主要樹種の立木の評価》、117《森林の主要樹種以外の立木の評価》又は前項の定めにより評価した価額から、その価額に、それらの法令に基づき定められた伐採関係の区分に従い、それぞれ次に掲げる割合を乗じて計算した金額を控除した価額によって評価する。

法定に基づき定められた伐採関係の区分	控除割合
一部皆伐	0.3
択伐	0.5
単木選伐	0.7
禁伐	0.8

【参考：財産評価基本通達旧49-2】

(広大な市街地山林の評価)
前項本文及びただし書の市街地山林が宅地であるとした場合において、24-4《広大地の評価》に定める広大地に該当するときは、その市街地山林の価額は、前項の定めにかかわらず、24-4の定めに準じて評価する。ただし、その市街地山林を24-4の定めによって評価した価額が前項本文及びただし書の定めによって評価した価額を上回る場合には、前項の定めによって評価することに留意する。

「公益的機能別施業森林区域内の山林及び立木の評価について」の一部改正について（法令解釈通達）（平成24年7月12日　課評2-35他）
（公益的機能別施業森林区域内の山林の評価）
1　森林法（昭和26年法律第249号）第11条第5項の規定による市町村の長の認定を受けた同法第11条第1項に規定する森林経営計画（以下「森林経営計画」という。）が定められていた区域内に存する山林のうち，次に掲げるものの価額は，財産評価基本通達45《評価の方式》に定める方式によって評価した価額から，その価額に別表に掲げる森林の区分に応じて定める割合を乗じて計算した金額に相当する金額を控除した金額によって評価する。
（1）相続又は遺贈により取得した場合
　イ　森林法第17条第1項の規定により効力を有するものとされる森林経営計画において，同法第11条第5項第2号ロに規定する公益的機能別施業森林区域内（以下「公益的機能別施業森林区域内」という。）にあるもの（特定遺贈及び死因贈与（特定の名義で行われるものに限る。）により取得する場合を除く。）
　ロ　次に掲げる森林経営計画において，公益的機能別施業森林区域内にあるもの
　　①　被相続人を委託者とする森林の経営の委託に関する契約（以下「森林経営委託契約」という。）が締結されていたことにより，受託者（次の②に掲げる受託者を除く。）が認定を受けていた森林経営計画で，相続人，受遺者又は死因贈与による受贈者（以下「相続人等」という。）の申出により，森林経営委託契約が継続され，かつ，受託者の森林経営計画として存続する場合における当該森林経営計画
　　②　被相続人を委託者，相続人等を受託者とする森林経営委託契約が締結されていたことにより，当該受託者が認定を受けていた森林経営計画で，当該受託者の森林経営計画として存続する場合における当該森林経営計画
（2）贈与により取得した場合
　次に掲げる森林経営計画において，公益的機能別施業森林区域内にあるもの
　イ　贈与者を委託者とする森林経営委託契約が締結されていたことにより，受託者（次のロに掲げる受託者を除く。）が認定を受けていた森林経営計画で，贈与前に贈与を停止条件とする森林経営委託契約が締結されることにより，受託者の森林経営計画として存続する場合における当該森林経営計画
　ロ　贈与者を委託者，受贈者を受託者とする森林経営委託契約が締結されていたことにより，当該受託者が認定を受けていた森林経営計画で，当該受託者の森林経営計画として存続する場合における当該森林経営計画
　ハ　贈与者が認定を受けていた森林経営計画で，贈与後に森林法第12条第1項に基づく当該森林経営計画の変更の認定を受けたことにより，受贈者の森林経営計画として存続する場合における当該森林経営計画

森林法その他の法令の範囲等（平成30年分 東京都）

法　令	区　分	伐採の方法等		控除割合
森林法	水源かん養保安林	① 原則（下記以外の森林）	伐採種を定めない	一部皆伐 (0.3)
		② 林況が粗悪な森林	択伐	択伐 (0.5)
		③ 伐採の方法を制限しなければ、急傾斜地、保安施設事業の施行地等の森林で土砂が崩壊し、又は流出すると認められるもの		
		④ その伐採跡地における成林が困難になるおそれがあると認められる森林		
		⑤ ③及び④のうち、その程度が特に著しいと認められるもの	禁伐	禁伐 (0.8)
	土砂流出防備保安林	① 原則（下記以外の森林）	択伐	択伐 (0.5)
		② 保安施設事業の施行地の森林で地盤が安定していないものその他伐採すれば著しく土砂が流出するおそれがあると認められる森林	禁伐	禁伐 (0.8)
		③ 地盤が比較的安定している森林	伐採種を定めない	一部皆伐 (0.3)
	土砂崩壊防備保安林	① 原則（下記以外の森林）	択伐	択伐 (0.5)
		② 保安施設事業の施行地の森林で地盤が安定していないものその他伐採すれば著しく土砂が崩壊するおそれがあると認められる森林	禁伐	禁伐 (0.8)
	飛砂防備保安林	① 原則（下記以外の森林）	択伐	択伐 (0.5)
		② 林況が粗悪な森林	禁伐	禁伐 (0.8)
		③ 伐採すればその伐採跡地における成林が著しく困難になるおそれがあると認められる森林		
		④ その地表が比較的安定している森林	伐採種を定めない	一部皆伐 (0.3)
	防風保安林 防霧保安林	① 原則（下記以外の森林）	伐採種を定めない	一部皆伐 (0.3)
		② 林帯の幅が狭小な森林（その幅がおおむね20メートル未満のものをいう。）その他林況が粗悪な森林	択伐	択伐 (0.5)
		③ 伐採すればその伐採跡地における成林が困難になるおそれがあると認められる森林		
		④ ②及び③のうちその程度が特に著しいと認められるもの（林帯については、その幅がおおむね10メートル未満のものをいう。）	禁伐	禁伐 (0.8)

法　令	区　分	伐採の方法等		控除割合
森林法	水害防備保安林 潮害防備保安林 防雪保安林	① 原則（下記以外の森林）	択伐	択伐 (0.5)
		② 林況が粗悪な森林	禁伐	禁伐 (0.8)
		③ 伐採すればその伐採跡地における成林が著しく困難になるおそれがあると認められる森林		
	干害防備保安林	① 原則（下記以外の森林）	伐採種を定めない	一部皆伐 (0.3)
		② 林況が粗悪な森林	択伐	択伐 (0.5)
		③ 伐採の方法を制限しなければ、急傾斜地等の森林で土砂が流出するおそれがあると認められるもの		
		④ 用水源の保全又はその伐採跡地における成林が困難になるおそれがあると認められる森林		
		⑤ ③及び④のうち、その程度が特に著しいと認められるもの	禁伐	禁伐 (0.8)
	なだれ防止保安林 落石防止保安林	① 原則（下記以外の森林）	禁伐	禁伐 (0.8)
		② 緩傾斜地の森林その他なだれ又は落石による被害を生ずるおそれが比較的少ないと認められる森林	択伐	択伐 (0.5)
	防火保安林		禁伐	禁伐 (0.8)
	魚つき保安林	① 原則（下記以外の森林）	択伐	択伐 (0.5)
		② 伐採すればその伐採跡地における成林が著しく困難になるおそれがあると認められる森林	禁伐	禁伐 (0.8)
		③ 魚つきの目的に係る海岸、湖沼等に面しない森林	伐採種を定めない	一部皆伐 (0.3)
	航行目標保安林	① 原則（下記以外の森林）	択伐	択伐 (0.5)
		② 伐採すればその伐採跡地における成林が著しく困難になるおそれがあると認められる森林	禁伐	禁伐 (0.8)
	保健保安林	① 原則（下記以外の森林）	択伐	択伐 (0.5)
		② 伐採すればその伐採跡地における成林が著しく困難になるおそれがあると認められる森林	禁伐	禁伐 (0.8)
		③ 地域の景観の維持を主たる目的とする森林のうち、主要な利用施設又は眺望点からの視界外にあるもの	伐採種を定めない	一部皆伐 (0.3)

法令	区分			伐採の方法等		控除割合
森林法	風致保安林			① 原則（下記以外の森林）	択伐	択伐(0.5)
				② 風致の保存のため特に必要があると認められる森林	禁伐	禁伐(0.8)
	保安施設地区内の森林				禁伐	禁伐(0.8)
砂防法	砂防指定地			条例に基づく。固定資産税評価では、2分の1を目安とした減価補正が行われている。	個別	個別
鳥獣の保護及び狩猟の適正化に関する法律	特別保護地区			伐採の方法を制限しなければ鳥獣の生息、繁殖または安全に支障があると認められるもの	択伐	択伐(0.5)
				その程度がとくに著しいと認められるもの、保護施設を設けた森林、鳥獣の保獲繁殖上必要があると認められる特定の樹木	禁伐	禁伐(0.8)
	その他の森林				伐採種を定めない	一部皆伐(0.3)
文化財保護法	史跡名勝天然記念物				禁伐	禁伐(0.8)
	史跡名勝天然記念物の保存のための地域				禁伐	禁伐(0.8)
	伝統的建造物群保存地区			規制内容は条例で定める。	伐採種を定めない（林業を除く）	一部皆伐(0.3)
自然公園法	国立公園・国定公園（都道府県立自然公園もこれに準じる）	特別保護地区			禁伐	禁伐(0.8)
		第1種特別地域		① 原則（下記以外の森林）	禁伐	禁伐(0.8)
				② 風致維持に支障のない場合	択伐	単木選伐(0.7)
		第2種特別地域		① 原則（下記以外の森林）	択伐	択伐(0.5)
				② 風致維持に支障のない場合	一部皆伐なみ	一部皆伐(0.3)
				③ 国立公園計画に基づく車道、歩道、集団施設地区及び単独施設の周辺(造林地、要改良林分、薪炭林を除く.)	択伐	単木選伐(0.7)
		第3種特別地域			一部皆伐なみ	一部皆伐(0.3)
		地種区分未定地域			個別	個別

法令	区分	伐採の方法等		控除割合
漁業法	除去を制限された立木		禁伐	禁伐 (0.8)
地すべり等防止法	ぼた山崩壊防止区域	択伐		択伐 (0.5)
古都における歴史的風土の保存に関する特別措置法	歴史的風土特別保存地区	択伐、1ヘクタール以下の皆伐	一部皆伐なみ	一部皆伐 (0.3)
明日香村における歴史的風土の保存及び生活環境の整備等に関する特別措置法	第一種歴史的風土保存地区	択伐、1ヘクタール以下の皆伐	一部皆伐なみ	一部皆伐 (0.3)
都市計画法	風致地区	択伐、1ヘクタール以下の皆伐	一部皆伐なみ	一部皆伐 (0.3)
急傾斜地の崩壊による災害の防止に関する法律	急傾斜地崩壊危険区域		個別	個別
林業種苗法	特別母樹又は特別母樹林	禁伐		禁伐 (0.8)
自然環境保全法	自然環境保全地域・都道府県自然環境保全地域 特別地区	(保全計画に基づいてあらかじめ指定)	個別	個別
絶滅のおそれのある野生動植物の種の保存に関する法律	管理地区		個別	個別

※東京都以外の都道府県についても，国税庁ホームページで確認できます。
（国税庁ホームページ＞関連サイト＞路線価図・評価倍率表＞平成○年分財産評価基準を見る＞各都道府県＞財産評価基準書＞3．参考＞伐採制限等を受けている山林の評価）

6 原野の評価

1 原野とは

　不動産登記の区分において原野とは「耕作の方法によらないで雑草，かん木類の生育する土地（不動産登記事務取扱手続準則第68条第11号）」のことをいいます。財産評価における原野についても同じです。雑草とは一般的な意味での雑草のことをいい，かん木とは低木と同じで「丈の低い木，普通，人の背丈以下のもの（広辞苑）」のことをいいます。原野と他の地目との境界については，あいまいなところが結構あります。雑草が生い茂っていても農地は原野とはいいません。現在は耕作されていなくても耕作しようとすればいつでも耕作できるものは，農地として取り扱います。

2 原野の評価単位

　原野は1筆の原野を評価単位とします。ただし，宅地比準方式により評価する市街地原野は，利用の単位となっている一団の原野を評価単位とします。

　なお，贈与，遺産分割等による分割が親族間等で行われた場合，分割後の画地が通常の用途に供することができないなど，その分割が著しく不合理であると認められるときは，不合理分割とみなして，その分割前の画地を1画地とすることに注意してください（評基通7-2(4)）。

【原野の評価単位】

原野の区分	評価単位
原則	1筆の原野
市街地原野	利用の単位となっている一団の原野

3　原野の評価

　原野は山林と同様に純原野，中間原野及び市街地原野の三つの区分で評価します。純原野とは，明らかに原野としかとらえられないような状況のものをいい，中間原野とは，通常の原野と状況を異にするため，純原野として評価することが不適当と認められるものをいいます。純原野，中間原野の区分は迷いますが，財産評価基準書の評価倍率表で，地域ごとにそれぞれ区分して表示していますので，実務的には純原野及び中間原野に該当する土地は，評価倍率表の倍率を乗じます。市街地原野とは市街地地域に存する原野で，宅地比準方式又は倍率方式で評価します（評基通57）。

(1) 純原野の評価

　純原野の価額は，その原野の固定資産税評価額に，状況の類似する地域ごとに，その地域にある原野の売買実例価額，精通者意見価格等を基として国税局長の定める倍率を乗じて計算した金額によって評価します（評基通58）。

> 純原野の価額＝固定資産税評価額×評価倍率

(2) 中間原野の評価

　中間原野の価額は，純原野と同様その原野の固定資産税評価額に，倍率を乗じて計算した金額によって評価します（評基通58-2）。

> 中間原野の価額＝固定資産税評価額×評価倍率

(3) 市街地原野の評価

　市街地原野の価額は，その原野が宅地であるとした場合の1㎡当たりの価額から，その原野を宅地に転用する場合において，通常必要と認められる1㎡当たりの造成費に相当する金額を控除した金額に，その原野の地積を乗じて計算した金額によって評価します（評基通58-3）。

　ただし，倍率が定められている地域にある市街地原野の価額は，その原野の固定資産税評価額にその倍率を乗じて計算します。

　造成費等を控除して計算した結果，市街地原野の価額が算出されない場合があります。宅地として転用した場合にマイナスになるようなケースです。このような市街地原野は，マイナスとして評価するのではなく純原野の価額に比準して評価します。

　造成費等の具体的な金額は財産評価基準書（国税庁ホームページ）で確認できます。国税局ごとに金額が異なりますので注意します。

> 市街地原野の価額＝
> 　原則：（近傍宅地の価額－造成費）×地積
> 　倍率地域：固定資産税評価額×評価倍率

(4) 「地積規模の大きな宅地の評価」の適用

　市街地原野が広大である場合，広大地の評価の規定に準じて評価をすることができましたが，2017年（平成29年）12月31日をもって廃止されました（評基通旧58-4）。

　しかし，地積規模の大きな市街地原野を造成し，戸建住宅用地として分割分譲する場合には，地積規模の大きな宅地の場合と同様に，それに伴う減価が発生します。評価するにあたって「地積規模の大きな宅地の評価」の適用要件を

満たせば，その適用することができます（評基通58（注））。
　適用にあたっての留意点は，市街地農地等の評価の項を参照してください。

4　特別緑地保全地区内にある原野の評価

(1)　特別緑地保全地区とは
　特別緑地保全地区は「5　山林の評価」(6(1))を参照してください。

(2)　特別緑地保全地区内にある原野の評価
　特別緑地保全地区内にある原野の価額は，自用原野として評価した価額から，その価額に100分の80を乗じて計算した金額を控除した金額によって評価します（評基通58-5）。

```
特別緑地保全地区内にある原野の価額＝
　原野の自用地価額（A）－（A）×0.8
```

5　貸付けられている原野の評価

　賃借権等の目的となっている原野の価額は次のとおり，その原野の自用地としての価額から，各権利の価額を控除した価額で評価します（評基通59）。

(1)　賃借権の目的となっている原野の評価
　賃借権の目的となっている原野の価額は，その原野の自用地としての価額から，賃借権の価額（評基通60）を控除した金額によって評価します（評基通59(1)）。

```
賃借権の目的となっている原野の価額＝
　原野の自用地価額－その原野の賃借権の価額
```

(2) **地上権の目的となっている原野の評価**

　地上権の目的となっている原野の価額は，その原野の自用地としての価額から，地上権及び永小作権の評価（相法23）により評価した地上権の価額を控除した金額によって評価します（評基通59(2)）。

```
地上権の目的となっている原野の価額＝
　原野の自用地価額－その原野の地上権の価額
```

(3) **区分地上権の目的となっている原野の評価**

　区分地上権の目的となっている原野の価額は，その原野の自用地としての価額から，区分地上権の評価（評基通60-2）により評価した区分地上権の価額を控除した金額によって評価します（評基通59(3)）。

```
区分地上権の目的となっている原野の価額＝
　原野の自用地価額－その原野の区分地上権の価額
```

(4) **区分地上権に準ずる地役権の目的となっている承役地である原野の評価**

　区分地上権に準ずる地役権の目的となっている承役地である原野の価額は，その原野の自用地としての価額から，区分地上権に準ずる地役権の評価（評基通60-3）により評価した区分地上権に準ずる地役権の価額を控除した金額によって評価します（評基通59(4)）。

```
区分地上権に準ずる地役権の目的となっている原野の価額＝
　原野の自用地価額－その原野の区分地上権に準ずる地役権の価額
```

6　土地の上に存する権利が競合する場合の原野の評価

　賃借権，区分地上権等土地の上に存する権利が競合する場合の原野の価額は，

次の算式により計算した金額によって評価します（評基通59-2）。

> 賃借権又は地上権及び区分地上権の目的となっている原野の価額＝
> 　原野の自用地価額－（その原野の区分地上権の価額＋評基通60-4(1)で評価した権利が競合する場合の賃借権又は地上権の価額）

> 区分地上権及び区分地上権に準ずる地役権の目的となっている承役地である原野の価額＝
> 　原野の自用地価額－（その原野の区分地上権の価額＋評基通60-3で評価した区分地上権に準ずる地役権の価額）

> 賃借権又は地上権及び区分地上権に準ずる地役権の目的となっている承役地である原野の価額＝
> 　原野の自用地価額－（その原野の区分地上権に準ずる地役権の価額＋評基通60-4(2)で評価した賃借権又は地上権の価額）

7 原野の上に存する権利の評価

　原野の上に存する権利，賃借権，区分地上権及び区分地上権に準ずる地役権の価額は耕作権，区分地上権及び区分地上権に準ずる地役権の評価に準じて評価しますので，耕作権の評価（評基通42），区分地上権の評価（評基通27-4）及び区分地上権に準ずる地役権の評価（評基通27-5）の解説を参照してください（評基通60，60-2，60-3）。

8 土地の上に存する権利が競合する場合の賃借権又は地上権の評価

　区分地上権や区分地上権に準ずる地役権が競合する場合の賃借権又は地上権の価額は，次の算式により計算した金額によって評価します（評基通60-4）。

賃借権又は地上権及び区分地上権が設定されている場合の賃借権又は地上権の価額＝

　　原野の賃借権，地上権の価額×

$$\left(1-\frac{評基通60-2で評価した区分地上権の価額}{原野の自用地価額}\right)$$

区分地上権に準ずる地役権が設定されている承役地である原野に賃借権又は地上権が設定されている場合の賃借権又は地上権の価額＝

　　原野の賃借権，地上権の価額×

$$\left(1-\frac{評基通60-3で評価した区分地上権に準ずる地役権の価額}{原野の自用地価額}\right)$$

法令通達でチェック

財産評価基本通達
（評価の方式）
57　原野の評価は，次に掲げる区分に従い，それぞれ次に掲げる方式によって行う。
　（1）　純原野及び中間原野（通常の原野と状況を異にするため純原野として評価することを不適当と認めるものに限る。以下同じ。）　倍率方式
　（2）　市街地原野　比準方式又は倍率方式

（純原野の評価）
58　純原野の価額は，その原野の固定資産税評価額に，状況の類似する地域ごとに，その地域にある原野の売買実例価額，精通者意見価格等を基として国税局長の定める倍率を乗じて計算した金額によって評価する。

（中間原野の評価）
58-2　中間原野の価額は，その原野の固定資産税評価額に，地価事情の類似する地域ごとに，その地域にある原野の売買実例価額，精通者意見価格等を基として国税局長の定める倍率を乗じて計算した金額によって評価する。

（市街地原野の評価）
58-3　市街地原野の価額は，その原野が宅地であるとした場合の1平方メートル当たり

の価額から，その原野を宅地に転用する場合において通常必要と認められる１平方メートル当たりの造成費に相当する金額として，整地，土盛り又は土止めに要する費用の額がおおむね同一と認められる地域ごとに国税局長の定める金額を控除した金額に，その原野の地積を乗じて計算した金額によって評価する。

　ただし，その市街地原野の固定資産税評価額に地価事情の類似する地域ごとに，その地域にある原野の売買実例価額，精通者意見価格等を基として国税局長の定める倍率を乗じて計算した金額によって評価することができるものとし，その倍率が定められている地域にある市街地原野の価額は，その原野の固定資産税評価額にその倍率を乗じて計算した金額によって評価する。

（注）　その原野が宅地であるとした場合の１平方メートル当たりの価額は，その付近にある宅地について11《評価の方式》に定める方式によって評価した１平方メートル当たりの価額を基とし，その宅地とその原野との位置，形状等の条件の差を考慮して評価するものとする。

　　　なお，その原野が宅地であるとした場合の１平方メートル当たりの価額については，その原野が宅地であるとした場合において20-2《地積規模の大きな宅地の評価》の定めの適用対象となるとき（21-2《倍率方式による評価》ただし書において20-2の定めを準用するときを含む。）には，同項の定めを適用して計算することに留意する。

（特別緑地保全地区内にある原野の評価）

58-5　特別緑地保全地区内にある原野の価額は，57《評価の方式》から58-3《市街地原野の評価》までの定めにより評価した価額から，その価額に100分の80を乗じて計算した金額を控除した金額によって評価する。

（貸し付けられている原野の評価）

59　賃借権，地上権等の目的となっている原野の評価は，次に掲げる区分に従い，それぞれ次に掲げるところによる。

（１）　賃借権の目的となっている原野の価額は，58《純原野の評価》から前項までの定めによって評価した原野の価額（以下この節において「自用地としての価額」という。）から，60《原野の賃借権の評価》の定めにより評価したその賃借権の価額を控除した金額によって評価する。

（２）　地上権の目的となっている原野の価額は，その原野の自用地としての価額から相続税法第23条《地上権及び永小作権の評価》又は地価税法第24条《地上権及び永小作権の評価》の規定により評価したその地上権の価額を控除した金額によって評価する。

（３）　区分地上権の目的となっている原野の価額は，その原野の自用地としての価額か

ら60-2《区分地上権の評価》の定めにより評価したその区分地上権の価額を控除した金額によって評価する。
（4）　区分地上権に準ずる地役権の目的となっている承役地である原野の価額は，その原野の自用地としての価額から60-3《区分地上権に準ずる地役権の評価》の定めにより評価したその区分地上権に準ずる地役権の価額を控除した金額によって評価する。

（土地の上に存する権利が競合する場合の原野の評価）

59-2　土地の上に存する権利が競合する場合の原野の価額は，次に掲げる区分に従い，それぞれ次の算式により計算した金額によって評価する。

（1）　賃借権又は地上権及び区分地上権の目的となっている原野の価額

その原野の自用地としての価額 − 〔60-2《区分地上権の評価》の定めにより評価した区分地上権の価額 ＋ 60-4《土地の上に存する権利が競合する場合の賃借権又は地上権の評価》（1）の定めにより評価した賃借権又は地上権の価額〕

（2）　区分地上権及び区分地上権に準ずる地役権の目的となっている承役地である原野の価額

その原野の自用地としての価額 − 〔60-2の定めにより評価した区分地上権の価額 ＋ 60-3《区分地上権に準ずる地役権の評価》の定めにより評価した区分地上権に準ずる地役権の価額〕

（3）　賃借権又は地上権及び区分地上権に準ずる地役権の目的となっている承役地である原野の価額

その原野の自用地としての価額 − 〔60-3の定めにより評価した区分地上権に準ずる地役権の価額 ＋ 60-4（2）の定めにより評価した賃借権又は地上権の価額〕

（原野の賃借権の評価）

60　原野に係る賃借権の価額は，42《耕作権の評価》の定めを準用して評価する。

（区分地上権の評価）

60-2　原野に係る区分地上権の価額は，27-4《区分地上権の評価》の定めを準用して評価する。

（区分地上権に準ずる地役権の評価）

60-3　原野に係る区分地上権に準ずる地役権の価額は，その区分地上権に準ずる地役権の目的となっている承役地である原野の自用地としての価額を基とし，27-5《区分地上権に準ずる地役権の評価》の定めを準用して評価する。

(土地の上に存する権利が競合する場合の賃借権又は地上権の評価)

60-4　土地の上に存する権利が競合する場合の賃借権又は地上権の価額は、次に掲げる区分に従い、それぞれ次の算式により計算した金額によって評価する。

（1）　賃借権又は地上権及び区分地上権が設定されている場合の賃借権又は地上権の価額

$$60《原野の賃借権の評価》の定めにより評価した賃借権の価額又は相続税法第23条《地上権及び永小作権の評価》若しくは地価税法第24条《地上権及び永小作権の評価》の規定により評価した地上権の価額 \times \left\{ 1 - \frac{60-2《区分地上権の評価》の定めにより評価した区分地上権の価額}{その原野の自用地としての価額} \right\}$$

（2）　区分地上権に準ずる地役権が設定されている承役地である原野に賃借権又は地上権が設定されている場合の賃借権又は地上権の価額

$$60の定めにより評価した賃借権の価額又は相続税法第23条若しくは地価税法第24条の規定により評価した地上権の価額 \times \left\{ 1 - \frac{60-3《区分地上権に準ずる地役権の評価》の定めにより評価した区分地上権に準ずる地役権の価額}{その原野の自用地としての価額} \right\}$$

【参考：財産評価基本通達旧58-4】

(広大な市街地原野の評価)

　前項の市街地原野が宅地であるとした場合において、24-4（《広大地の評価》）に定める広大地に該当するときは、その市街地原野の価額は、前項の定めにかかわらず、24-4の定めに準じて評価する。ただし、市街地原野を24-4の定めによって評価した価額が前項の定めによって評価した価額を上回る場合には、前項の定めによって評価することに留意する。

7
牧場，池沼及びこれらの上に存する権利の評価

　牧場及び牧場の上に存する権利，池沼及び池沼の上に存する権利の評価は，原野の評価を準用して評価します。評価単位についても同様です（評基通61，62）。

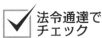 **法令通達でチェック**

財産評価基本通達
(牧場及び牧場の上に存する権利の評価)
61　牧場及び牧場の上に存する権利の価額は，7-2《評価単位》及び57《評価の方式》から前項までの定めを準用して評価する。
(池沼及び池沼の上に存する権利の評価)
62　池沼及び池沼の上に存する権利の価額は，7-2《評価単位》及び57《評価の方式》から60-4《土地の上に存する権利が競合する場合の賃借権又は地上権の評価》までの定めを準用して評価する。

8

鉱泉地及び鉱泉地の上に存する権利の評価

1 鉱泉地とは

　鉱泉とは，一般的には地中から湧出する泉水で，多量の固形物質又はガス状物質若しくは特殊の物質を含むか，あるいは泉温が泉源周囲の平均気温より常に著しく高温を有するものをいいます。温度25度以上の湧水を温泉，それ未満の温度の湧水を鉱泉（冷鉱泉）と呼んで区分しています。

　鉱泉地とは，登記上は「鉱泉（温泉を含みます）の湧出口及びその維持に必要な土地」のことをいい，温泉の湧出する土地も含まれます。湧出口が大きくないため，鉱泉地の面積が広くなることはないようです。ただし，湧出口から噴き出した温泉は鉱泉地と異なった資産であり，現実にも鉱泉地の所有者とそこから湧出した温泉の利用者が異なることが多くあります。湧出した後の管理や利用は温泉権等の評価によります。

　なお，観覧用の鉱泉地の価額は，付属設備と一括して評価することとなっていましたが，一般の鉱泉地の価額の評価との整合性や，事例がほとんどないこと等から，平成20年以降廃止されています。実務的には，鉱泉地の評価と同様の評価をします。

　鉱泉地から引湯権までのイメージは次のとおりです。

第Ⅵ章　宅地以外の土地の評価　*389*

権利者	評価区分
鉱泉地所有者	鉱泉権の評価
温泉権利者	温泉権の評価
引湯権利者	引湯権の評価

2 鉱泉地の評価単位と評価

(1) **鉱泉地の評価単位**

鉱泉地は、原則として、1筆の鉱泉地を評価単位とします（評基通7-2(6)）。

(2) **評価倍率が定められている場合**

国税局長により固定資産税評価額に対する評価倍率が定められている地域の鉱泉地の評価は、倍率方式により評価します（評基通69）。

> 評価倍率が定められている鉱泉地の評価＝固定資産税評価額×評価倍率

(3) **評価倍率が定められていない鉱泉地の評価**

評価倍率が定められていない鉱泉地の価額は、次により評価します。鉱泉地の評価は、(1)の国税局長による評価倍率が定められている地域はありませんから、この評価による方法が原則となります。

$$\text{鉱泉地の価額} = \text{固定資産税評価額} \times \frac{\text{その鉱泉地の鉱泉を利用する宅地の課税時期における価額}}{\text{その鉱泉地の鉱泉を利用する宅地のその鉱泉地の固定資産税評価額の評定の基準となった日における価額}}$$

(注)
1 「鉱泉を利用する宅地」とは,評価対象である鉱泉を利用する宅地,つまり,鉱泉を利用して営業しているホテルや旅館等のことをいいます。
2 「その鉱泉地の鉱泉を利用する宅地の課税時期における価額」とは,相続等の課税時期における,その鉱泉を利用する宅地の相続税評価額のことをいいます。
3 「その鉱泉地の固定資産税評価額の評定の基準となった日における価額」とは,各規準年度の初日の属する年の前年1月1日価額のことをいいます。

(4) 特定の事由がある鉱泉地の評価

　その鉱泉地が,国有地にあること等から固定資産税評価額が付されていない場合,固定資産税評価額が付されていたとしても,湯温,湧出量等に急激な変化が生じたこと等により,固定資産税評価額を基に評価することが適切でない場合等,上記(2)(3)で評価することができない鉱泉地の価額は,その鉱泉地と状況の類似する鉱泉地の価額,若しくは売買実例価額又は精通者意見価格等を参酌して求めた金額によって評価します。

3 住宅,別荘等の鉱泉地の評価

　温泉の湧出する地域の住宅や別荘を所有している場合の鉱泉地の価額は,上記2で評価した価額から30％の範囲内の諸事情を考慮した価額を控除して評価します（評基通75）。ただし,その利用者が旅館や料理店等営業者である場合は,収益を目的としていることから30％の範囲内の控除をできないことに留意します。

> 住宅, 別荘等の鉱泉地の価額＝
>   鉱泉地の価額－鉱泉地の価額×30％の範囲内の数値

4　温泉権が設定されている鉱泉地の評価

　鉱泉地から湧出した温泉を利用する権利の契約が締結されている場合の, その鉱泉地の価額は, 鉱泉地の価額又は住宅, 別荘等の鉱泉地の価額から温泉権の価額（評基通78）を控除した価額により評価します（評基通77）。

> 温泉権が設定されている鉱泉地の価額＝
>   鉱泉地の価額又は住宅, 別荘の鉱泉地の価額－温泉権の価額

5　温泉権の評価

　温泉権は, それ自体湧出口である鉱泉地とは切り離されて価値を持っています。また, 引湯権と区別するため源泉権, 湯口権ともいわれます。財産評価においても, 鉱泉地とは別の権利として評価しますが, 湧出量や泉質等, 温泉の特殊性があることから, 具体的な数値で表すことはできません。そのため, 温泉権のある周囲での売買実例価額や精通者の意見価格を参考にして評価します（評基通78）。

> 温泉権の価額＝売買実例価額又は精通者意見価格

6　引湯権の設定されている鉱泉地及び温泉権の評価

　引湯権の設定されている鉱泉地又は温泉権の価額は, その権利の額だけ価値が下がります。鉱泉地の価額, 住宅, 別荘等の鉱泉地の価額又は温泉権の価額

から引湯権の価額を控除した価額によって評価します(評基通79)。

```
引湯権の設定されている鉱泉地及び温泉権の価額＝
  鉱泉地の価額
  住宅,別荘等の鉱泉地の価額  －引湯権の価額
  温泉権の価額
```

7　引湯権の評価

　鉱泉地を所有している者や鉱泉地に温泉権を設定している者から，その温泉を引き込む権利を引湯権といいます。温泉のエンドユーザーというところです。引湯権の価額は，鉱泉権の価額又は温泉権の価額から，鉱泉地のゆう出量に対する，その引湯権に係る分湯量の割合を乗じて求めた価額を基とし，引湯の条件に応じて，その価額の30％の範囲内で相当と認める金額を控除した価額によって評価します(評基通80)。

　別荘やリゾートマンション等で引湯権の取引価額が明らかなものについては，課税時期の価額に相当する金額で評価することができます。

```
引湯権の価額＝
  (鉱泉権又は温泉権の価額×分湯量の割合)(A) －(A×30％の範囲内)
  又は
  課税時期現在の価額
```

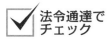

財産評価基本通達
(鉱泉地の評価)
69　鉱泉地の評価は，次に掲げる区分に従い，それぞれ次に掲げるところによる。ただし，湯温，ゆう出量等に急激な変化が生じたこと等から，次に掲げるところにより評価することが適当でないと認められる鉱泉地については，その鉱泉地と状況の類似する鉱泉地

の価額若しくは売買実例価額又は精通者意見価格等を参酌して求めた金額によって評価する。
(1) 状況が類似する温泉地又は地域ごとに，その温泉地又はその地域に存する鉱泉地の売買実例価額，精通者意見価格，その鉱泉地の鉱泉を利用する温泉地の地価事情，その鉱泉地と状況が類似する鉱泉地の価額等を基として国税局長が鉱泉地の固定資産税評価額に乗ずべき一定の倍率を定めている場合　その鉱泉地の固定資産税評価額にその倍率を乗じて計算した金額によって評価する。
(2) (1)以外の場合　その鉱泉地の固定資産税評価額に，次の割合を乗じて計算した金額によって評価する。

$$\frac{その鉱泉地の鉱泉を利用する宅地の課税時期における価額}{その鉱泉地の鉱泉を利用する宅地のその鉱泉地の固定資産税評価額の評定の基準となった日における価額}$$

(注) 固定資産税評価額の評定の基準となった日とは，通常，各基準年度（地方税法第341条《固定資産税に関する用語の意義》第6号に規定する年度をいう。）の初日の属する年の前年1月1日となることに留意する。

(住宅，別荘等の鉱泉地の評価)
75　鉱泉地からゆう出する温泉の利用者が，旅館，料理店等の営業者以外の者である場合におけるその鉱泉地の価額は，69《鉱泉地の評価》の定めによって求めた価額を基とし，その価額からその価額の100分の30の範囲内において相当と認める金額を控除した価額によって評価する。

(温泉権が設定されている鉱泉地の評価)
77　温泉権が設定されている鉱泉地の価額は，その鉱泉地について69《鉱泉地の評価》又は75《住宅，別荘等の鉱泉地の評価》の定めにより評価した価額から次項の定めにより評価した温泉権の価額を控除した価額によって評価する。

(温泉権の評価)
78　前項の「温泉権の価額」は，その温泉権の設定の条件に応じ，温泉権の売買実例価額，精通者意見価格等を参酌して評価する。

(引湯権の設定されている鉱泉地及び温泉権の評価)
79　引湯権（鉱泉地又は温泉権を有する者から分湯をうける者のその引湯する権利をいう。以下同じ。）の設定されている鉱泉地又は温泉権の価額は，69《鉱泉地の評価》又は75《住宅，別荘等の鉱泉地の評価》の定めにより評価した　鉱泉地の価額又は前項の定めにより評価した温泉権の価額から，次項本文の定めにより評価した引湯権の価額を控除

した価額によって評価する。

(引湯権の評価)
80　前項の「引湯権の価額」は，69《鉱泉地の評価》，75《住宅，別荘等の鉱泉地の評価》又は78《温泉権の評価》の定めにより評価した鉱泉地の価額又は温泉権の価額に，その鉱泉地のゆう出量に対するその引湯権に係る分湯量の割合を乗じて求めた価額を基とし，その価額から，引湯の条件に応じ，その価額の100分の30の範囲内において相当と認める金額を控除した価額によって評価する。ただし，別荘，リゾートマンション等に係る引湯権で通常取引される価額が明らかなものについては，納税義務者の選択により課税時期における当該価額に相当する金額によって評価することができる。

9

雑種地の評価

1　雑種地とは

　不動産登記法では土地の用途による分類として地目の種類を定めています。不動産登記事務取扱手続準則第68条には地目が「第1号　田」「第2号　畑」「第3号　宅地」から始まり「第23号　雑種地」まで23種類の地目があります。このうち第1号から第22号の地目以外の土地が最終的に雑種地となります。逆説的な言い方をすれば，雑種地に該当しない土地以外の土地が雑種地となります。あまりに大雑把な括りであるため具体的に，どのような土地のことであるか判定するのが困難な場合があります。

　雑種地は具体的には遊園地，飛行場，運動場等があり，身近な例としては，駐車場用地や資材置場用地などがあります。財産評価基本通達ではゴルフ場用地（評基通83），遊園地（評基通83-2），文化財建造物の敷地（評基通83-3）及び鉄道敷地（評基通84）が別途定められています。

2　雑種地の評価単位

　雑種地は利用の単位となっている一団の雑種地を評価単位とします。この場合の一団の雑種地とは，同一の目的に供されている雑種地をいいます。

　雑種地の利用単位を合理的に区分することが難しい場合があります。原則として物理的に区分されているかどうかで判断します。土地が物理的に区分されているとは，道路，特に公道で区分されている部分でしょう。

　ただし，市街化調整区域以外の都市計画区域で，市街地的形態を形成する地域で，宅地と状況が類似する雑種地が2以上の評価単位により一団となって

おり，その形状，地積の大小や位置等からみてこれらを一団として評価することが合理的と認められる場合には，その一団の雑種地ごとに評価します。

なお，贈与，遺産分割等による分割が親族間等で行われた場合，分割後の画地が通常の用途に供することができないなど，その分割が著しく不合理であると認められるときは，不合理分割とみなしてその分割前の画地を1画地とすることに注意してください（評基通7-2(7)）。

【雑種地の評価単位】

雑種地の区分	評価単位
原則	利用の単位となっている一団の雑種地
市街地的形態を形成する地域	宅地と状況が類似する雑種地が2以上の評価単位となっている一団の雑種地

3 雑種地の評価

(1) 雑種地の価額

雑種地はそのありようが様々であるため，評価は難しいものがあります。雑種地の価額は，原則として，その雑種地と状況が類似する付近の土地をもってきて，財産評価基本通達に基づいて評価した1㎡当たりの価額を基本として，その土地とその雑種地との位置，形状等の条件の差を考慮して評定した価額を算出します。そして，その雑種地の地積を乗じて計算した金額によって評価します。

ただし，その雑種地の固定資産税評価額にその倍率を乗じて計算した金額によって評価することができます（評基通82）。

```
雑種地の価額＝
  原則：近傍土地比準方式
      近傍の土地を基に算定した価額×地積
  例外：倍率方式
      固定資産税評価額×評価倍率
```

(2) 市街化区域内にある雑種地

市街化区域にある雑種地は，宅地の価額を基とした宅地比準方式により計算します。宅地として有効利用され，又は有効利用が阻害されることが特にないためです。

```
市街化区域内にある雑種地の価額＝
  (その雑種地が宅地であるとした場合の1㎡当たりの価額－
   1㎡当たりの造成費の金額)×地積
```

(3) 市街化調整区域内にある雑種地

市街化調整区域内にある雑種地は，その活用が近隣の土地の状況により大きく影響されます。幹線道路沿いや市街化区域との境界沿いの雑種地は店舗等を建築して活用効果を大きくすることができ，市街化区域から遠ざかるに従い活用効果が薄くなります。その雑種地の地域区分の判定は難しいのですが，市街地化の影響度合いにより，次の表の「周囲の状況」を判断して「比準地目」を区分してかまいません。

また，宅地比準方式によって評価する場合，法的規制等（開発行為の可否，建築制限，位置等）に係る斟酌割合（減価率）は，市街化の影響度と雑種地の利用状況によって個別に判定することになりますが，次表の斟酌割合によっても差し支えないこととなっています。

	地域(周囲)の状況	比準地目	斟酌割合
市街化の影響度　弱←→強	① 純農地・純山林・純原野	農地比準・山林比準・原野比準(注1)	なし
	② ①と③の地域の中間(周囲の状況により判定)	宅地比準	50%
	③ 店舗等の建築が可能な幹線道路沿いや市街化区域との境界付近(注2)		30%
		宅地価格と同等の取引実態が認められる地域(郊外型店舗が建ち並ぶ地域等)	0%

(注) 1 農地等の価額を基として評価する場合で、評価対象地が資材置場、駐車場等として利用されているときは、その土地の価額は、原則として、財産評価基本通達24-5《農業用施設用地の評価》に準じて農地等の価額に造成費相当額を加算した価額により評価します(ただし、その価額は宅地の価額を基として評価した価額を上回らないことに留意してください。)。

2 ③の地域は、線引き後に沿道サービス施設が建設される可能性のある土地(都市計画法第34条第9号、第43条第2項)や、線引き後に日常生活に必要な物品の小売業等の店舗として開発又は建築される可能性のある土地(都市計画法第34条第1号、第43条第2項)の存する地域をいいます。

3 都市計画法第34条第11号に規定する区域内については、上記の表によらず、個別に判定します。

(国税庁ホームページ:質疑応答事例より)

(4) 「地積規模の大きな宅地の評価」の適用

雑種地の価額は、近傍にある状況が類似する土地に比準した価額により評価します(評基通82)。評価対象地である雑種地の状況が宅地に類似する場合には宅地に比準して評価し、農地等に類似する場合には農地等に比準して評価します。市街化区域内の農地等の価額は宅地比準方式により評価することとしていることから、市街化区域内の雑種地についても、宅地比準方式により評価することとなります。

したがって、状況が宅地に類似する雑種地又は市街地農地等に類似する雑種地は、「地積規模の大きな宅地の評価」の適用要件を満たせば、適用ができます。

なお、適用にあたっての留意点は、市街地農地等の評価の項を参照してくだ

さい。

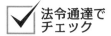 **法令通達でチェック**

財産評価基本通達
（雑種地の評価）
82 　雑種地の価額は，原則として，その雑種地と状況が類似する付近の土地についてこの通達の定めるところにより評価した1平方メートル当たりの価額を基とし，その土地とその雑種地との位置，形状等の条件の差を考慮して評定した価額に，その雑種地の地積を乗じて計算した金額によって評価する。
　　ただし，その雑種地の固定資産税評価額に，状況の類似する地域ごとに，その地域にある雑種地の売買実例価額，精通者意見価格等を基として国税局長の定める倍率を乗じて計算した金額によって評価することができるものとし，その倍率が定められている地域にある雑種地の価額は，その雑種地の固定資産税評価額にその倍率を乗じて計算した金額によって評価する。

10 ゴルフ場の用に供されている土地の評価

1 ゴルフ場用地とは

　国内のゴルフ場は，2017年（平成29年）で2,257場あります（一般社団法人日本ゴルフ場経営者協会調べ）。平成4年のバブルのピークといわれていたときは2,028場ですから，バブル崩壊後の経済環境が良くない時代を経ても減少していません。

　ゴルフ場として利用されている土地は，敷地面積が広大であること，芝，池，林，通路，クラブハウス等々，様々な状態の土地が混在していること等から，原則雑種地ではありますが，財産評価を行うにあたって特に項目を設けているものです。

　ゴルフ場は市街地に近接しているものや，山岳丘陵地域にあるもの等その地域の特性を生かしたコース作りを行っています。そのため財産評価においても，市街化区域及びその近接地のものと，それ以外にあるものとを区分して評価します。

2 ゴルフ場用地の評価

(1) 評価の対象となるゴルフ場の規模

　評価の対象となるゴルフ場は，ゴルフ場の名称があるものが全てではありません。次のとおり，一定の規模であることが必要です（財産評価基準書）。

　① 地積が10万㎡以上であること
　② 18ホール以上あり，ホールの平均距離が100m以上のものであること
　③ 9ホール以上17ホール未満のゴルフ場でも平均距離が150m以上のも

のであること

(2) 市街化区域及びそれに近接する地域にある場合

① 市街化区域及びそれに近接する地域にあるゴルフ場用地の価額は、そのゴルフ場用地が宅地であるとした場合の1㎡当たりの価額に、そのゴルフ場用地の地積を乗じて計算した金額の100分の60に相当する金額をまず算出します。次にその金額から、そのゴルフ場用地を宅地に造成する場合に通常必要と認められる1㎡当たりの造成費に、そのゴルフ場用地の地積を乗じて計算した金額を控除した価額によって評価します（評基通83）。この場合の100分の60というのは、市街化区域及びそれに隣接する区域は、広大な土地を宅地化する場合に公共公益的用地、いわゆる潰れ地が必ず生じることによる見込み額です。

> 市街化区域及びそれに近接する地域にあるゴルフ場の価額＝
> そのゴルフ場用地が宅地であるとした場合の1㎡当たりの価額×地積×60％－造成費×地積

1㎡当たりの価額は、そのゴルフ場用地が路線価地域にある場合には、そのゴルフ場用地の周囲に付されている路線価を、そのゴルフ場用地に接する距離によって加重平均した金額によることができます。路線価地域にあるゴルフ場用地は全面が路線価に接しているとは限りません。また、ところどころ異なった路線に接している場合があります。このような接し方をしている場合の路線のとり方は、その路線に接する距離による加重平均にすることが合理的です。

② 倍率地域にある場合は、固定資産税評価額に倍率を乗じて算出します。この場合の「そのゴルフ場用地が宅地であるとした場合の1㎡当たりの価額」は「そのゴルフ場用地等の1㎡当たりの固定資産税評価額×倍率」の計算によります。この計算における倍率は国税局長がゴルフ場ごとに定めており、国税庁ホームページから各年分の財産評価基準書で確認するこ

とができます。

【例：2018年（平成30年）分東京国税局】

音順	ゴルフ場用地等の名称	固定資産税評価額に乗ずる倍率
た	多摩カントリークラブ	倍 2.5
よ	よみうりランド（遊園地）	3.8

　ゴルフ場用地等を宅地に造成する場合の造成費相当額は，市街地農地等の評価に係る宅地造成費を適用します。市街地農地の造成費相当額は国税局別の該当年分の財産評価基準書を確認してください。

(3) (2)以外の地域にある場合

　市街化区域及びそれに近接する地域以外にあるゴルフ場用地の価額は，そのゴルフ場用地の固定資産税評価額に，国税局長の定める倍率を乗じて計算した金額によって評価します。

> 市街化区域以外の地域にあるゴルフ場の価額＝固定資産税評価額×評価倍率

　倍率は(2)の市街化区域等にあるゴルフ場と同様，財産評価基準書で確認できます。

【例：2018年（平成30年）分東京国税局】

音順	適用地域等			固定資産税評価額に乗ずる倍率
あ	あきる野市	ゴルフ場用地	国道411号線（滝山街道）以東	倍 2.3
			上記以外	2.4
		遊園地用地		0.6
い	稲城市	ゴルフ場用地		0.4
お	青梅市	ゴルフ場用地	JR青梅線以北かつ都道28号線以東	1.7
			上記以外	1.6
	大島町	ゴルフ場用地		1.6
は	八王子市		国道20号線（甲州街道）以北	1.2
			上記以外	1.1
ま	町田市	ゴルフ場用地	国道16号線（東京環状線）以東	0.9
			上記以外	1.1

事例でチェック

ミニゴルフ場の土地の場合

住宅地の近郊にミニゴルフ場を所有しています。この土地はゴルフ場の評価に基づいて計算するのでしょうか。

——財産評価基本通達で評価するゴルフ場は，地積が10万㎡以上，18ホール以上でホールの平均距離が100m以上のものもしくは，9ホール以上17ホール未満のものでも平均距離が150m以上のものをいいます。その基準に該当しないミニゴルフ場は，通常の雑種地として評価することになります。

ゴルフ場運営会社に貸している土地

山林を近隣の地主と共にゴルフ場運営会社に貸付けています。この場合のゴルフ場の土地の評価は山林の固定資産税評価額の倍率になりますか。

――ゴルフ場用地は登記地目が山林となっていても雑種地として評価します。ただし，ゴルフ場として造成が行われているため雑種地としての価額が高くなります。このため，近隣の雑種地の価額を参考に1㎡当たりの価額を求め，賃借権の価額を控除します。この場合の賃借権の価額は地上権に準ずる権利として評価するもの以外のものとなりますので2分の1相当の割合を控除します（評基通86）。

 **法令通達でチェック**

財産評価基本通達
（ゴルフ場の用に供されている土地の評価）
83　ゴルフ場の用に供されている土地（以下「ゴルフ場用地」という。）の評価は，次に掲げる区分に従い，それぞれ次に掲げるところによる。
（1）　市街化区域及びそれに近接する地域にあるゴルフ場用地の価額は，そのゴルフ場用地が宅地であるとした場合の1平方メートル当たりの価額にそのゴルフ場用地の地積を乗じて計算した金額の100分の60に相当する金額から，そのゴルフ場用地を宅地に造成する場合において通常必要と認められる1平方メートル当たりの造成費に相当する金額として国税局長の定める金額にそのゴルフ場用地の地積を乗じて計算した金額を控除した価額によって評価する。
（注）　そのゴルフ場用地が宅地であるとした場合の1平方メートル当たりの価額は，そのゴルフ場用地が路線価地域にある場合には，そのゴルフ場用地の周囲に付されている路線価をそのゴルフ場用地に接する距離によって加重平均した金額によることができるものとし，倍率地域にある場合には，そのゴルフ場用地の1平方メートル当たりの固定資産税評価額（固定資産税評価額を土地課税台帳又は土地補充課税台帳に登録された地積で除して求めた額）にゴルフ場用地ごとに不動産鑑定士等による鑑定評価額，精通者意見価格等を基として国税局長の定める倍率を乗じて計算した金額によることができるものとする。

(2) (1)以外の地域にあるゴルフ場用地の価額は,そのゴルフ場用地の固定資産税評価額に,一定の地域ごとに不動産鑑定士等による鑑定評価額,精通者意見価格等を基として国税局長の定める倍率を乗じて計算した金額によって評価する。

11 遊園地等の用に供されている土地の評価

1 遊園地等とは

　遊園地は公園に遊具を設置したものから，規模の大きな公営・私営のレジャーランド，はたまた東京ディズニーランドのような世界的規模のテーマパークまでその形態は多種多様です。運動場や競馬場も含まれます。財産評価基本通達でいう遊園地とは，特にどのような規模のものを指しているのかは判然としませんが，要は，一定の規模のある敷地に，遊具や遊興施設を備えた場所のことを指すと考えられます。そのため単に遊園地といわず，遊園地等と表現します。

2 遊園地等の敷地の評価

(1) 一般的な遊園地等の敷地の評価

　遊園地内にある施設，遊具，建物や動産等の価額は，それなりの区分により評価しますが，遊園地等の用に供されている敷地については，原則として雑種地の評価方法に準じて評価します（評基通83-2）。遊園地，運動場等は，建物がある場合でも，その建物が付随的なものである場合は，その敷地を含めて一団の雑種地として区分されています（不動産登記事務取扱手続準則69(7)）。

(2) 規模の大きい遊園地等の敷地の評価

　遊園地等の規模がゴルフ場用地と同様のものであるような場合，雑種地の評価よりも「ゴルフ場の用に供されている土地の評価」に準じて評価します（評基通83-2）。ゴルフ場用地と同様の規模とは，敷地面積がおおむね10万㎡以

上のものをいいます（財産評価基準書）。

規模の大きい遊園地等の敷地の価額＝
　その遊園地の用地が宅地であるとした場合の１㎡当たりの価額×地積×60％－造成費×地積

　市街地近郊にある遊園地の造成費は市街地山林を評価する場合の造成費相当額ですので注意してください。

　また，倍率地域にある場合は固定資産税評価額に倍率を乗じて算出します。この場合の「その遊園地の用地が宅地であるとした場合の１㎡当たりの価額」は「その遊園地の用地等の１㎡当たりの固定資産税評価額×倍率」の計算によります。この計算における倍率は国税局長が遊園地等ごとに定めており，国税庁ホームページから各年分の財産評価基準書（ゴルフ場用地等用）で確認することができます。

法令通達でチェック

財産評価基本通達
（遊園地等の用に供されている土地の評価）
83-2　遊園地，運動場，競馬場その他これらに類似する施設（以下「遊園地等」という。）の用に供されている土地の価額は，原則として，82《雑種地の評価》の定めを準用して評価する。
　　ただし，その規模等の状況から前項に定めるゴルフ場用地と同様に評価することが相当と認められる遊園地等の用に供されている土地の価額は，前項の定めを準用して評価するものとする。この場合において，同項の（1）に定める造成費に相当する金額については，49《市街地山林の評価》の定めにより国税局長が定める金額とする。

12

鉄軌道用地の評価

1　鉄軌道用地とは

　鉄軌道用地とは鉄道及び軌道の用に供する土地のことをいい，鉄道とは鉄道事業法に規定され「他人の需要に応じ，鉄道による旅客又は貨物の運送を行う事業」，軌道とは「一般交通の用に供する為敷設する軌道」とあります。元来旅客の運搬のための設備ですが，管轄（運輸省と建設省）が異なっていたことと車両規模の違いがあるようでしたが，現在は区分する意味合いが薄れています。

　鉄軌道用地には，鉄道敷地の他に，駅舎やそれらの付随する設備も含まれます。

2　鉄軌道用地の評価

　鉄軌道用地の価額は，鉄軌道用地に沿接する土地の価額の3分の1に相当する金額によって評価します。この場合，土地の価額は，その鉄軌道用地をその沿接する土地の地目，価額の相違等に基づいて区分し，それぞれの土地の価額を考慮して評定した価額の合計額によります（評基通84）。

$$鉄軌道用地の価額 = 鉄軌道用地に沿接する土地の価額 \times \frac{1}{3}$$

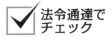

財産評価基本通達
(鉄軌道用地の評価)
84 鉄道又は軌道の用に供する土地(以下「鉄軌道用地」という。)の価額は,その鉄軌道用地に沿接する土地の価額の3分の1に相当する金額によって評価する。この場合における「その鉄軌道用地に沿接する土地の価額」は,その鉄軌道用地をその沿接する土地の地目,価額の相違等に基づいて区分し,その区分した鉄軌道用地に沿接するそれぞれの土地の価額を考慮して評定した価額の合計額による。

13
雑種地の賃貸借

1 貸付けられている雑種地

　不動産登記法による土地の利用形態区分から外れた雑種地のありようは、既に説明したように、宅地に近いものから山林原野に近いものまで様々です。

　雑種地をそのまま放置せず、何とか活用しようと賃貸若しくは賃借することもあります。自用雑種地の評価でもてこずりますが、雑種地の上に第三者の権利が生じている場合は、宅地のように借地権が発生することはないものの、その権利についても検討する必要があります。

2 貸付けられている雑種地の評価

　雑種地は一般的には賃貸借による貸付ですが、堅固な構築物の所有のために地上権を設定することがあります。このような賃借権若しくは地上権の設定されている雑種地の価額は、その権利部分を控除し、次のように評価します。他人が使用することにより自己の利用に制限が生じるため、当然、その雑種地を自分で使用している場合は控除できません（評基通86）。

　借地権の取引の慣行のない地域の雑種地の賃借権は評価しません。その賃借権の目的となっている雑種地にしても、原則として貸付地として評価しません。ただし、実務的には現に賃借人が存在していることから、賃借権の価額（自用地価額の20％を限度とします）を控除した金額で評価することができます。

(1) 賃借権の目的となっている雑種地の評価

　賃借権の目的となっている雑種地は、原則として、自用地としての雑種地の

価額から雑種地の賃借権の価額を控除した価額により評価します（評基通86(1)）。この場合の雑種地の賃借権の価額とは，4 で解説する評価額のことをいいます。

> 賃借権の目的となっている雑種地の価額＝
> 　雑種地の自用地価額－雑種地の賃借権の価額

その賃借権の価額が，次の金額を下回る場合には，その雑種地の自用地としての価額から，次に掲げる金額を控除した金額によって評価します。
　イ　地上権に準ずる権利として評価することが相当と認められる賃借権（例えば，賃借権の登記がされているもの，設定の対価として権利金その他の一時金の授受のあるもの，堅固な構築物の所有を目的とするものなどがこれに該当します）
　　その雑種地の自用地としての価額に，その賃借権の残存期間に応じ次の割合を乗じて計算した金額

残存期間	控除割合（％）
5年以下のもの	5
5年を超え10年以下のもの	10
10年を超え15年以下のもの	15
15年を超えるもの	20

　ロ　上記以外の賃借権
　　地上権に準ずる権利として評価することが相当と認められる賃借権以外に該当する賃借権の場合は，上記イの残存期間に応じる控除割合の2分の1に相当する割合を乗じて計算した金額

(2) **地上権の目的となっている雑種地の評価**

　地上権の目的となっている雑種地の価額は，その雑種地の自用地としての価額から相続税法第23条（地上権及び永小作権の評価）により評価した，その地上権の価額を控除した金額によって評価します（評基通86(2)）。

```
地上権の目的となっている雑種地の価額＝
　雑種地の自用地価額－その雑種地の地上権の価額
```

(3) **区分地上権の目的となっている雑種地の評価**

　区分地上権の目的となっている雑種地は，その雑種地の自用地としての価額から，その雑種地の区分地上権の価額を控除した金額で評価します（評基通86(3)）。

```
区分地上権の目的となっている雑種地の価額＝
　雑種地の自用地価額－その雑種地の区分地上権の価額
```

(4) **区分地上権に準ずる地役権の目的となっている承役地である雑種地の評価**

　区分地上権に準ずる地役権の目的となっている承役地である雑種地の価額は，その雑種地の自用地としての価額から，その雑種地の区分地上権に準ずる地役権の目的となっている承役地である雑種地の価額を控除した金額で評価します（評基通86(4)）。

```
区分地上権に準ずる地役権の目的となっている承役地である雑種地の価額＝
　雑種地の自用地価額－その雑種地の区分地上権に準ずる地役権の価額
```

3　土地の上に存する権利が競合する場合の雑種地の評価

　賃借権，区分地上権等，土地の上に存する権利が競合する場合の雑種地の価額は，次の算式により計算した金額によって評価します（評基通86-2）。

(1)　賃借権又は地上権及び区分地上権の目的となっている雑種地の評価

> 賃借権又は地上権及び区分地上権の目的となっている雑種地の価額＝
> 　雑種地の自用地価額－（区分地上権の価額＋評基通87-4(1)で評価した権利
> 　　　　　が競合する場合の賃借権又は地上権の価額）

(2)　区分地上権及び区分地上権に準ずる地役権の目的となっている承役地である雑種地の評価

> 区分地上権及び区分地上権に準ずる地役権の目的となっている承役地である雑種地の価額＝
> 　雑種地の自用地価額－（その雑種地の区分地上権の価額＋評基通87-3で評
> 　　　　　価した区分地上権に準ずる地役権の価額）

(3)　賃借権又は地上権及び区分地上権に準ずる地役権の目的となっている承役地である雑種地の評価

> 賃借権又は地上権及び区分地上権に準ずる地役権の目的となっている承役地である雑種地の価額＝
> 　雑種地の自用地価額－（その雑種地の区分地上権に準ずる地役権の価額＋
> 　　　　　評基通87-4(2)で評価した権利が競合する場合の賃
> 　　　　　借権又は地上権の価額）

4　雑種地の賃借権の評価

　雑種地を賃借している場合のその賃借権の価額は，どのように算定するのでしょうか。雑種地の態様は多種であり，その雑種地を借用する形態も様々です。

資材置き場として短期間の賃貸借がありますが、構築物の敷地として長期間借用することもあるでしょう。

このような雑種地の賃借権の評価は、原則として、その賃貸借契約の内容、利用の状況等を勘案して評価します。しかし、この方法は評価の軸とする基準がないため雲を掴むようなものです。

そこで、その賃借権が地上権に準ずるような強固な権利に該当するものであるか否かで、次のように区分して評価します（評基通87）。

賃借権の区分	賃借権の価額
イ　地上権に準ずる権利として評価することが相当と認められる賃借権	雑種地の自用地価額×法定地上権割合と借地権割合とのいずれか低い割合
ロ　イ以外の賃借権	雑種地の自用地価額×法定地上権割合×$\frac{1}{2}$

ここでいう「地上権に準ずる権利として評価することが相当と認められる賃借権」とは、例えば、賃借権の登記がされているもの、設定の対価として権利金その他の一時金の授受のあるもの、堅固な構築物の所有を目的とするものなどが該当します。

「法定地上権割合」とは、その賃借権が地上権であるとした場合に適用される、相続税法第23条に定められた割合をいいます。この場合、その契約上の残存期間が、その賃借権の目的となっている雑種地の上に存する構築物等の残存耐用年数、過去の契約更新の状況等からみて、契約が更新されることが明らかであると認められる場合には、その契約上の残存期間に更新によって延長されると見込まれる期間を加算した期間をもって、その貸借権の残存期間とします。

法定地上権割合と借地権割合と、いずれか低い方の価額によることになっているのは、雑種地の賃借権が宅地の借地権割合を上回ることがないようにするためです。そのため、借地権の取引慣行がない地域の雑種地の賃借権は、権利

金の授受がある場合や，堅固な構築物の所有を目的とするなど，明らかな経済的価値が認められる場合を除き評価しなくてもいいこととなっています。

法定地上権割合は第Ⅴ章「1 地上権の評価」を参照してください。

5　雑種地の上に存する区分地上権及び区分地上権に準ずる地役権の評価

雑種地の上に存する区分地上権及び区分地上権に準ずる地役権の評価は，第Ⅴ章「2 区分地上権及び区分地上権に準ずる地役権の評価」の解説を参考にしてください。

6　雑種地の上に存する権利が競合する場合の賃借権又は地上権の評価

区分地上権や区分地上権に準ずる地役権が競合する場合の賃借権又は地上権の価額は，次の算式により計算した金額によって評価します（評基通87-4）。

(1) 賃借権又は地上権及び区分地上権が設定されている場合の賃借権又は地上権の評価

賃借権又は地上権及び区分地上権が設定されている場合の賃借権又は地上権の価額＝

　雑種地の賃借権，地上権の価額 × $\left(1 - \dfrac{\text{評基通87-2で評価した区分地上権の価額}}{\text{雑種地の自用地価額}}\right)$

(2) 区分地上権に準ずる地役権が設定されている承役地である雑種地に賃借権又は地上権が設定されている場合の賃借権又は地上権の評価

区分地上権に準ずる地役権が設定されている承役地である雑種地に賃借権又は地上権が設定されている場合の賃借権又は地上権の価額＝

　雑種地の賃借権，地上権の価額 × $\left(1 - \dfrac{\text{評基通87-3で評価した区分地上権に準ずる地役権の価額}}{\text{雑種地の自用地価額}}\right)$

青空駐車場の評価

500㎡の月極めの貸駐車場があります。特に設備がなく青空駐車場です。また，その近くに1000㎡の土地を駐車場経営する業者に貸しています。この業者はアスファルト敷きにしてパーキングメーターを設置しています。どちらも借主がいますので賃借権相当額を控除して評価できますか。

——駐車場は雑種地として評価します。所有者が月極めの貸駐車場を経営することは，自動車をその土地において保管することを引き受けることであり，土地そのものを貸付けるわけではありません。そのことにより車の所有者に権利が発生するわけではないので，その土地は自用地として評価します。

駐車場経営業者に貸している土地は一定の設備を整えていますが，堅固な構築物ではありません。アスファルト等は除去することもできます。そのため地上権であるとした場合の法定地上権割合の2分の1の金額で評価するのが相当です。

契約期間1年以下の雑種地の評価

賃貸期間が1年以下の臨時・短期的な使用のために貸付けた場合の雑種地の賃借権の価額はどのように評価しますか。

——賃貸借期間が1年以下のような臨時・短期的雑種地の貸付はその経済的価値が極めて小さく，堅固な構築物の建築がされているとは考えにくく，権利金の授受等もないため，賃借権の価額は評価しません。また，賃貸の目的となっている雑種地は自用地価額で評価します。

都市公園の用地として貸し付けられている土地の評価

都市公園として地方公共団体に長期間にわたって貸し付けている土地があり

ます。このような土地は何らかの斟酌をすることができるでしょうか。

―― 公園用地は，原則として財産評価基本通達86(1)（貸し付けられている雑種地の評価）に基づき雑種地として評価します。ただし，都市公園法に基づいて貸し付けられている土地は所有者に一定の制限が加えられることから，その土地の価額は，その土地が都市公園の用地として貸し付けられていないものとして評価した価額から，その価額の40％を控除した金額によって評価します。適用要件は次の通りです。取扱いの詳細は後掲「法令通達でチェック」を参照してください。

1　貸し付けられている土地が次の要件を満たすこと
　① 　都市公園法第2条第1項第1号に規定する公園又は緑地であること
　② 　堅固な公園施設が設置されていること
　③ 　面積が500㎡以上であること
2　土地所有者と地方公共団体との土地貸借契約に次の定めがあること
　① 　貸付けの期間が20年以上であること
　② 　正当な事由がない限り貸付けを更新すること
　③ 　土地所有者は，貸付けの期間の中途において正当な事由がない限り土地の返還を求めることはできないこと。
3　申告にあたっての要件
　① 　相続税又は贈与税の申告期限までに，その土地についての権原を有することとなった相続人又は受贈者全員から，その土地を引き続き公園用地として貸し付けることに同意する旨の申出書が提出されていること
　② 　土地が都市公園の用地として貸し付けられている土地に該当する旨の地方公共団体の証明書（上記①の申出書の写しの添付があるものに限る）を所轄税務署長に提出すること

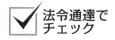

財産評価基本通達
（貸し付けられている雑種地の評価）
86　賃借権，地上権等の目的となっている雑種地の評価は，次に掲げる区分に従い，それぞれ次に掲げるところによる。
（1）　賃借権の目的となっている雑種地の価額は，原則として，82《雑種地の評価》から84《鉄軌道用地の評価》までの定めにより評価した雑種地の価額（以下この節において「自用地としての価額」という。）から，87《賃借権の評価》の定めにより評価したその賃借権の価額を控除した金額によって評価する。

　　ただし，その賃借権の価額が，次に掲げる賃借権の区分に従いそれぞれ次に掲げる金額を下回る場合には，その雑種地の自用地としての価額から次に掲げる金額を控除した金額によって評価する。
　　イ　地上権に準ずる権利として評価することが相当と認められる賃借権（例えば，賃借権の登記がされているもの，設定の対価として権利金その他の一時金の授受のあるもの，堅固な構築物の所有を目的とするものなどがこれに該当する。）
　　　その雑種地の自用地としての価額に，その賃借権の残存期間に応じ次に掲げる割合を乗じて計算した金額
　　　（イ）残存期間が5年以下のもの　100分の5
　　　（ロ）残存期間が5年を超え10年以下のもの　100分の10
　　　（ハ）残存期間が10年を超え15年以下のもの　100分の15
　　　（ニ）残存期間が15年を超えるもの　100分の20
　　ロ　イに該当する賃借権以外の賃借権
　　　その雑種地の自用地としての価額に，その賃借権の残存期間に応じイに掲げる割合の2分の1に相当する割合を乗じて計算した金額
（2）　地上権の目的となっている雑種地の価額は，その雑種地の自用地としての価額から相続税法第23条《地上権及び永小作権の評価》又は地価税法第24条《地上権及び永小作権の評価》の規定により評価したその地上権の価額を控除した金額によって評価する。
（3）　区分地上権の目的となっている雑種地の価額は，その雑種地の自用地としての価額から87-2《区分地上権の評価》の定めにより評価したその区分地上権の価額を控除した金額によって評価する。
（4）　区分地上権に準ずる地役権の目的となっている承役地である雑種地の価額は，そ

の雑種地の自用地としての価額から87-3《区分地上権に準ずる地役権の評価》の定めにより評価したその区分地上権に準ずる地役権の価額を控除した金額によって評価する。

(注) 上記（1）又は（2）において，賃借人又は地上権者がその雑種地の造成を行っている場合には，その造成が行われていないものとして82《雑種地の評価》の定めにより評価した価額から，その価額を基として87《賃借権の評価》の定めに準じて評価したその賃借権の価額又は相続税法第23条《地上権及び永小作権の評価》若しくは地価税法第24条《地上権及び永小作権の評価》の規定により評価した地上権の価額を控除した金額によって評価する。

（土地の上に存する権利が競合する場合の雑種地の評価）

86-2　土地の上に存する権利が競合する場合の雑種地の価額は，次に掲げる区分に従い，それぞれ次の算式により計算した金額によって評価する。

（1）　賃借権又は地上権及び区分地上権の目的となっている雑種地の価額

その雑種地の自用地としての価額 － ｛87-2《区分地上権の評価》の定めにより評価した区分地上権の価額 ＋ 87-4《土地の上に存する権利が競合する場合の賃借権又は地上権の評価》（1）の定めにより評価した賃借権又は地上権の価額｝

（2）　区分地上権及び区分地上権に準ずる地役権の目的となっている承役地である雑種地の価額

その雑種地の自用地としての価額 － ｛87-2の定めにより評価した区分地上権の価額 ＋ 87-3《区分地上権に準ずる地役権の評価》の定めにより評価した区分地上権に準ずる地役権の価額｝

（3）　賃借権又は地上権及び区分地上権に準ずる地役権の目的となっている承役地である雑種地の価額

その雑種地の自用地としての価額 － ｛87-3の定めにより評価した区分地上権に準ずる地役権の価額 ＋ 87-4（2）の定めにより評価した賃借権又は地上権の価額｝

（賃借権の評価）

87　雑種地に係る賃借権の価額は，原則として，その賃貸借契約の内容，利用の状況等を勘案して評定した価額によって評価する。ただし，次に掲げる区分に従い，それぞれ次に掲げるところにより評価することができるものとする。

（1）　地上権に準ずる権利として評価することが相当と認められる賃借権（例えば，賃借権の登記がされているもの，設定の対価として権利金その他の一時金の授受のあるもの，堅固な構築物の所有を目的とするものなどがこれに該当する。）の価額は，その雑種地の自用地としての価額に，その賃借権の残存期間に応じその賃借権が地

上権であるとした場合に適用される相続税法第23条《地上権及び永小作権の評価》若しくは地価税法第24条《地上権及び永小作権の評価》に規定する割合（以下「法定地上権割合」という。）又はその賃借権が借地権であるとした場合に適用される借地権割合のいずれか低い割合を乗じて計算した金額によって評価する。

（2） （1）に掲げる賃借権以外の賃借権の価額は，その雑種地の自用地としての価額に，その賃借権の残存期間に応じその賃借権が地上権であるとした場合に適用される法定地上権割合の2分の1に相当する割合を乗じて計算した金額によって評価する。

（区分地上権の評価）

87-2 雑種地に係る区分地上権の価額は，27-4《区分地上権の評価》の定めを準用して評価する。

（区分地上権に準ずる地役権の評価）

87-3 雑種地に係る区分地上権に準ずる地役権の価額は，その区分地上権に準ずる地役権の目的となっている承役地である雑種地の自用地としての価額を基とし，27-5《区分地上権に準ずる地役権の評価》の定めを準用して評価する。

（土地の上に存する権利が競合する場合の賃借権又は地上権の評価）

87-4 土地の上に存する権利が競合する場合の賃借権又は地上権の価額は，次に掲げる区分に従い，それぞれ次の算式により計算した金額によって評価する。

（1） 賃借権又は地上権及び区分地上権が設定されている場合の賃借権又は地上権の価額

$$\text{87《賃借権の評価》の定めにより評価した賃借権の価額又は相続税法第23条《地上権及び永小作権の評価》若しくは地価税法第24条《地上権及び永小作権の評価》の規定により評価した地上権の価額} \times \left[1 - \frac{\text{87-2《区分地上権の評価》の定めにより評価した区分地上権の価額}}{\text{その雑種地の自用地としての価額}} \right]$$

（2） 区分地上権に準ずる地役権が設定されている承役地に賃借権又は地上権が設定されている場合の賃借権又は地上権の価額

$$\text{87の定めにより評価した賃借権の価額又は相続税法第23条若しくは地価税法第24条の規定により評価した地上権の価額} \times \left[1 - \frac{\text{87-3《区分地上権に準ずる地役権の評価》の定めにより評価した区分地上権に準ずる地役権の価額}}{\text{その雑種地の自用地としての価額}} \right]$$

都市公園の用地として貸し付けられている土地の評価について（平成4年3月30日付建設省都公緑発第37号照会に対する回答）

標題のことについては，貴見のとおり取扱うこととします。

（平成4年4月22日　課評2－3他）

緑豊かなうるおいのある居住環境の形成を図る等の観点から，都市公園の計画的整備が喫緊の課題となっているところですが，昨今の地価高騰により用地の取得が困難となっている状況にかんがみ，建設省では，今後，従来の用地取得方式に加え，いわゆる借地方式により都市公園の整備を推進していくこととしています。

ところで，都市公園を構成する土地物件については，都市公園法（昭和31年法律第79号）の規定により私権が行使できないこととされており，また，公園管理者に対する都市公園の保存義務規定も存することから，都市公園の用地として貸し付けられている土地については，相当長期間にわたりその利用が制限されることになります。

このようなことから，相続税及び贈与税の課税上，都市公園の用地として貸し付けられている土地の評価については，下記のとおり取り扱っていただきたく，照会します。

記

1　都市公園の用地として貸し付けられている土地の範囲

都市公園の用地として貸し付けられている土地とは，都市公園法第2条第1項第1号（（定義））に規定する公園又は緑地（堅固な公園施設が設置されているもので，面積が500平方メートル以上あるものに限る。）の用に供されている土地として貸し付けられているもので，次の要件を備えるものとする。

(1)　土地所有者と地方公共団体との土地貸借契約に次の事項の定めがあること

　　イ　貸付けの期間が20年以上であること
　　ロ　正当な事由がない限り貸付けを更新すること
　　ハ　土地所有者は，貸付けの期間の中途において正当な事由がない限り土地の返還を求めることはできないこと。

(2)　相続税又は贈与税の申告期限までに，その土地についての権原を有することとなった相続人又は受贈者全員から当該土地を引き続き公園用地として貸し付けることに同意する旨の申出書が提出されていること

2　都市公園の用地として貸し付けられている土地の評価

都市公園の用地として貸し付けられている土地の価額は，その土地が都市公園の用地として貸し付けられていないものとして，昭和39年4月25日付直資56，直審（資）17「財産評価基本通達」の第2章（（土地及び土地の上に存する権利））の定めにより評価した価額から，その価額に100分の40を乗じて計算した金額を控除した金額によって評価する。

3　適用時期等

　この取扱いは，平成4年1月1日以後に相続若しくは遺贈又は贈与により取得した都市公園の用地として貸し付けられている土地の評価に適用する。

　なお，この取扱いの適用を受けるに当たっては，当該土地が都市公園の用地として貸し付けられている土地に該当する旨の地方公共団体の証明書（上記1の(2)に掲げた申出書の写しの添付があるものに限る。）を所轄税務署長に提出するものとする。

14

占用権の評価

1　占用権とは

　財産評価基本通達でいう占用権とは，公的管理下にある土地に対して申請により継続的利用ができる権利のことをいいます。具体的には，地価税法に次のように規定されています（地価税法2②，地価税法施行令2②）。なお，占用権は継続的に利用する権利のことをいうことから，施設が完成していないと発生しません。占用許可を受けていても，施設が建築中である場合は評価しません。

　①　河川法第24条の規定による河川区域内の土地の占用の許可に基づく権利で，ゴルフ場，自動車練習所，運動場その他の工作物（対価を得て他人の利用に供するもの，又は専ら特定の者の用に供するものに限ります）の設置を目的とするもの

　②　道路法第32条第1項の規定による道路の占用の許可，又は都市公園法第6条第1項の規定による都市公園の占用の許可に基づく経済的利益を生ずる権利で駐車場，建物その他の工作物（対価を得て他人の利用に供するもの，又は専ら特定の者の用に供するものに限ります）の設置を目的とするもの。

　上記の代表的な例として河川敷ゴルフ場，地下街が挙げられます。

2　占用権の評価

　占用権は，許可によりいったんその権利が付されると，半ば恒久的に使用できる比較的強い権利を持っています。河川敷に小さな小屋を短期的に立てると

いうのではなく，ゴルフ場を考えればわかりますが，長期間の使用が予定されています。そのため占用権の価額を算定するにあたって，地上権等とのバランスが考慮されます（評基通87-5）。

【占用権の価額】

占用権の態様	占用権の評価
① 取引事例がある占用権	売買実例価額，精通者意見価格等を基として占用権の目的となっている土地の価額に対する割合として国税局長が定める割合
② ①以外で地下街又は家屋の所有を目的とする占用権	占用権が借地権であるとした場合に適用される借地権割合の3分の1に相当する割合
③ ①②以外の占用権	占用権の残存期間に応じその占用権が地上権であるとした場合に適用される法定地上権割合の3分の1に相当する割合
④ 占用の許可があるが施設等が建築中である占用権	評価しない

3 占用権の目的となっている土地の評価

　占用権の目的となっている土地は，一般的には国や地方公共団体の所有であるものが多いため，事例としてはほとんどないと考えられます。

　占用権の目的となっている土地の価額は，近傍の土地の1㎡当たりの価額を基として，占用権の目的となっている土地との位置，形状等の条件差及び占用の許可の内容を勘案した価額に，その占用の許可土地の面積を乗じて計算した金額によって評価します（評基通87-6）。

```
占用権の目的となっている土地の価額＝
　　近傍土地の1㎡当たりの金額×（1－斟酌割合）×地積
```

4 占用の許可に基づき所有する家屋を貸家とした場合の占用権の評価

　占用権の許可を受けて土地の占用している者が，第三者に貸付けるために家屋を建築する場合があります。地下街の一画などが想定されます。このような占用権は，借家人の権利が生じるため占用権者が自由に使用収益することができません。いわば貸家建付借地権と類似する占用権ですので借家権相当額を控除した価額で評価します（評基通87-7）。

占用の許可に基づき所有する家屋を貸家とした場合の占用権の価額＝
　占用権の価額－占用権の価額×借家権割合×賃貸割合
　※　借家権割合は全国一律30％です。

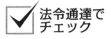 法令通達でチェック

財産評価基本通達
（占用権の評価）
87-5　占用権の価額は，次項の定めにより評価したその占用権の目的となっている土地の価額に，次に掲げる区分に従い，それぞれ次に掲げる割合を乗じて計算した金額によって評価する。
　（1）　取引事例のある占用権
　　　売買実例価額，精通者意見価格等を基として占用権の目的となっている土地の価額に対する割合として国税局長が定める割合
　（2）　（1）以外の占用権で，地下街又は家屋の所有を目的とする占用権
　　　その占用権が借地権であるとした場合に適用される借地権割合の3分の1に相当する割合
　（3）　（1）及び（2）以外の占用権
　　　その占用権の残存期間に応じその占用権が地上権であるとした場合に適用される法定地上権割合の3分の1に相当する割合
　（注）　上記（3）の「占用権の残存期間」は，占用の許可に係る占用の期間が，占用の許可に基づき所有する工作物，過去における占用の許可の状況，河川等の工事予定の有無等に照らし実質的に更新されることが明らかであると認められる場合には，

その占用の許可に係る占用権の残存期間に実質的な更新によって延長されると認められる期間を加算した期間をもってその占用権の残存期間とする。

(占用権の目的となっている土地の評価)

87-6　占用権の目的となっている土地の価額は、その占用権の目的となっている土地の付近にある土地について、この通達の定めるところにより評価した1平方メートル当たりの価額を基とし、その土地とその占用権の目的となっている土地との位置、形状等の条件差及び占用の許可の内容を勘案した価額に、その占用の許可に係る土地の面積を乗じて計算した金額によって評価する。

(占用の許可に基づき所有する家屋を貸家とした場合の占用権の評価)

87-7　占用の許可に基づき所有する家屋が貸家に該当する場合の占用権の価額は、次の算式により計算した価額によって評価する。

| 87-5《占用権の評価》の定めにより評価したその占用権の価額（A） | －A× | 94《借家権の評価》に定める借家権割合 | × | 26《貸家建付地の評価》の（2）の定めによるその家屋に係る賃貸割合 |

索　　引

【あ】

1 画地 …………………………… 44, 82
一般定期借地権 ………………… 301
裏面加算 ………………………… 119
永小作権 ………………………… 347
奥行価格補正 …………………… 108
奥行長大 ………………………… 154
温泉権 …………………………… 392

【か】

買取りの申出 …………………… 337
皆伐 ……………………………… 360
がけ地 …………………………… 161
貸宅地 …………………………… 279
貸付農地 ………………………… 346
貸付けられている農地の評価 … 341
貸家建付借地権 ………………… 271
貸家建付地 ……………………… 259
角地と準角地 …………………… 113
仮換地 …………………………… 194
基準値標準価額 ………………… 28
基準年利率 ……………………… 17
共同ビルの敷地 ………………… 89
共有財産の評価 ………………… 12
空中権の売買 …………………… 183
区分所有財産 …………………… 13
区分地上権 ……………………… 256
区分地上権に準ずる地役権 …… 257
警戒区域 ………………………… 166
景観重要建造物 ………………… 219
経済的利益の総額 ……………… 302
原価方式 ………………………… 234
原子力発電所周辺の避難指示区域 … 240
元物と果実 ……………………… 13

原野 ……………………………… 379
公益的機能別施業森林区域 …… 357
耕作権 …………………………… 348
公衆用道路 ……………………… 187
公図 ……………………………… 30
鉱泉地 …………………………… 389
公道 ……………………………… 187
国外財産の評価 ………………… 19
固定資産税評価基準 …………… 27
個別評価申出書 ………………… 196
ゴルフ場用地 …………………… 401

【さ】

最高路線価 ……………………… 64
財産の評価時点 ………………… 7
財産の評価と取得者 …………… 8
財産評価基準 …………………… 27
財産評価基本通達 ……………… 4
雑種地 …………………………… 396
雑種地の賃貸借 ………………… 411
三方又は四方路線影響加算 …… 123
山林 ……………………………… 354
市街化の影響度 ………………… 398
市街地山林 ……………………… 356
市街地農地 ……………………… 324
時価の意義 ……………………… 6
時価評価 ………………………… 3
事業用定期借地権 ……………… 301
実際の面積 ……………………… 46
私道 ……………………………… 187
借地権 …………………………… 267
借地権割合 ……………………… 73
借家権 …………………………… 297
重要文化財 ……………………… 218
14条地図 ………………………… 30

429

項目	頁
取得者課税	8
純山林	355
純農地	322
正面路線価	95
生産緑地	335
接道義務	148
セットバック	210
全国地価マップ	30
占用権	424
造成中の宅地	204
相続税等	4
相続等	3
想定整形地	130
相当の地代	283
相当の地代を収受している貸宅地の評価	283
贈与の場合の不合理分割	56
側方路線影響加算	113

【た】

項目	頁
大規模工業用地	179
対顧客直物電信買相場（TTB）	19
宅地の一部を物納した場合	93
宅地の地区区分	70
宅地の評価単位	82
択伐	360
建物譲渡特約付定期借地権	301
短期間の賃貸借契約のある土地	228
地価公示価格	27
地権者	194
池沼	388
地上権	253
地積規模の大きな宅地の評価	137
地目の判定	35
中間山林	356
通常の地代	283
定期借地権	300
定期借地権等の目的となっている宅地	309
庭内神し	39

項目	頁
鉄軌道用地	409
転借権	276
転貸借地権	273
伝統的建造物	218
天然果実	14
登記事項証明書	29
登記情報サービス	29
登記簿謄本	29
登録有形文化財	218
特定路線価	101
特定路線価と影響加算	103
特別警戒区域	166
特別緑地保全地区	361, 367, 381
都市計画図	30
都市計画道路	215
都市公園の用地	417
土砂災害警戒区域	166
土砂災害特別警戒区域	166
土壌汚染地	234
土地及び土地の上に存する権利の証明書	75
土地区画整理事業	194
土地の上に存する権利が競合する場合	292
土地の上に存する権利の区分	36

【な】

項目	頁
2項道路	210
二方路線影響加算	119
年賦償還率	18
農業用施設用地	206
農地	319
農地の区分	320
農地の評価単位	320

【は】

項目	頁
売買契約中の土地	244
倍率地域の面積	47
倍率方式	62
引湯権	392

評定担当署……………………… 196	法定果実………………………… 14
評価の原則……………………… 12	牧場……………………………… 388
評価の単位……………………… 44	歩道状空地……………………… 192
評基通…………………………… 4	【ま】
複利現価率……………………… 18	
複利終価率……………………… 18	間口狭小………………………… 154
複利年金現価率………………… 18	無道路地………………………… 148
不合理分割……………………… 52	【や】
不整形地………………………… 129	
不整形地の奥行価格補正……… 109	遊園地等………………………… 407
不整形地評価を行わない場合… 129	容積率が価額に及ぼす影響度… 173
負担付贈与……………………… 230	容積率の異なる宅地…………… 172
不動産登記事務取扱手続準則… 41	余剰容積率の移転……………… 183
文化財建造物…………………… 217	【ら】
文化財建造物である家屋の敷地… 217	
分収林契約……………………… 365	利用価値の著しく低下している宅地… 224
保安林…………………………… 358	歴史的風致形成建造物………… 220
邦貨換算………………………… 19	路線価方式……………………… 61

財産評価基本通達　索引

1　評価の原則……………………11	20－7　容積率の異なる2以上の地域に
2　共有財産………………………16	わたる宅地の評価……………176
3　区分所有財産…………………16	21　倍率方式………………………66
4　元物と果実……………………16	21－2　倍率方式による評価………66
4－2　不動産のうちたな卸資産に	22　大規模工場用地の評価………182
該当するものの評価………16	22－2　大規模工場用地……………182
4－3　邦貨換算……………………21	22－3　大規模工場用地の路線価及び倍率
4－4　基準年利率…………………18	……………………………………182
5　評価方法の定めのない財産の評価…11	23　余剰容積率の移転がある場合の宅地
5－2　国外財産の評価……………22	の評価…………………………185
6　この通達の定めにより難い場合の評価	23－2　余剰容積率を移転している宅地
……………………………………11	又は余剰容積率の移転を受けている
7　土地の評価上の区分……………40	宅地…………………………186
7－2　評価単位……………49, 57, 94	24　私道の用に供されている宅地の評価
8　地積………………………………51	……………………………………192
9　土地の上に存する権利の評価上の区分	24－2　土地区画整理事業施行中の宅地
……………………………………255	の評価…………………………198
11　評価の方式……………………65	24－3　造成中の宅地の評価………205
13　路線価方式……………………65	(旧24－4　広大地の評価)……146
14　路線価…………………………65	24－5　農業用施設用地の評価……208
14－2　地区…………………………66	24－6　セットバックを必要とする宅地
14－3　特定路線価…………………104	の評価…………………………213
15　奥行価格補正…………………111	24－7　都市計画道路予定地の区域内に
16　側方路線影響加算……………117	ある宅地の評価………………216
17　二方路線影響加算……………122	24－8　文化財建造物である家屋の敷地
18　三方又は四方路線影響加算…124	の用に供されている宅地の評価……221
20　不整形地の評価………………132	25　貸宅地の評価（1）……………281
20－2　地積規模の大きな宅地の評価	25　貸宅地の評価（2）……………312
……………………………………144	25　貸宅地の評価（3）〜（5）……289
20－3　無道路地の評価……………152	25－2　倍率方式により評価する宅地の
20－4　間口が狭小な宅地等の評価…159	自用地としての価額…………291
20－5　がけ地等を有する宅地の評価	25－3　土地の上に存する権利が競合する
……………………………………164	場合の宅地の評価……………295
20－6　土砂災害特別警戒区域内にある	26　貸家建付地の評価……………265
宅地の評価……………………170	26－2　区分地上権等の目的となっている

	貸家建付地の評価…………… 266
27	借地権の評価…………………… 270
27－2	定期借地権等の評価……… 305
27－3	定期借地権等の設定の時における借地権者に帰属する経済的利益の総額の計算…………………………………… 305
27－4	区分地上権の評価………… 257
27－5	区分地上権に準ずる地役権の評価………………………………… 258
27－6	土地の上に存する権利が競合する場合の借地権等の評価……… 295
28	貸家建付借地権等の評価……… 272
29	転貸借地権の評価………………… 275
30	転借権の評価……………………… 278
31	借家人の有する宅地等に対する権利の評価…………………………… 299
付表1	奥行価格補正率表………… 111
付表2	側方路線影響加算率表…… 118
付表3	二方路線影響加算率表…… 122
付表4	地区区分表………………… 134
付表5	不整形地補正率表………… 135
付表6	間口狭小補正率表………… 159
付表7	奥行長大補正率表………… 160
付表8	がけ地補正率表…………… 165
付表9	特別警戒区域補正率表…… 167
34	農地の分類…………………… 330
36	純農地の範囲…………………… 332
36－2	中間農地の範囲…………… 332
36－3	市街地周辺農地の範囲…… 332
36－4	市街地農地の範囲………… 332
37	純農地の評価……………………… 333
38	中間農地の評価…………………… 333
39	市街地周辺農地の評価…………… 333
40	市街地農地の評価………………… 333
(旧40－2	広大な市街地農地等の評価)………………………………… 334
40－3	生産緑地の評価…………… 339
41	貸し付けられている農地の評価… 344
41－2	土地の上に存する権利が競合する場合の農地の評価……… 344

42	耕作権の評価……………………… 351
43	存続期間の定めのない永小作権の評価………………………………… 351
43－2	区分地上権の評価………… 351
43－3	区分地上権に準ずる地役権の評価………………………………… 351
43－4	土地の上に存する権利が競合する場合の耕作権又は永小作権の評価… 351
45	評価の方式………………………… 367
47	純山林の評価……………………… 367
48	中間山林の評価…………………… 368
49	市街地山林の評価………………… 368
(旧49－2	広大な市街地山林の評価)………………………………… 372
50	保安林等の評価…………………… 368
50－2	特別緑地保全地区内にある山林の評価…………………………… 369
51	貸し付けられている山林の評価… 369
51－2	土地の上に存する権利が競合する場合の山林の評価……… 370
52	分収林契約に基づいて貸し付けられている山林の評価……………… 370
53	残存期間の不確定な地上権の評価………………………………… 371
53－2	区分地上権の評価………… 371
53－3	区分地上権に準ずる地役権の評価………………………………… 371
54	賃借権の評価……………………… 371
54－2	土地の上に存する権利が競合する場合の賃借権又は地上権の評価…… 371
55	分収林契約に基づき設定された地上権等の評価…………………………… 372
57	評価の方式………………………… 384
58	純原野の評価……………………… 384
58－2	中間原野の評価…………… 384
58－3	市街地原野の評価………… 384
(旧58－4	広大な市街地原野の評価)………………………………… 387
58－5	特別緑地保全地区内にある原野の評価…………………………… 385

59 貸し付けられている原野の評価… *385*	評価……………………………… *405*
59－2 土地の上に存する権利が競合する場合の原野の評価……………… *386*	83－2 遊園地等の用に供されている土地の評価…………………………… *408*
60 原野の賃借権の評価…………… *386*	83－3 文化財建造物である構築物の敷地の用に供されている土地の評価…… *222*
60－2 区分地上権の評価…………… *386*	84 鉄軌道用地の評価……………… *410*
60－3 区分地上権に準ずる地役権の評価………………………………… *386*	86 貸し付けられている雑種地の評価………………………………… *419*
60－4 土地の上に存する権利が競合する場合の賃借権又は地上権の評価…… *387*	86－2 土地の上に存する権利が競合する場合の雑種地の評価……………… *420*
61 牧場及び牧場の上に存する権利の評価…………………………………… *388*	87 賃借権の評価…………………… *420*
62 池沼及び池沼の上に存する権利の評価………………………………… *388*	87－2 区分地上権の評価…………… *421*
69 鉱泉地の評価…………………… *393*	87－3 区分地上権に準ずる地役権の評価………………………………… *421*
75 住宅，別荘等の鉱泉地の評価…… *394*	87－4 土地の上に存する権利が競合する場合の賃借権又は地上権の評価…… *421*
77 温泉権が設定されている鉱泉地の評価………………………………… *394*	87－5 占用権の評価………………… *426*
78 温泉権の評価…………………… *394*	87－6 占用権の目的となっている土地の評価……………………………… *427*
79 引湯権の設定されている鉱泉地及び温泉権の評価………………………… *394*	87－7 占用の許可に基づき所有する家屋を貸家とした場合の占用権の評価… *427*
80 引湯権の評価…………………… *395*	94 借家権の評価…………………… *299*
82 雑種地の評価…………………… *400*	123 保安林等の立木の評価 ………… *372*
83 ゴルフ場の用に供されている土地の	

著者紹介

武田　秀和（たけだ　ひでかず）

税理士。岩手県出身，中央大学法学部卒。
東京国税局資料調査課，浅草，四谷税務署他東京国税局管内各税務署資産課税部門等に勤務。
現在，武田秀和税理士事務所所長（東京税理士会日本橋支部）。

事業内容

相続税・贈与税・譲渡所得を中心とした申告・相談業務・財産整理業務を中心に事業を展開している。また，北海道から沖縄までの各地の税理士に対する資産税関係の講演を行っている。

主な著書等

「不動産の売却にかかる譲渡所得の税金」（税務経理協会）
「借地権　相続・贈与と譲渡の税務」（共著）（同上）
「贈与税の基本と特例Ｑ＆Ａ」（同上）
「相続税　調査実態から見る申告書作成のテクニック（改訂版）」（日本法令）
「税理士のための「相続税小口案件」対応マニュアル」（税務研究会）
「遺産分割協議と遺贈の相続税実務」（同上）
「一般動産・知的財産権・その他の財産の相続税評価Ｑ＆Ａ」（同上）
「調査事例から見た　資産税実務のポイントＱ＆Ａ」（同上）
「ケーススタディ相続財産評価マニュアル」（共著）（新日本法規出版）

主なＤＶＤ

「財産評価の重要ポイント」（ＪＰマーケティング㈱）
「相続税小口案件対策の実践解説」（同上）
「不動産の売却にかかる譲渡所得の税金」（（一般社団法人）法律税金経営を学ぶ会）
「相続税調査と相続財産のグレーゾーンにどのように対応するか」（同上）
「居住用財産を譲渡した場合の特例と特殊事例の適用適否」（同上）
「海外資産・書画・骨とう等の評価方法」（同上）
「相続税の更正の請求特有の実務の進め方」（㈱レガシィ）
「書籍には書いていない相続税申告の基礎知識」（同上）
「相続税税務調査対応60分でわかる基礎から応用実務」（同上）

主な雑誌連載

「サラリーマンでもわかる相続税対策」（ビジネス月刊誌「リベラルタイム」）
「税理士のための一般財産評価入門」（週刊「税務通信」）

　　　　　　　　　　　　　　　　　　　　　　　　　　　　他多数

著者との契約により検印省略

平成28年2月1日　初　版　発　行
平成31年3月1日　改訂版発行

基本からわかる財産評価基本通達
土地評価実務ガイド
〔改訂版〕

著　　者	武　田　秀　和	
発　行　者	大　坪　克　行	
製　版　所	株式会社ムサシプロセス	
印　刷　所	税経印刷株式会社	
製　本　所	牧製本印刷株式会社	

発　行　所　東京都新宿区下落合2丁目5番13号　株式会社 税務経理協会

郵便番号　161-0033　　振替　00190-2-187408　　電話　(03) 3953-3301 (編集部)
　　　　　　　　　　　FAX (03) 3565-3391　　　　　(03) 3953-3325 (営業部)
　　　　　　URL　http://www.zeikei.co.jp/
　　　　　　乱丁・落丁の場合はお取替えいたします。

Ⓒ　武田秀和　2019　　　　　　　　　　　　　　Printed in Japan

本書の無断複写は著作権法上での例外を除き禁じられています。複写される場合は、そのつど事前に、(社)出版者著作権管理機構 (電話 03-3513-6969、FAX 03-3513-6979、e-mail：info@jcopy.or.jp) の許諾を得てください。

JCOPY　＜(社)出版者著作権管理機構 委託出版物＞

ISBN978-4-419-06594-2　C3032